应用技能型院校“十四五”规划教材
立体化校企合作财经教材

会计基础习题集

（第二版）

立体化校企合作财经教材编委会
陆艺　华秋红 / 主编

立信会计出版社
LIXIN ACCOUNTING PUBLISHING HOUSE

图书在版编目(CIP)数据

会计基础习题集 / 立体化校企合作财经教材编委会，陆艺，华秋红主编. —2 版. —上海：立信会计出版社，2022.6(2024.1 重印)

ISBN 978-7-5429-7089-3

Ⅰ. ①会… Ⅱ. ①立… ②陆… ③华… Ⅲ. ①会计学-高等学校-习题集 Ⅳ. ①F230-44

中国版本图书馆 CIP 数据核字(2022)第 117066 号

策划编辑　王斯龙
责任编辑　王斯龙

会计基础习题集(第二版)
KUAIJI JICHU XITIJI

出版发行	立信会计出版社		
地　　址	上海市中山西路 2230 号	邮政编码	200235
电　　话	(021)64411389	传　　真	(021)64411325
网　　址	www.lixinaph.com	电子邮箱	lixinaph2019@126.com
网上书店	http://lixin.jd.com		http://lxkjcbs.tmall.com
经　　销	各地新华书店		

印　　刷	浙江天地海印刷有限公司	
开　　本	787 毫米×1092 毫米	1/16
印　　张	12	
字　　数	305千字	
版　　次	2022 年 6 月第 2 版	
印　　次	2024 年 1 月第 3 次	
书　　号	ISBN 978-7-5429-7089-3/F	
定　　价	32.00 元	

如有印订差错，请与本社联系调换

第二版 前言

preface

国务院出台的《国家职业教育改革实施方案》，对深化职业教育改革作出了重要部署。职业教育课程改革已成为应用技能型人才培养的核心任务。教材体系的重建、教材内容的重组、教学情境的改造、课堂方式的转变，是课程改革的主要工作。为配合应用技能型院校学生学习“会计基础”课程，我们根据该课程的特点编写了本书。本书与立信会计出版社出版的由华秋红、陆艺担任主编的《会计基础》一书配套使用。

本书在编写过程中注重知识的系统性、题型的多样性和理实一体化。本书的项目设置与《会计基础》一书同步，每个项目练习的题型包括单项选择题、多项选择题、判断题、计算分析题。

本书由无锡城市职业技术学院的陆艺、华秋红担任主编，其中，项目一至项目五由陆艺编写，项目六至项目九和综合模拟试卷由华秋红编写。栾良军(江苏公勤会计师事务所副所长)、徐卫东(江苏硕世生物科技股份有限公司财务总监)对本书的编写提出了许多宝贵的、有建设性的指导意见，谨在此表示诚挚的谢意。

由于编者水平有限，书中如有不足之处，恳请读者提出宝贵意见，以便我们及时更正。

编者

Contents 目录

项目一

认知会计

项目知识框架

- 认知会计
  - 认知会计工作
    - 会计的概念与特征(★★)
    - 会计的职能(★★)
    - 会计核算方法(★)
    - 会计目标(★)
  - 认知会计对象(★★)
  - 认知会计基本假设和会计基础
    - 会计基本假设(★★★)
    - 会计核算基础(★★★)
  - 认知会计信息的使用者及其质量要求
    - 会计信息的使用者(★)
    - 会计信息的质量要求(★★★)

项目强化训练

一、单项选择题

1. 下列有关会计的说法中，不正确的是（　　）。
   A. 会计是一种经济管理活动
   B. 会计以货币为唯一计量单位
   C. 会计的主要职能是核算与监督
   D. 会计的对象是特定主体能以货币表现的经济活动
2. 企业融资租入的固定资产视同自有固定资产核算，这体现了（　　）原则。
   A. 重要性　　B. 客观性　　C. 实质重于形式　　D. 相关性
3. 会计的基本职能包括（　　）。
   A. 会计控制与会计决策　　B. 会计预测与会计控制
   C. 会计核算与会计监督　　D. 会计计划与会计决策
4. 以货币为主要计量单位，通过确认、计量、报告等环节，对特定主体的经济活动进行记账、算账、报账，为各有关方面提供会计信息的功能是（　　）。
   A. 会计核算职能　　B. 会计监督职能
   C. 会计计划职能　　D. 会计预测职能
5. 下列关于会计基本特征的表述中，正确的是（　　）。
   A. 会计是以货币为计量单位，不能使用实物计量和劳动计量
   B. 会计拥有一系列的专门方法，包括会计核算、管理和决策分析等
   C. 会计具有会计核算和监督的基本职能
   D. 会计的本质是核算活动
6. 下列关于会计对象的说法中，不正确的是（　　）。
   A. 会计对象是指会计所要核算与监督的内容
   B. 特定主体能够以货币表现的经济活动，都是会计核算和监督的内容
   C. 企业日常进行的所有活动都是会计对象
   D. 会计对象就是社会再生产过程中的资金运动
7. 在我国，会计期间分为年度、半年度、季度和月度，它们均按（　　）确定。
   A. 公历起讫日期　　B. 农历起讫日期
   C. 7 月制起讫日期　　D. 4 月制起讫日期
8. 下列经济业务事项，既属于财物的收发、增减和使用，又属于收入、支出、费用和成本的计算的是（　　）。
   A. 期末所得税的计算　　B. 支付职工工资和奖金
   C. 生产车间和管理部门领用材料　　D. 购买原材料，款项尚未支付
9. 会计人员在进行会计核算的同时，对特定主体经济活动的合法性、合理性进行审查称为（　　）。
   A. 会计反映职能　　B. 会计核算职能
   C. 会计监督职能　　D. 会计分析职能
10. 下列有关会计主体的表述中，不正确的是（　　）。

A. 会计主体是指会计所核算和监督的特定单位和组织
B. 会计主体就是法律主体
C. 由若干具有法人资格的企业组成的企业集团也是会计主体
D. 会计主体界定了从事会计工作和提供会计信息的空间范围

11. 企业固定资产可以按照其价值和使用情况，确定采用某一折旧方法计提折旧，它所依据的会计核算前提是(　　)。
A. 会计主体　B. 持续经营　C. 会计分期　D. 货币计量

12. 我国实行公历制会计年度是基于(　　)的基本会计假设。
A. 会计主体　B. 货币计量　C. 会计分期　D. 持续经营

13. 目前我国的行政单位会计采用的会计基础主要是(　　)。
A. 权责发生制　B. 应收应付制　C. 收付实现制　D. 统收统支制

14. 某企业 2021 年 12 月份发生下列支出：(1) 年初支付本年度保险费 2 400 元，本月摊销 200 元；(2) 支付下一年第一季度房屋租金 3 000 元；(3) 支付本月办公开支 800 元，则在权责发生制下本月费用应为(　　)元。
A. 1 000　B. 800　C. 3 200　D. 3 000

15. 某单位 6 月份预付第三季度财产保险费 1 800 元；支付本季度借款利息 3 900 元(其中 4 月份 1 300 元，5 月份 1 300 元)；用银行存款支付本月广告费 30 000 元。根据收付实现制，该单位 6 月份确认的费用应为 (　　)元。
A. 31 900　B. 31 300　C. 33 900　D. 35 700

二、多项选择题

1. 会计方法是反映和监督会计对象，完成会计凭证的手段，是从事会计工作所使用的各种技术方法，一般包括(　　)。
A. 会计核算方法　B. 会计分析方法　C. 会计检查方法　D. 会计评价方法

2. 下列各项中，属于会计职能的有(　　)。
A. 预测经济前景　B. 参与经济决策　C. 评价经营业绩　D. 实施会计监督

3. 以下关于事中监督的描述中，正确的有(　　)。
A. 事中监督是指在日常会计工作中，对正在发生的问题提出建议，促使有关部门和人员采取改进措施
B. 事中监督是对经济活动的日常监督和管理
C. 事中监督是指以事先制定的目标，利用会计核算提供的资料，对已发生的经济活动进行的考核和评价
D. 事中监督是对未来经济活动的指导

4. 下列关于会计监督的说法中，正确的有(　　)。
A. 只是对特定主体的经济活动的真实性、合法性进行审查
B. 主要通过价值指标来进行
C. 包括事前监督和事中监督，不包括事后监督
D. 会计监督是会计核算质量的保障

5. 会计准则具有严密和完整的体系，我国已颁布的会计准则有(　　)。
A.《企业会计准则》　B.《小企业会计准则》

C.《事业单位会计准则》　　D.《政府会计准则》

6. 下列项目中，可以作为一个会计主体进行核算的有（　　）。

A. 母公司　　B. 分公司

C. 母公司和子公司组成的企业集团　　D. 销售部门

7. 下列各项中，属于会计核算方法的有（　　）。

A. 登记会计账簿　　B. 填制和审核会计凭证

C. 成本计算　　D. 财产清查

8. 经济活动中，可以使用的计量单位有（　　）。

A. 劳动计量单位　　B. 实物计量单位

C. 货币计量单位　　D. 技术计量单位

9. 下列各项中，属于企业会计目标的有（　　）。

A. 反映企业管理层受托责任的履行情况

B. 向报告使用者提供有用的信息

C. 进行会计核算，实施会计监督

D. 进行财产物资的收发、增减和使用

10. 下列各项中，属于会计核算具体内容的有（　　）。

A. 款项和有价证券的收付、资本的增减

B. 财物的收发、增减和使用

C. 债权债务的发生和结算，财务成果的计算和处理

D. 收入、支出、费用、成本的计算

11. 下列项目中，属于财务成果的计算和处理内容的有（　　）。

A. 利润分配　　B. 利润的计算

C. 亏损弥补　　D. 所得税费用的计算

12. 下列各项中，属于会计核算基本前提的有（　　）。

A. 会计主体　　B. 持续经营　　C. 会计分期　　D. 货币计量

13. 会计核算的环节包括（　　）。

A. 确认　　B. 计量　　C. 记录　　D. 报告

14. 会计分期这一基本前提的主要意义在于（　　）。

A. 可使会计原则建立在非清算基础之上

B. 为分期结算账目奠定理论与实务基础

C. 界定了提供会计信息的时间范围和空间范围

D. 为编制财务会计报告及使用相关会计原则确立了理论和实务基础

15. 根据权责发生制原则，应计入本期收入和费用的有（　　）。

A. 前期提供劳务未收款，本期收款　　B. 本期销售商品一批，尚未收款

C. 本期耗用的水电费，尚未支付　　D. 预付下一年的报刊费

三、判断题（正确的打"√"，错误的打"×"）

1. 会计的基本职能是会计核算和会计监督，会计监督是首要职能。（　　）

2. 会计的监督职能是指会计人员在进行会计核算之前，对特定会计主体经济活动的合法性、合理性、完整性等进行审查。（　　）

3. 企业会计的对象就是企业的资金运动。（　）
4. 财务成果具体表现为盈利或亏损。（　）
5. 款项是指作为支付手段的货币资金；有价证券是指表示一定财产拥有权或支配权的证券。款项和有价证券是企业流动性最差的资产。（　）
6. 企业必须根据实际发生的经济业务事项进行会计核算，编制财务会计报告。（　）
7. 会计科目和账户的设置、复式记账、填制会计凭证、登记会计账簿、进行成本计算、财产清查和编制财务会计报告等，国家有统一的会计制度要求。（　）
8. 会计中期，是指短于一个完整的会计年度的报告期间，一般指半年度。（　）
9. 由于有了持续经营这个会计核算的基本前提，才产生了本期与非本期的区别，从而出现了权责发生制与收付实现制。（　）
10. 权责发生制主要是从空间上规定会计确认的基础。（　）
11. 我国事业单位采用收付实现制核算。（　）
12. 按照权责发生制原则的要求，凡是本期实际收到款项的收入和付出款项的费用，不论是否归属于本期，都应当作为本期的收入和费用处理。（　）
13. 会计主体前提为会计核算确定了空间范围，会计分期前提为会计核算确定了时间范围。（　）
14. 银行汇票、银行本票和信用证存款都属于有价证券。（　）
15. 政府会计由预算会计和财务会计构成。（　）

四、计算分析题

某企业 2022 年 6 月发生下列业务：

(1) 5 日，向甲公司销售商品一批，售价 35 000 元，货款本月尚未收到。

(2) 7 日，以银行存款支付产品广告费 100 000 元。

(3) 12 日，收到乙公司前欠货款 50 000 元存入银行。

(4) 15 日，向丙公司销售商品一批，售价 200 000 元，款项收到存入银行。

(5) 25 日，以银行存款支付第四季度财产保险费 90 000 元。

(6) 30 日，以银行存款支付第二季度贷款利息 39 000 元(4 月、5 月各预提 13 000 元)。

要求：

(1) 计算权责发生制下 6 月份的收入。

(2) 计算权责发生制下 6 月份的费用。

(3) 计算收付实现制下 6 月份的收入。

(4) 计算收付实现制下 6 月份的费用。

项目二

认知会计要素与会计等式

项目知识框架

- 认知会计要素与会计等式
  - 认知会计要素
    - 会计要素的含义与分类(★★)
    - 会计要素的确认(★★★)
    - 会计要素的计量(★★★)
  - 认知会计等式
    - 会计等式的表现形式(★★★)
    - 经济业务事项对会计等式的影响(★★★)

项目强化训练

一、单项选择题

1. 下列属于企业流动负债的是（ ）。

A. 预收账款 B. 应收账款 C. 应收票据 D. 应付债券

2. 下列属于企业流动资产的是（ ）。

A. 预收账款 B. 累计折旧 C. 预付账款 D. 无形资产

3. 投资人投入的资金和债权人投入的资金投入企业后，形成企业的（ ）。

A. 成本 B. 费用 C. 资产 D. 负债

4. 下列不属于反映企业财务状况的会计要素是（ ）。

A. 资产 B. 负债 C. 所有者权益 D. 利润

5. 下列关于所有者权益的说法中，不正确的是（ ）。

A. 所有者权益包括实收资本（或股本）、资本公积、盈余公积和未分配利润等

B. 所有者权益的金额等于资产减去负债后的余额

C. 盈余公积和未分配利润统称为留存收益

D. 所有者权益包括实收资本（或股本）、资本公积、盈余公积和留存收益等

6. 下列说法中，正确的是（ ）。

A. 收入是指企业销售商品、提供劳务及让渡资产使用权等活动中形成的经济利益的总流入

B. 所有者权益增加一定表明企业获得了收入

C. 狭义的收入包括营业外收入

D. 收入按照性质不同，分为销售商品收入、提供劳务收入和让渡资产使用权收入

7. 下列等式中，不成立的是（ ）。

A. 资产＝负债＋所有者权益＝权益

B. 期末资产＝期末负债＋期初所有者权益

C. 期末资产＝期末负债＋期初所有者权益＋本期增加的所有者权益－本期减少的所有者权益

D. 债权人权益＋所有者权益＝负债＋所有者权益

8. 下列属于会计基本等式的是（ ）。

A. 资产＝负债＋所有者权益

B. 资产＝负债＋所有者权益＋（收入－费用）

C. 资产＝负债＋所有者权益＋利润

D. 收入－费用＝利润

二、多项选择题

1. 计入产品成本的费用包括（ ）。

A. 财务费用 B. 制造费用 C. 管理费用 D. 直接人工费用

2. 下列反映资金运动静态表现的会计要素有（ ）。

A. 资产 B. 负债 C. 收入 D. 利润

3. 下列项目中，属于费用要素特点的有（ ）。

A. 企业在日常活动中发生的经济利益的总流入
B. 会导致所有者权益减少
C. 与向所有者分配利润无关
D. 会导致所有者权益增加

4. 下列属于资产的特征的有(　　)。
A. 资产是由过去或现在的交易或事项所形成的
B. 资产是由企业拥有或控制的
C. 资产能够给企业带来未来经济利益
D. 资产一定具有具体的实物形态

5. 下列各项反映企业经营成果的会计要素有(　　)。
A. 利润　　B. 费用　　C. 收入　　D. 所有者权益

6. 收入取得后可能表现为(　　)。
A. 增加资产　　B. 减少负债
C. 减少所有者权益　　D. 增加所有者权益

7. 可变现净值,是指在正常生产经营过程中,以预计售价减去(　　)后的净值。
A. 进一步加工成本　　B. 预计销售所必需的税费
C. 销售所必需的费用　　D. 最终处置收入

8. 下列会计要素中,称为动态会计要素的有(　　)。
A. 资产　　B. 负债　　C. 收入　　D. 费用

9. 下列等式正确的有(　　)。
A. 资产＝负债＋所有者权益
B. 资产＝负债＋所有者权益＋(收入－费用)
C. 资产＝负债＋所有者权益＋利润
D. 收入－费用＝利润

10. 根据会计等式可知,下列经济业务事项不会发生的有(　　)。
A. 资产增加,负债减少,所有者权益不变
B. 资产不变,负债增加,所有者权益增加
C. 资产有增有减,权益不变
D. 债权人权益增加,所有者权益减少,资产不变

11. 下列属于会计等式的有(　　)。
A. 本期借方发生额合计＝本期贷方发生额合计
B. 本期借方余额合计＝本期贷方余额合计
C. 资产＝负债＋所有者权益
D. 收入－费用＝利润

三、判断题(正确的打“√”,错误的打“×”)

1. 利润包括收入减去费用后的净额、直接计入当期利润的利得和损失等。(　　)
2. 会计上所称的“资产”仅指过去的交易或事项形成的、由企业拥有、预期会给企业带来经济利益流入的资源。(　　)
3. 按照我国的会计准则,负债不仅指现时已经存在的债务责任,还包括某些将来可能发

生的、偶然事项形成的债务责任。　(　　)

4. 费用是企业发生的各项开支,以及在正常生产经营活动以外的支出和损失。　(　　)

5. 收入要素包括主营业务收入、其他业务收入及营业外收入等。　(　　)

6. 企业对会计要素采用重置成本、可变现净值、现值和公允价值计量的,应当保证所确定的会计要素金额能够取得并可靠计量。　(　　)

7. 只有企业拥有某项财产物资的所有权才能将其确认为企业的资产。　(　　)

8. 会计要素中既有反映财务状况的要素,又有反映经营成果的要素。　(　　)

9. “收入－费用＝利润”反映的是资金运动的动态方面,反映的是某一会计期间的经营成果,反映一个过程,是编制利润表的依据。　(　　)

10. 经济业务的发生,可能引起资产与权益总额发生变化,但是不会破坏会计基本等式的平衡。　(　　)

项目三

认知会计记账原理

项目知识框架

- 认知会计记账原理
  - 认知会计科目
    - 会计科目的概念与分类(★)
    - 会计科目的设置(★★)
  - 认知账户
    - 账户的概念与分类(★)
    - 账户的功能与结构(★★★)
    - 账户与会计科目的关系(★★★)
  - 认知借贷记账法
    - 记账方法(★)
    - 复式记账法(★)
    - 借贷记账法(★★★)

项目强化训练

一、单项选择题

1. 所设置的会计科目应符合单位自身特点，满足单位实际需要，这一点符合（　　）原则。

A. 实用性　B. 合法性　C. 谨慎性　D. 相关性

2. “其他业务成本”科目按其所归属的会计要素不同，属于（　　）类科目。

A. 成本　B. 资产　C. 损益　D. 所有者权益

3. 下列项目中，与“制造费用”属于同一类科目的是（　　）。

A. “固定资产”　B. “其他业务成本”

C. “生产成本”　D. “主营业务成本”

4. 某企业设置了“原材料——燃料——焦炭”会计科目，其中“燃料”属于（　　）。

A. 总分类科目　B. 一级明细科目

C. 二级明细科目　D. 三级明细科目

5. 下列会计科目中，不属于资产类科目的是（　　）。

A. “应收账款”　B. “累计折旧”　C. “预收账款”　D. “预付账款”

6. “预付账款”科目按其所归属的会计要素不同，属于（　　）类科目。

A. 资产　B. 负债　C. 所有者权益　D. 成本

7. 下列各项中，既属于费用要素又属于损益类科目的是（　　）。

A. “劳务成本”　B. “制造费用”　C. “生产成本”　D. “销售费用”

8. 下列不属于总分类科目的是（　　）。

A. “固定资产”　B. “应交税费”　C. “应交增值税”　D. “预付账款”

9. 某科目的期初余额为 900 元，期末余额为 5 000 元，本期减少发生额为 600 元，则本期增加发生额为（　　）元。

A. 3 500　B. 300　C. 4 700　D. 5 300

10. 根据总分类科目设置的，用于对会计要素具体内容进行总括分类核算的账户称为（　　）。

A. 备查账　B. 总账　C. 综合账　D. 明细账

11. 某账户的期初余额为 1 000 元，期末余额为 3 500 元，本期减少发生额为 1 300 元，则本期增加发生额为（　　）元。

A. 2 700　B. 2 200　C. 4 800　D. 3 800

12. 下列关于试算平衡法的说法，不正确的是（　　）。

A. 包括发生额试算平衡法和余额试算平衡法

B. 试算不平衡，表明账户记录肯定有错误

C. 试算平衡了，说明账户记录一定正确

D. 理论依据是“有借必有贷、借贷必相等”

13. 对于所有者权益类账户而言（　　）。

A. 增加额记借方　B. 增加额记贷方　C. 减少额记贷方　D. 期末无余额

14. 下列关于单式记账法的说法，不正确的是（　　）。

A. 单式记账法是一种比较简单、不完整的记账方法
B. 在单式记账法下，账户之间没有直接联系和相互平衡关系
C. 单式记账法可以全面、系统地反映各项会计要素的增减变动和经济业务的来龙去脉
D. 这种方法适用于业务简单或很单一的经济个体和家庭

15. 资产类账户的期末余额一般在（　　）。
A. 借方　B. 借方或贷方　C. 贷方　D. 借方和贷方

16. 下列账户中，期末结转后无余额的账户是（　　）。
A. “实收资本”　B. “应付账款”　C. “固定资产”　D. “管理费用”

17. 企业计算应交所得税时，正确的会计分录是（　　）。
A. 借：本年利润
　　贷：所得税费用
B. 借：管理费用
　　贷：所得税费用
C. 借：所得税费用
　　贷：银行存款
D. 借：所得税费用
　　贷：应交税费——应交所得税

18. 符合资产类账户记账规则的是（　　）。
A. 增加额记借方　B. 增加额记贷方　C. 减少额记借方　D. 期末无余额

19. 期初资产总额为 100 万元，本期负债减少 5 万元，所有者权益增加 20 万元，则期末资产总额为（　　）万元。
A. 100　B. 120　C. 115　D. 125

20. 借贷记账法下的“借”表示（　　）。
A. 费用增加　B. 负债增加
C. 所有者权益增加　D. 收入增加

21. 应收账款账户期初借方余额为 35 400 元，本期借方发生额为 26 300 元，本期贷方发生额为 17 900 元，该账户期末余额为（　　）。
A. 借方 43 800 元　B. 借方 27 000 元
C. 贷方 43 800 元　D. 贷方 27 000 元

22. 在借贷记账法下，“原材料”账户的余额（　　）。
A. 既可能在借方也可能在贷方　B. 只能在借方
C. 肯定为零　D. 只能在贷方

二、多项选择题

1. 下列各项中，属于账户内容的有（　　）。
A. 账户名称　B. 凭证字号　C. 摘要和日期　D. 金额

2. 下列有关明细分类科目的表述中，正确的有（　　）。
A. 明细分类科目也称一级会计科目
B. 明细分类科目反映各种经济业务的详细情况
C. 明细分类科目是对会计要素具体内容进行总括分类的科目
D. 明细分类科目是能提供更加详细、更加具体会计信息的科目

3. 下列会计科目中，属于成本类科目的有（　　）。
A. “生产成本”　B. “主营业务成本”　C. “制造费用”　D. “销售费用”

4. 下列属于负债类科目的有(　　)。

A.“应付票据”　B.“应交税费”　C.“材料成本差异”　D.“其他应付款”

5. 关于总分类科目与明细分类科目的表述,正确的有(　　)。

A. 明细分类科目概括地反映会计对象的具体内容

B. 总分类科目详细地反映会计对象的具体内容

C. 总分类科目对明细分类科目具有控制作用

D. 明细分类科目是对总分类科目的补充和说明

6. 下列有关明细分类科目的表述,正确的有(　　)。

A. 能提供更加详细、具体的会计信息的科目

B. 除国家统一会计制度规定设置的以外,各单位可以根据实际需要自行设置

C. 也称一级会计科目

D. 是对总分类科目作进一步分类的科目

7. 下列账户的四个金额要素中,属于本期发生额的有(　　)。

A. 本期减少金额　B. 期末余额

C. 期初余额　D. 本期增加金额

8. 下列等式错误的有(　　)。

A. 期末余额＝本期增加发生额＋期初余额－本期减少发生额

B. 期初余额＝本期增加发生额＋期末余额－本期减少发生额

C. 期初余额＝本期增加发生额＋期末余额＋本期减少发生额

D. 期初余额＝本期减少发生额＋期末余额－本期增加发生额

9. 下列关于账户的表述中,正确的有(　　)。

A. 账户具有一定格式和结构　B. 账户是根据会计要素开设的

C. 一级账户以下的账户均为明细账户　D. 设置账户是会计核算的重要方法之一

10. 下列说法正确的有(　　)。

A. 资产类账户增加额记贷方,减少额记借方

B. 负债类账户增加额记贷方,减少额记借方

C. 收入类账户增加额记贷方,减少额记借方

D. 费用类账户增加额记贷方,减少额记借方

11. 会计分录的内容包括(　　)。

A. 经济业务内容摘要　B. 账户名称

C. 经济业务发生额　D. 应借、应贷方向

12. 下列错误不会影响借贷双方平衡关系的有(　　)。

A. 漏记某项经济业务　B. 重记某项经济业务

C. 记错方向,把借方记入贷方　D. 借贷错误巧合,正好抵消

13. 下列会计分录格式正确的有(　　)。

A. 先借后贷

B. 贷方的文字和数字要比借方后退两格书写

C. 在一借多贷和多借多贷的情况下,多借或多贷的那一方文字要对齐

D. 在一借多贷和多借多贷的情况下,多借或多贷的那一方数字要对齐

14. 下列账户中,期末余额在贷方的有(　　)。
A. "预收账款"　B. "应收账款"　C. "应付账款"　D. "累计摊销"

15. 下列记入贷方的有(　　)。
A. 资产的增加额　B. 负债的增加额
C. 所有者权益的增加额　D. 费用的增加额

16. 下列用公式表示的试算平衡关系,正确的有(　　)。
A. 全部账户本期借方发生额合计=全部账户本期贷方发生额合计
B. 全部账户本期借方余额合计=全部账户本期贷方余额合计
C. 负债类账户借方发生额合计=负债类账户贷方发生额合计
D. 资产类账户借方发生额合计=资产类账户贷方发生额合计

17. 在借贷记账法下,可以在账户借方登记的有(　　)。
A. 资产的增加　B. 负债的增加
C. 收入的增加　D. 所有者权益的减少

18. 与单式记账法相比,复式记账法的优点有(　　)。
A. 有一套完整的账户体系
B. 可以清楚地反映经济业务的来龙去脉
C. 可以对记录的结果进行试算平衡,以检查账户记录是否正确
D. 记账手续简单

三、判断题(正确的打"√",错误的打"×")

1. 总分类科目与其所属的明细分类科目的核算内容相同,所不同的是前者提供的信息比后者更加详细。(　　)
2. 二级科目(子目)不属于明细分类科目。(　　)
3. 成本类科目包括制造费用、生产成本及主营业务成本等科目。(　　)
4. 在不违反国家统一会计制度的前提下,明细会计科目可以根据企业内部管理的需要自行制定。(　　)
5. 总分类科目对明细分类科目起着补充说明和统驭控制的作用。(　　)
6. 设置会计科目的相关性原则是指所设置的会计科目应当符合国家统一的会计制度的规定。(　　)
7. 账户基本结构的内容仅包括增减金额及余额。(　　)
8. 如果某一账户的期初余额为50 000元,本期增加额为80 000元,本期减少额为40 000元,则期末余额为90 000元。(　　)
9. 账户中,上期的期末余额转入本期即为本期的期初余额。(　　)
10. 编制试算平衡表时,也应该包括只有期初余额而没有本期发生额的账户。(　　)
11. 记账时,将借贷方向记错,不会影响借贷双方的平衡关系。(　　)
12. 试算平衡时,试算平衡了,说明账户记录是绝对正确的。(　　)
13. 复式记账法是指对于发生的每一项经济业务都要以相等的金额同时在相互联系的两个账户中进行登记的一种记账方法。(　　)
14. 核算期间费用的各账户期末结转入"本年利润"账户后应无余额。(　　)
15. 发生额试算平衡法是根据资产与权益的恒等关系,检验本期发生额记录是否正确的

方法。 (　　)

16. 运用单式记账法记录经济业务，可以反映每项经济业务的来龙去脉，也可以检查每笔业务是否合理、合法。 (　　)

17. 资产、负债与所有者权益的平衡关系是企业资金运动处于相对静止状态下出现的，如果考虑收入、费用等动态要素，则资产与权益总额的平衡关系必然被破坏。 (　　)

18. 某企业银行存款期初借方余额为10万元，本期借方发生额为5万元，本期贷方发生额为3万元，则期末借方余额为12万元。 (　　)

四、计算分析题

请根据试算平衡表(表1)中各账户的已知数据计算每个账户未知数。

表1　试算平衡表

单位:元

账户名称	期初余额		本期发生额		期末余额	
	借方	贷方	借方	贷方	借方	贷方
短期借款		400 000	200 000	700 000		(1)
应付账款		500 000	(2)	250 000		600 000
库存商品	(3)		450 000	550 000	210 000	
原材料	300 000		500 000	(4)	320 000	
原材料——A材料	180 000		350 000	(5)	120 000	
原材料——B材料	120 000		150 000	70 000	200 000	

项目四

认知企业主要经济业务与账务处理

项目知识框架

- 认知企业主要经济业务与账务处理
  - 认知企业的主要经济业务(★)
  - 认知筹资业务的账务处理
    - 所有者权益筹资业务(★★★)
    - 负债筹资业务(★★★)
  - 认知采购业务的账务处理
    - 固定资产业务的账务处理
      - 固定资产的概念与特征(★★★)
      - 固定资产成本构成(★★★)
      - 固定资产的折旧(★★★)
      - 账户设置(★★★)
      - 账务处理(★★★)
    - 材料采购业务的账务处理
      - 材料的采购成本(★★★)
      - 账户设置(★★★)
      - 账务处理(★★★)
  - 认知生产业务的账务处理
    - 生产费用的构成(★★★)
    - 账户设置(★★★)
    - 账务处理(★★★)
  - 认知销售业务的账务处理
    - 商品销售收入的确认(★★)
    - 账户设置(★★★)
    - 账务处理(★★★)
  - 认知期间费用的账务处理
    - 期间费用的构成(★★★)
    - 账户设置(★★★)
    - 账务处理(★★★)
  - 认知利润形成和分配业务的账务处理
    - 利润形成的账务处理(★★★)
    - 利润分配的账务处理(★★★)

项目强化训练

一、单项选择题

1. 某公司2022年1月初"应付账款"账户贷方余额30 000元，当月应收购货单位货款1 000元，欠供货商货款22 600元(含增值税2 600元)，已归还原欠货款20 000元，当月应付账款账户期末余额为(　　)元。

A. 32 600　　B. 31 000　　C. 33 600　　D. 29 000

2. 年终决算时"本年利润"账户在结转前为贷方余额65 550元，则结转时应编制的会计分录为(　　)。

A. 借:本年利润　65 550
　贷:实收资本　65 550

B. 借:本年利润　65 550
　贷:利润分配　65 550

C. 借:实收资本　65 550
　贷:利润分配　65 550

D. 借:利润分配　65 550
　贷:本年利润　65 550

3. 在计划成本法下，已经付款购买但尚未入库的材料，应通过(　　)账户核算。

A. "原材料"　　B. "材料采购"　　C. "工程物资"　　D. "在途物资"

4. 有一笔分录:借方登记"生产成本"账户，贷方登记"制造费用"账户，该分录涉及的经济业务是(　　)。

A. 车间发生生产性质的共同耗费　　B. 生产耗用工程用材料

C. 月末分配本期发生的制造费用　　D. 发生车间管理人员的薪酬

5. 2022年1月1日，大华公司因生产经营需要向银行借入一笔3年期，年利率为6%，到期一次还本付息的借款1 000 000元，会计部门按规定在每季度末计提短期借款利息时，应编制的会计分录是(　　)。

A. 借:财务费用　15 000
　贷:应付利息　15 000

B. 借:管理费用　15 000
　贷:应付利息　15 000

C. 借:财务费用　15 000
　贷:长期借款——应计利息　15 000

D. 借:管理费用　15 000
　贷:长期借款——应计利息　15 000

6. 某企业为小规模纳税人，2022年5月20日向甲公司销售A产品一批，开具的普通发票中注明的货款为20 600元(含税)，产品已发出，货款已收到。下列分录中正确的是(　　)。

A. 借:银行存款　20 600
　贷:主营业务收入　20 600

B. 借:银行存款　20 600
　贷:主营业务收入　20 000
　　应交税费——应交增值税　600

C. 借:银行存款　20 600

贷:主营业务收入　　20 000
　应交税费——应交增值税(销项税额)　　600

D. 借:银行存款　　20 600
　贷:主营业务收入　　20 000
　　应交增值税　　600

7. 大华公司 2021 年 12 月 31 日“本年利润”账户的借方余额为 50 万元,表明(　　)。

A. 大华公司 2021 年 1～12 月的净利润为 50 万元

B. 大华公司 2021 年 1～12 月的净亏损为 50 万元

C. 大华公司 2021 年 12 月份的净利润为 50 万元

D. 大华公司 2021 年 12 月份的净亏损为 50 万元

8. “本年利润”账户属于(　　)类账户。

A. 费用　　B. 损益　　C. 资产　　D. 所有者权益

9. 下列账户中,期末结转后可能有余额的是(　　)。

A. “本年利润”　　B. “管理费用”　　C. “财务费用”　　D. “生产成本”

10. 下列应当计入产品成本的是(　　)。

A. 厂房的折旧费　　B. 短期借款利息

C. 产品宣传广告费　　D. 生产设备的折旧费

11. 下列各项中,不应计入产品成本的是(　　)。

A. 直接材料　　B. 直接人工　　C. 制造费用　　D. 管理费用

12. 某企业 2021 年利润总额为 200 万元,假设没有纳税调整因素,若企业所得税税率为 25%,则该企业的净利润为(　　)万元。

A. 155　　B. 150　　C. 50　　D. 175

13. 某公司购入原材料一批,价值 1 万元,合同约定货款于两个月后支付,原材料已验收入库(不考虑增值税),应编制的会计分录为(　　)。

A. 借:原材料　　10 000
　贷:短期借款　　10 000

B. 借:材料采购　　10 000
　贷:银行存款　　10 000

C. 借:原材料　　10 000
　贷:应付账款　　10 000

D. 借:原材料　　10 000
　贷:银行存款　　10 000

14. 外购需要安装的设备支付的增值税应记入(　　)账户。

A. “管理费用”

B. “固定资产成本”

C. “应交税费——应交增值税(进项税额)”

D. “在建工程”

15. 某企业某车间月初在产品成本为 2 000 元,本月耗用材料 40 000 元,生产工人工资 8 000 元,该车间管理人员工资 4 000 元,车间水电费 4 000 元,月末在产品成本 4 400元,则该车间本月完工产品成本总额为(　　)元。

A. 58 200　　B. 53 800　　C. 56 200　　D. 53 600

16. 某公司同时购进 A、B 两种材料,A 材料 3 000 千克,每千克 25 元,价款 75 000 元,增值税额 9 750 元;B 材料 2 000 千克,每千克 40 元,价款 80 000 元,增值税额

10 400元，发生运杂费 1 500 元（不考虑增值税），所有款项均以银行存款支付，运杂费按材料的重量比例进行分配，则 A 材料的采购成本为（　　）元。

A. 75 900　　B. 80 600　　C. 87 750　　D. 88 650

17. 企业出售材料的成本应通过（　　）账户核算。

A. "营业外支出"　　B. "低值易耗品"

C. "其他业务成本"　　D. "主营业务成本"

18. "生产成本"账户的期末余额表示（　　）。

A. 应计入产品成本的各项费用　　B. 完工产品成本

C. 在产品成本　　D. 库存产品成本

19. 外购设备的成本不应包括（　　）。

A. 安装费　　B. 运输费　　C. 增值税　　D. 买价

20. 利润总额减去所得税费用等于（　　）。

A. 应纳税所得额　　B. 可供分配利润

C. 未分配利润　　D. 净利润

21. 下列关于"生产成本"账户的表述，正确的是（　　）。

A. "生产成本"账户期末无余额

B. "生产成本"账户的余额表示本期发生的生产费用总额

C. "生产成本"账户期末若有余额一定在贷方

D. "生产成本"账户的余额表示在产品成本

22. 某企业税前会计利润为 2 000 万元，其中营业外收入 80 万元，假设不存在纳税调整事项，所得税税率为 25%，则应缴纳的所得税为（　　）万元。

A. 480　　B. 510　　C. 500　　D. 520

23. 企业出售无形资产时，所取得的价款与该无形资产账面价值的差额，应记入（　　）账户。

A. "营业外收入"　　B. "其他业务收入"

C. "投资收益"　　D. "主营业务收入"

24. 企业本期发生的下列支出中，不能直接或间接计入生产成本，而是直接计入期间费用的是（　　）。

A. 业务招待费　　B. 生产车间水电费

C. 生产设备折旧费　　D. 车间管理人员工资

25.《中华人民共和国增值税暂行条例》规定小规模纳税人适用的增值税税率为（　　）。

A. 6%　　B. 13%　　C. 17%　　D. 3%

26. 制造费用是指企业制造部门为生产产品和提供劳务而发生的（　　）。

A. 期间费用　　B. 直接费用　　C. 管理费用　　D. 间接费用

27. 下列说法正确的是（　　）。

A. 赊购商品会导致资产和负债同时减少

B. 车间管理人员工资能计入产品成本，企业管理人员的工资和在建工程人员的工资不能计入产品成本

C. 期间费用应当分期计入产品成本

D. 银行汇票和银行承兑汇票属于企业的其他货币资金

28. 企业接受固定资产投资，除了应计入“固定资产”账户和“实收资本”账户外，还可能涉及的账户有（　　）。

A. “盈余公积”　　B. “资本公积”　　C. “累计折旧”　　D. “其他业务收入”

29. “预收账款”账户期末（　　）。

A. 无余额　　B. 有借方余额

C. 有借方余额或贷方余额　　D. 有贷方余额

二、多项选择题

1. 甲公司主营业务是生产并销售产品，该公司某月销售一批原材料，共500千克，单位成本每千克30元（未计提减值），单价为每千克40元，不考虑增值税，款项已经收到，应编制会计分录为（　　）。

A. 借：其他业务成本　15 000
　　贷：原材料　15 000

B. 借：银行存款　20 000
　　贷：主营业务收入　20 000

C. 借：主营业务成本　15 000
　　贷：原材料　15 000

D. 借：银行存款　20 000
　　贷：其他业务收入　20 000

2. 下列项目中，属于“销售费用”账户核算内容的有（　　）。

A. 产品展览费　　B. 业务招待费

C. 预计产品质量保证损失　　D. 销售部门人员工资

3. 下列各种税费中，不通过“税金及附加”账户核算的有（　　）。

A. 增值税　　B. 消费税　　C. 企业所得税　　D. 教育费附加

4. 南京某塑料厂为购置生产线取得长期借款，到期一次还本付息，则企业在所购置的固定资产达到预定可使用状态之后发生的借款利息，应作的会计处理为（　　）。

A. 借记“财务费用”　　B. 借记“长期借款”

C. 贷记“长期借款”　　D. 贷记“长期费用”

5. 期末，（　　）账户不应转入“本年利润”账户。

A. “生产成本”　　B. “预付账款”

C. “资产减值损失”　　D. “投资收益”

6. 下列费用不应记入“制造费用”账户的有（　　）。

A. 行政管理人员的工资　　B. 车间机器/物料消耗

C. 车间设备折旧费　　D. 车间生产人员福利费

7. 关于企业缴纳的所得税，下列说法不正确的有（　　）。

A. 应纳所得税额应该直接记入“本年利润”账户的借方

B. 应纳税所得额就是税前会计利润

C. “所得税费用”账户期末无余额

D. 应纳所得税额＝应纳税所得额×所得税税率

8. 下列各项中，属于无形资产的有（　　）。

A. 土地使用权　　B. 商标权　　C. 专利权　　D. 房屋

9. 下列说法不正确的有（　　）。

A. “生产成本”归集的生产费用就是本期在产品的生产成本

B. 期初在产品成本＋本期完工产品成本＝本期生产费用＋期末在产品成本
C. “生产成本”账户归集的生产费用就是本期完工产品的生产成本
D. 期末既有完工产品又有在产品时，需要将归集到某产品的生产费用在完工产品和在产品间进行分配

10. 下列各项费用中，应记入“管理费用”账户的有(　　)。
A. 广告费用　　B. 董事会费
C. 行政部门办公费　　D. 银行借款利息支出

11. 一般纳税企业购入生产用固定资产(取得增值税专用发票)过程发生的下列支出中，应计入固定资产成本的有(　　)。
A. 增值税　　B. 运杂费　　C. 安装费　　D. 购买价款

12. 2021 年 12 月，A 公司预付 2022 年报纸杂志费、财产保险费等共 6 万元，则 2019 年每月摊销的分录应为(　　)。
A. 借记“管理费用”账户 0.5 万元
B. 贷记“预付账款”账户 0.5 万元
C. 贷记“预收账款”账户 0.5 万元
D. 借记“营业外支出”账户 0.5 万元

13. 企业购入材料 6 000 元，以银行存款支付 3 000 元，余额未付，材料已入库，这一经济业务涉及的账户有(　　)。
A. “银行存款”　　B. “应收账款”
C. “应付账款”　　D. “原材料”

14. “利润分配——未分配利润”账户借方登记(　　)。
A. 累计未分配的利润　　B. 全年分配的利润数额
C. 转入的亏损数额　　D. 转入的全年实现的利润数额

15. 某家公司年末组织人员对固定资产进行清理时，发现丢失一台设备，该设备原价 10 万元，已计提折旧 5 万元，经查，设备丢失的原因在于设备管理员保管不当，经董事会批准，由设备管理员赔偿 1 万元，则下列账务处理正确的有(　　)。

A. 借:其他应收款	10 000	
营业外支出——盘亏损失	40 000	
贷:待处理财产损溢		50 000
B. 借:待处理财产损溢	50 000	
累计折旧	50 000	
贷:固定资产		100 000
C. 借:其他应收款	10 000	
管理费用	40 000	
贷:待处理财产损溢		50 000
D. 借:固定资产清理	50 000	
累计折旧	50 000	
贷:固定资产		100 000

16. 领用材料的会计分录通常涉及的借方科目有(　　)。

A. “生产成本”　　B. “管理费用”
C. “财务费用”　　D. “制造费用”

17. 乙企业从天地公司购进丙材料 8 吨，发生运输费 400 元，支付材料价款 10 000 元，增值税额 1 300 元，材料已验收入库，款项已用银行存款支付，则下列说法正确的有（　　）。

A. 该业务账务处理为：
借：原材料——丙材料　　10 372
　应交税费——应交增值税（进项税额）　　1 328
　贷：银行存款　　11 700

B. 该业务账务处理为：
借：原材料——丙材料　　10 000
　销售费用　　400
　贷：银行存款　　10 400

C. 入库后该批材料的实际单价为 1 296.5 元/吨
D. 入库后该批材料的实际单价为 1 250 元/吨

18. 某企业转让一台旧设备，取得价款 56 万元，发生清理费用 2 万元，该设备原值 60 万元，已计提折旧 10 万元，转让款未收到，假定不考虑其他因素，下列会计分录正确的有（　　）。

A. 借：固定资产清理　　60 000
　　贷：资产处置损益　　60 000

B. 借：固定资产清理　　20 000
　　贷：银行存款　　20 000

C. 借：固定资产清理　　500 000
　　累计折旧　　100 000
　　贷：固定资产　　600 000

D. 借：应收账款　　560 000
　　贷：固定资产清理　　560 000

19. 下列各项中，不应计入产品生产成本的有（　　）。
A. 财务费用　　B. 销售费用　　C. 制造费用　　D. 管理费用

20. 2022 年 2 月 10 日，为扩大经营规模，经批准，甲公司注册资本增加 500 万元，通过吸收新投资者实现。新投资者投入货币资金 400 万元以及一项专利技术，专利权账面价值为 150 万元，公允价值为 200 万元。则下列表述正确的有（　　）。
A. “实收资本”账户应反映贷方发生额 500 万元
B. “资本公积”账户应反映贷方发生额 100 万元
C. “无形资产”账户应反映借方发生额 150 万元
D. “银行存款”账户应反映借方发生额 400 万元

三、判断题（正确的打“√”，错误的打“×”）

1. “其他业务收入”账户期末结转后无余额。（　　）
2. “本年利润”账户属于损益类账户，期末结转后应无余额。（　　）
3. 专利权、非专利技术、商标权、商誉等都属于企业的无形资产。（　　）
4. 企业分配的股票股利不通过“应付股利”账户核算。（　　）
5. 企业的资本主要包括实收资本和资本公积。（　　）

6. 收入是指企业在日常活动中形成的、会导致所有者权益增加的经济利益的总流入。（　　）

7. 在实际工作中，企业发出存货的成本也可以采用后进先出法计算。（　　）

8. 企业购入需要安装的固定资产应先记入“在建工程”账户，安装完工后再转入“固定资产”账户。（　　）

9. 企业发生的销售退回应该记入“主营业务收入”账户的借方。（　　）

10. “主营业务成本”账户属于成本类账户。（　　）

11. 当“应付账款”账户的余额在贷方时，为债务结算账户，余额在借方时，为债权结算账户。（　　）

12. “利润分配”账户属于所有者权益类账户，期末分配后应无余额。（　　）

13. 企业列入工资表发放给职工个人的各种款项，都应通过“应付职工薪酬”账户核算。（　　）

14. 小规模纳税人购货时发生的增值税计入购货成本。（　　）

15. 直接人工是指直接或间接从事产品生产人员的工资及提取的其他职工薪酬。（　　）

16. 企业生产车间（部门）和行政管理部门等发生的固定资产修理费用等后续支出，应在发生时计入管理费用。（　　）

17. 企业因解除与职工的劳动关系给予的补偿，不通过“应付职工薪酬”账户核算。（　　）

18. “资产减值损失”账户是资产类账户的调整账户。（　　）

19. 为简化核算，对那些发票账单未到的入库材料，月末暂不进行会计处理。（　　）

20. 当月增加的固定资产，当月计提折旧。（　　）

四、计算分析题

1. 2021年6月1日，甲、乙、丙三家企业共同投资成立了长江有限责任公司。长江有限责任公司的注册资本为3 000 000元，甲、乙、丙各占三分之一，按照章程规定，甲企业以厂房投资，该厂房原值3 000 000元，已提折旧2 400 000元，投资各方确认的价值为1 000 000元；乙企业和丙企业各以货币资金1 000 000元投资，已存入长江有限责任公司的开户银行。

一年后，丁企业有意投资，经与甲、乙、丙三企业协商，注册资本增加到4 000 000元，四方各占四分之一。丁企业以货币资金1 300 000元出资，以取得25%的股份，已存入长江有限责任公司开户银行。

要求：

（1）编制甲企业投资长江有限责任公司的会计分录。

（2）编制乙企业投资长江有限责任公司的会计分录。

（3）编制丙企业投资长江有限责任公司的会计分录。

（4）编制丁企业投资长江有限责任公司的会计分录。

（5）计算丁企业投资后，长江有限责任公司增加的所有者权益的金额。

2. 春光公司有关借款情况如下：

资料一，春光公司于2019年1月1日从银行借入资金3 000 000元，期限为3年，年利率6%，按照借款协议，按季计提利息，到期一次还本付息。

资料二，春光公司2022年1月1日向银行借入资金120 000元，借款期限为3个月，年利率 5%。根据借款协议,利息按月预提、按季支付,本金到期后一次性归还。

要求:

(1) 根据资料一,编制 2019 年 1 月 1 日借入借款的会计分录。

(2) 根据资料一,编制 2019 年 3 月 31 日计提利息的会计分录。

(3) 根据资料一,编制 2021 年 12 月 31 日还本付息的会计分录。

(4) 根据资料二,编制 2022 年 1 月 1 日借入借款的会计分录。

(5) 根据资料二,编制 2022 年 3 月 31 日还本付息的会计分录。

3. 2022 年 6 月 8 日,红旗工厂购入一辆运输用汽车,取得增值税专用发票上注明的价款为 50 000 元,增值税额 6 500 元,另支付保险费等 1 000 元,以上款项均以银行存款支付。该设备预计使用年限 10 年,预计净残值率 5%,预计该车行驶总里程数为 100 000 千米,2022 年 9 月行驶了 1 500 千米。

要求:

(1) 计算该设备的入账价值。

(2) 编制 2022 年 6 月 8 日购入设备的会计分录。

(3) 计算采用年限平均法应计提的 9 月份该设备的折旧额。

(4) 编制采用年限平均法计提 9 月份折旧额的会计分录。

(5) 计算采用工作量法应计提的 9 月份该设备的折旧额。

4. 甲公司为增值税一般纳税人,2022 年 6 月份发生的有关经济业务如下:

(1) 6 月 1 日,甲公司库存 A 材料实际成本为 100 000 元。

(2) 6 月 3 日,甲公司购入 A 材料一批,取得的增值税专用发票上记载的价款为 400 000 元,增值税额为 52 000 元。材料已运到并验收入库,款项尚未支付。

(3) 6 月 10 日,甲公司以银行存款支付上述款项。

(4) 根据甲公司发料凭证汇总表的记录,6 月份生产车间生产产品直接领用 A 材料 220 000 元,车间管理部门领用 A 材料 30 000 元,企业行政管理部门领用 A 材料 20 000 元。

(5) 此外,甲公司于 6 月 25 日对外销售 A 材料,开具的增值税专用发票上注明的售价为 20 000 元,增值税额为 2 600 元,款项已由银行收讫。该批 A 材料的实际成本为 17 000 元。

要求:

(1) 编制甲公司赊购 A 材料的会计分录。

(2) 编制甲公司支付货款的会计分录。

(3) 编制甲公司内部领用 A 材料的会计分录。

(4) 编制甲公司对外销售 A 材料的会计分录。

(5) 计算甲公司 2022 年 6 月末结存 A 材料实际成本。

5. 某公司的生产车间生产甲、乙两种产品。2022 年 9 月份,车间发生的相关业务如下:

(1) 车间为生产甲产品向仓库领用 A 材料 1 000 千克,共计 15 000 元,B 材料 500 千克,共计 5 000 元;为生产乙产品领用 A 材料 500 千克,共计 7 500 元,B 材料 300 千克,共计 3 000 元。

(2) 王某出差,预借差旅费 2 000 元,以现金付讫。

(3) 分配工资,其中行政管理人员 6 000 元,车间管理人员 3 500 元,生产甲产品工人工资 12 000 元,生产乙产品工人工资 8 000 元。

(4) 计提本月单位负担的社会保险费,其中行政管理人员 1 500 元,车间管理人员 875 元,生产甲产品工人和乙产品工人分别为 3 000 元和 2 000 元。

(5) 王某出差回来,报销差旅费 1 800 元,余款退回。

要求:根据以上资料,逐笔编制相应的会计分录。

6. 某企业为增值税一般纳税人,2019 年 5 月份发生的有关经济业务如下:

(1) 预收购货单位的货款 450 万元,存入银行。

(2) 向购货单位发出产品一批,开出的增值税专用发票所列价款 500 万元,增值税额 65 万元,共计 565 万元。原已向购货单位预收货款 450 万元,不足部分购货单位以银行存款补付。该批产品实际成本 300 万元。

(3) 以银行存款 650 万元支付本月职工工资。

(4) 以银行存款支付广告费 3 万元。

要求:根据以上资料,逐笔编制相应的会计分录(答案中的金额单位均用万元表示)。

7. 长城公司 2022 年 1 月发生如下经济业务:

(1) 1 月 5 日,收到合作企业的合同违约金 50 000 元,款项已收存入银行。

(2) 1 月 10 日,以银行存款 30 000 元向灾区捐款。

(3) 1 月 29 日,提前报废一台设备,该设备原价 100 000 元,已提折旧 90 000 元。报废清理过程中发生清理费用 5 000 元,取得残料变价收入 12 000 元,存入银行。假定不考虑相关税收影响。

要求:

(1) 编制 1 月 5 日的会计分录。

(2) 编制 1 月 10 日的会计分录。

(3) 编制 1 月 29 日转入清理状态的会计分录。

(4) 编制 1 月 29 日清理过程发生费用、取得变价收入的会计分录。

(5) 编制 1 月 29 日结转清理净损益的会计分录。

8. 胜利工厂 2021 年 12 月有关损益类账户的年末余额如表 2 所示。

表 2 2021 年 12 月胜利工厂有关损益类账户余额表

单位:元

账户名称	借或贷	结账前余额
主营业务收入	贷	1 115 000
其他业务收入	贷	50 000
投资收益	贷	30 000
营业外收入	贷	80 000
主营业务成本	借	600 000
其他业务成本	借	25 000
税金及附加	借	10 000
管理费用	借	50 000

续表

账户名称	借或贷	结账前余额
销售费用	借	70 000
财务费用	借	10 000
营业外支出	借	20 000

假设胜利工厂不存在纳税调整因素，所得税税率25%。

按净利润的10%提取法定盈余公积，按5%提取任意盈余公积。经董事会讨论，决定向投资者分配利润150 000元。

要求：

(1) 结转损益类账户余额。

(2) 计算并结转所得税。

(3) 计算并结转净利润。

(4) 编制提取盈余公积的会计分录。

(5) 编制向投资者分配利润的会计分录。

9. 甲公司3月发生如下经济业务：

(1) 基本生产车间生产产品领用原材料6 000元。

(2) 分配本月工资费用21 000元，其中生产工人工资15 000元，车间管理人员工资6 000元。

(3) 计提生产车间用固定资产折旧1 000元。

(4) 结转本月制造费用7 000元，计入产品成本。

(5) 结转本月完工产品成本18 000元。

要求：根据上述资料，逐笔编制相关会计分录。

10. 某企业3月发生如下经济业务：

(1) 本月份生产A产品、B产品领用各种材料103 200元，其中生产A产品领用60 000元，生产B产品领用40 000元，生产车间耗用3 200元。

(2) 本月份发生行政管理部门水电费9 800元，款项已用银行存款支付。

(3) 结转本月份应付职工工资32 000元，其中制造A、B产品的生产工人工资分别为16 000元和12 000元，车间管理人员工资4 000元。

(4) 计提本月生产车间用固定资产折旧10 000元。

(5) 以银行存款支付生产车间办公用品800元。

(6) 根据A、B产品的生产工时分配制造费用，A产品本月份生产工时为7 500工时，B产品生产工时为5 000工时。

(7) 本月份投产A产品1 000件已全部完工，验收入库，计算其总成本和单位成本。B产品全部未完工。

要求：

(1) 根据经济业务(1) 编制相应会计分录。

(2) 根据经济业务(2) 编制相应会计分录。

（3）根据经济业务（5）编制相应会计分录。

（4）根据经济业务（6）编制相应会计分录。

（5）根据经济业务（7）编制相应会计分录。

11. 甲公司 2022 年 7 月份和 8 月份各部门固定资产折旧增减变动情况如表 3 所示。

表 3　固定资产折旧增减变动情况

单位：元

部门	7 月份计提折旧额	7 月份增加固定资产应提折旧额	7 月份减少固定资产应提折旧额	8 月份增加固定资产应提折旧额	8 月份减少固定资产应提折旧额	8 月份计提折旧额	9 月份计提折旧额
生产车间	10 000	5 000	3 000	6 000	7 000	（1）	
机修车间	15 000	（2）	4 500	（3）	3 500	16 000	17 000
行政管理	（4）	6 000	5 500	4 000	（5）	18 000	20 000

要求：根据固定资产折旧有关规定，在合适的空格填写正确的数字。

12. 某企业根据工资结算汇总表列示，当月应付工资总额为 680 000，扣除企业已为职工代垫的医药费 2 000 元和受房管部门委托代扣的职工房租 26 000 元，实发工资总额为 652 000元。上述工资总额中，根据工资费用分配表列示产品生产人员工资为 560 000 元，车间管理人员工资为 50 000 元，企业行政管理人员工资为 60 000 元。

要求：

（1）编制向银行提取现金的会计分录。

（2）编制发放工资的会计分录。

（3）编制代垫代扣款项的会计分录。

（4）编制将有关工资费用结转至生产成本的会计分录。

（5）编制将有关工资费用结转至制造费用的会计分录。

13. 沪光厂 2022 年 2 月初资产期初余额为 150 000 元，负债期初余额为 100 000 元，本期发生如下经济业务：

（1）向雨洁公司购入一批原材料，价款为 12 000 元，材料已办理入库手续，并签发了一张商业承兑汇票（不考虑增值税）。

（2）1 月购入的原材料 20 000 元，今运抵并验收入库。

（3）由于经营出现危机，无力偿还东华公司欠款 60 000 元，经协调同意将其债权转为股权。

（4）经批准签发支票代所有者甲以资本金 26 000 元偿还甲投资者所欠其他单位的款项。

要求：

（1）根据经济业务（1）编制正确的会计分录。

（2）根据经济业务（2）编制正确的会计分录。

（3）根据经济业务（3）编制正确的会计分录。

（4）根据经济业务（4）编制正确的会计分录。

（5）计算沪光厂 2022 年 2 月末所有者权益的金额。

14. 甲企业为增值税一般纳税人，增值税税率13%，采用备抵法核算坏账。2021年12月1日，甲企业“应收账款”账户借方余额为200万元，“坏账准备”账户贷方余额为25万元。本期发生如下相关经济业务：

(1) 12月5日，向乙企业赊销商品一批，开具的增值税专用发票上注明的售价50万元，增值税6.5万元。甲企业已将商品运抵乙企业，货款尚未收到该批商品的成本为28万元。

(2) 12月9日，一客户破产，根据清算程序，有应收账款20万元不能收回，确认为坏账损失。

(3) 12月21日，收到乙企业的销货款30万元，存入银行。

(4) 12月31日，甲企业对应收账款进行减值测试，预计其未来现金流量现值为170万元。

要求：

(1) 根据经济业务(1) 编制相应的会计分录。

(2) 根据经济业务(2) 编制相应的会计分录。

(3) 根据经济业务(3) 编制相应的会计分录。

(4) 计算甲企业12月份应计提的坏账准备金额。

(5) 编制甲企业计提坏账准备的会计分录。

15. 甲公司为增值税一般纳税人，适用的增值税税率为13%，商品、原材料售价中均不含增值税。假定销售商品、原材料均符合收入确认条件，其成本在确认收入时逐笔结转，不考虑其他因素。2022年4月，甲公司发生如下经济业务：

(1) 销售商品一批，开具的增值税专用发票上注明的售价为200万元，增值税额为26万元。商品已发出，款项尚未收回。该批商品实际成本为150万元。

(2) 销售一批原材料，开具的增值税专用发票上注明的售价为80万元，增值税额为10.4万元。材料已发出，款项收到并存入银行，该批材料的实际成本为59万元。

(3) 将不需用的设备出售给乙公司，售价20万元，已通过银行收回价款。该设备原价30万元，已计提累计折旧8万元。

(4) 向乙公司销售A商品1 600件，标价总额为800万元(不含增值税)，商品实际成本为480万元。为了促销，甲公司给予乙公司15%的商业折扣并开具了增值税专用发票。甲公司已发出商品，并向银行办理了托收手续。

(5) 以银行存款支付产品展览费10万元。

要求：

(1) 根据经济业务(1)，编制相应的会计分录。

(2) 根据经济业务(2)，编制相应的会计分录。

(3) 根据经济业务(3)，编制相应的会计分录。

(4) 根据经济业务(4)，编制相应的会计分录。

(5) 根据经济业务(5)，编制相应的会计分录。

16. 甲公司2022年8月发生如下部分经济业务：

(1) 8月3日，以现金支付应由公司负担的销售A产品的运输费800元。

(2) 8月7日，以银行存款支付业务招待费7 200元。

(3) 8月15日，计算应交土地使用税3 500元。

(4) 8 月 20 日,收到银行转来的存款利息 3 000 元。

(5) 8 月 30 日,摊销无形资产 2 000 元。

要求:

(1) 根据经济业务(1),编制正确的会计分录。

(2) 根据经济业务(2),编制正确的会计分录。

(3) 根据经济业务(3),编制正确的会计分录。

(4) 根据经济业务(4),编制正确的会计分录。

(5) 根据经济业务(5),编制正确的会计分录。

项目五

认知会计凭证

项目知识框架

- 认知会计凭证
  - 会计凭证的概述
    - 会计凭证的概念与作用(★)
    - 会计凭证的种类(★★)
  - 认知原始凭证
    - 原始凭证的种类(★★)
    - 原始凭证的基本内容(★★)
    - 原始凭证的填制要求(★★★)
    - 原始凭证的审核(★★★)
  - 认知记账凭证
    - 记账凭证的种类(★★)
    - 记账凭证的基本内容(★★)
    - 记账凭证的填制要求(★★★)
    - 记账凭证的审核(★★★)
  - 认知会计凭证的传递和保管
    - 会计凭证的传递(★)
    - 会计凭证的保管(★★)

项目强化训练

一、单项选择题

1. 在一定时期内连续记录若干项同类经济业务的会计凭证是(　　)。
   A. 记账凭证　　B. 一次凭证　　C. 原始凭证　　D. 累计凭证
2. 付款凭证中科目借贷对应方式正确的是(　　)。
   A. 多借一贷　　B. 多贷一借　　C. 多借多贷　　D. 以上全部正确
3. 仓库保管人员填制的收料单,属于企业的(　　)。
   A. 汇总原始凭证　　B. 累计原始凭证
   C. 外来原始凭证　　D. 自制原始凭证
4. 登记账簿的直接依据是(　　)。
   A. 记账凭证　　B. 原始凭证　　C. 经济业务　　D. 会计报表
5. 下列会计凭证中,只需反映价值量的是(　　)。
   A. 限额领料单　　B. 实存账存对比表
   C. 材料入库单　　D. 工资分配汇总表
6. 除了结账和更正错误以外,填制记账凭证的依据只能是(　　)。
   A. 审核无误的原始凭证　　B. 原始凭证
   C. 会计账簿　　D. 会计报表
7. 华达公司于 2021 年 10 月 12 日开出一张现金支票,对于支票日期正确的填写方法是(　　)。
   A. 贰零贰壹年拾月壹拾贰日　　B. 贰零贰壹年壹拾月拾贰日
   C. 贰零贰壹年零壹拾月壹拾贰日　　D. 贰零贰壹年零拾月壹拾贰日
8. 下列不属于原始凭证审核内容的是(　　)。
   A. 会计科目使用是否正确
   B. 凭证是否符合规定的审核程序
   C. 凭证是否有填制单位的公章和填制人员签章
   D. 凭证是否符合有关计划和预算
9. 某企业根据一张发料凭证汇总表编制记账凭证,由于涉及项目较多,需填制两张记账凭证,则记账凭证编号为(　　)。
   A. 收字第××$\frac{1}{2}$号和收字第××$\frac{2}{2}$号
   B. 收字第××号
   C. 转字第××号
   D. 转字第××$\frac{1}{2}$号和转字第××$\frac{2}{2}$号
10. 记账凭证的填制是由(　　)完成的。
    A. 主管人员　　B. 出纳人员　　C. 会计人员　　D. 经办人员
11. 限额领料单属于(　　)。
    A. 通用凭证　　B. 累计凭证　　C. 一次凭证　　D. 汇总凭证

12. 企业出售产品一批，售价 5 000 元，收到一张转账支票送存银行。这笔业务应编制的记账凭证为(　　)。

A. 转账凭证　　B. 付款凭证　　C. 收款凭证　　D. 以上均可

13. 4 月 15 日，行政管理人员王明将标明日期为 3 月 26 日的发票拿来报销，经审核后会计人员依据该发票编制记账凭证，则记账凭证的日期应为(　　)。

A. 3 月 26 日　　B. 4 月 1 日　　C. 3 月 31 日　　D. 4 月 15 日

14. 下列做法中，符合《会计基础工作规范》规定的是(　　)。

A. 外来原始凭证金额错误，可在原始凭证上更正但需签名或盖章

B. 自制原始凭证无须经办人签名或盖章

C. 凡是账簿记录金额错误，都可以采用划线更正法予以更正

D. 销售商品 1 000.84 元，销货发票大写金额为：壹仟元零捌角肆分

15. 职工张某出差归来，报销差旅费 200 元，交回多余现金 100 元，应编制的记账凭证是(　　)。

A. 转账凭证　　B. 收款凭证

C. 收款凭证和转账凭证　　D. 收款凭证和付款凭证

16. 一项经济业务所涉及的每个会计科目单独填制一张记账凭证，每一张记账凭证中只登记一个会计科目，这种凭证称为(　　)。

A. 一次凭证　　B. 单式记账凭证

C. 通用记账凭证　　D. 专用记账凭证

17. 对于一些经常重复发生的经济业务，可以根据同类原始凭证编制(　　)。

A. 原始凭证汇总表　　B. 发料汇总表

C. 收料汇总表　　D. 记账凭证

18. 在填制会计凭证时，1 518.53 的大写金额数字为(　　)。

A. 壹仟伍佰拾捌元五角叁分　　B. 壹仟伍佰拾捌元伍角叁分整

C. 壹仟伍佰壹拾捌元伍角叁分　　D. 壹仟伍佰壹拾捌元伍角叁分整

19. 下列各项中，(　　)不属于记账凭证的基本要素。

A. 应计会计科目、方向及金额　　B. 交易或事项的内容摘要

C. 凭证附件　　D. 交易或事项的数量、单位和金额

20. 某会计人员在审核记账凭证时，发现误将 1 000 元写成 100 元，尚未入账，一般应采用(　　)改正。

A. 冲账法　　B. 补充登记法

C. 红字更正法　　D. 重新填制记账凭证

21. 已经登记入账的记账凭证，在当年内发现有误，可以用红字填写一张与原内容相同的记账凭证，在摘要栏注明(　　)，以冲销原错误的记账凭证。

A. 注销某月某日某号凭证　　B. 订正某月某日某号凭证

C. 对方单位　　D. 经济业务内容

22. 各种原始凭证，除由经办业务的有关部门审核以外，最后都要由(　　)进行审核。

A. 财政部门　　B. 会计部门

C. 总经理　　D. 董事会

23. 下列记账凭证中，可以不附原始凭证的是（ ）。
A. 所有付款凭证　　B. 所有收款凭证
C. 所有转账凭证　　D. 用于结账的记账凭证
24. 会计机构和会计人员对不真实、不合法的原始凭证和违法收支，应当（ ）。
A. 不予接受　　B. 予以退回
C. 不予接受，并向单位负责人报告　　D. 予以纠正
25. 银行结算凭证按填制的手续及内容分类，属于原始凭证中的（ ）。
A. 一次凭证　　B. 累计凭证
C. 专用凭证　　D. 汇总凭证
26. 出纳人员在办理收款或付款后，应在（ ）上加盖“收讫”或“付讫”的戳记，以避免重收重付。
A. 收款凭证　　B. 付款凭证
C. 原始凭证　　D. 记账凭证

二、多项选择题

1. 下列项目中，属于会计凭证的有（ ）。
A. 领用材料时填制的领料单　　B. 供货单位开具的发票
C. 付款凭证　　D. 财务部门编制的开支计划
2. 收款凭证的借方科目可能有（ ）。
A. “库存现金”　　B. “应收账款”　　C. “银行存款”　　D. “应付账款”
3. 按照规定，除（ ）的记账凭证可以不附原始凭证外，其他记账凭证必须附有原始凭证。
A. 更正错账　　B. 提取现金　　C. 现金存入银行　　D. 结账
4. 下列说法正确的有（ ）。
A. 对于已预先印有编号的原始凭证在写错时，不需进行任何处理，但不得撕毁
B. 外来原始凭证遗失时，只需取得原签发单位盖有公章的证明，可代作原始凭证
C. 从个人取得的原始凭证，必须有填制人员的签名或盖章
D. 会计凭证具有监督经济活动、控制经济运行的作用
5. 涉及现金与银行存款之间的划款业务时，可以编制的记账凭证有（ ）。
A. 银行存款付款凭证　　B. 现金收款凭证
C. 银行存款收款凭证　　D. 现金付款凭证
6. 收款凭证和付款凭证是用来记录货币资金收付业务的凭证，它们是（ ）。
A. 出纳员收付款项的依据
B. 根据库存现金和银行存款收付业务的原始凭证填制的
C. 登记明细账和总账等有关账簿的依据
D. 登记现金日记账、银行存款日记账的依据
7. 下列原始凭证中，属于单位自制原始凭证的有（ ）。
A. 购料收到的增值税专用发票　　B. 收料单
C. 领料单　　D. 限额领料单
8. 以下属于单式记账凭证特点的有（ ）。

A. 便于汇总计算每一科目的发生额
B. 把经济业务所涉及的每个会计科目分别填列在几张凭证上
C. 根据单式记账法编制的记账凭证
D. 每个会计科目填列一张记账凭证

9. 会计凭证传递的组织工作主要包括(　　)方面。
A. 规定会计凭证在各个环节的停留时间
B. 规定会计凭证的传递路线
C. 规定保管期限及销毁制度
D. 制定会计凭证传递过程中的交接签收制度

10. 关于原始凭证的填制,下列说法正确的有(　　)。
A. 自制原始凭证必须有经办部门负责人或其指定的人员的签名或盖章
B. 购买实物的原始凭证,必须有验收证明
C. 不得以虚假的交易或事项为依据填制原始凭证
D. 原始凭证应在交易或事项发生或完成后及时填制

11. 下列项目中,属于原始凭证和记账凭证共同具备的基本内容的有(　　)。
A. 凭证的名称及编号　　B. 填制凭证的日期
C. 填制及接受单位的名称　　D. 有关人员的签章

12. 记账凭证的填制除必须做到记录真实、内容完整、填制及时、书写清楚外,还必须符合(　　)要求。
A. 必须连续编号
B. 如有空行,应当在空行处画线注销
C. 发生错误应该按规定的方法更正
D. 除另有规定外,应该有附件并注明附件张数

13. 在填制记账凭证时,下列做法错误的有(　　)。
A. 用于更正错账的记账凭证可以不附原始凭证
B. 一个月内的记账凭证连续编号
C. 将不同类型业务的原始凭证合并编制一张记账凭证
D. 从银行提取库存现金时只填制库存现金收款凭证

14. 以下有关会计凭证的表述,正确的有(　　)。
A. 会计凭证是登记账簿的依据
B. 会计凭证是明确经济责任的书面文件
C. 会计凭证是记录经济业务的书面证明
D. 会计凭证是编制报表的依据

15. 下列凭证中属于汇总原始凭证的有(　　)。
A. 工资汇总表　　B. 限额领料单　　C. 汇总付款凭证　　D. 收料凭证汇总表

16. 原始凭证的审核内容包括(　　)等方面。
A. 正确性、及时性　　B. 真实性
C. 完整性　　D. 合法性、合理性

17. 下列人员中,应在记账凭证上签名或盖章的有(　　)。

A. 记账人员　　B. 审核人员　　C. 制单人员　　D. 会计主管人员

18. 记账凭证的填制,可以根据(　　)。

A. 不同内容和类别的原始凭证　　B. 原始凭证汇总表

C. 每一张原始凭证　　D. 若干张同类原始凭证

19. 制造费用分配表属于(　　)。

A. 累计凭证　　B. 外来原始凭证　　C. 自制原始凭证　　D. 一次凭证

20. 下列各单据中,经审核无误后可以作为编制记账凭证依据的有(　　)。

A. 填制完毕的工资计算单　　B. 银行转来的对账单

C. 运费发票　　D. 银行转来的进账单

三、判断题(正确的打"√",错误的打"×")

1. 转账支票大小写金额或收款人姓名填错,如有更改,须在更改处加盖预留银行的鉴章。(　　)
2. 填制和审核会计凭证是一种会计核算的专门方法。(　　)
3. 记账人员根据记账凭证记账后,在记账符号栏内作记号,表示该笔金额已记入有关账户,以免漏记或重记。(　　)
4. 如果原始凭证已预先印定编号,在写错作废时,应加盖"作废"戳记,妥善保管,不得撕毁。(　　)
5. 发料凭证汇总表是一种汇总记账凭证。(　　)
6. 会计部门应于记账之后,定期对各种会计凭证进行分类整理,并将各种记账凭证按编号顺序排列,连同所附的原始凭证一起加具封面,装订成册。(　　)
7. 企业的各种会计凭证都不得涂改、刮擦和变造,如果发生错误,应采用划线更正法更正。(　　)
8. 由于自制原始凭证的名称、用途、格式不同,因而不需要对其真实性、合法性进行审核。(　　)
9. 外来原始凭证一般都是一次凭证。(　　)
10. 从外部取得的原始凭证,必须盖有填制单位的公章;从个人取得的原始凭证,不需签名或盖章。(　　)
11. 付款凭证只有在银行存款减少时才填制。(　　)
12. 发票、购货合同、收据等都是原始凭证。(　　)
13. 在编制记账凭证时,原始凭证就是记账凭证的附件。(　　)
14. 记账凭证可以作为登记账簿的直接依据,原始凭证则不能作为登记账簿的直接依据。(　　)
15. 填制原始凭证,汉字大写金额数字一律用正楷或行书书写,汉字大写金额到元位或角位为止的,后面必须写"正"或"整"字,分位后面不写"正"或"整"字。(　　)
16. 会计凭证上填写的人民币字样或符号"¥"与汉字大写金额数字或阿拉伯金额之间应留有空白。(　　)
17. 凭证中最具有法律效力的是原始凭证。(　　)
18. 对于数量过多的原始凭证,可以单独装订保管,但应在记账凭证上注明"附件另订"。(　　)

项目六

认知会计账簿

项目知识框架

- 会计账簿
  - 会计账簿概述
    - 会计账簿的概念与作用(★)
    - 会计账簿的基本内容(★)
    - 会计账簿与账户的关系(★)
    - 会计账簿的种类(★)
  - 会计账簿的启用和登记要求
    - 会计账簿的启用(★)
    - 会计账簿的登记要求(★★)
  - 会计账簿的格式与登记方法
    - 日记账的格式与登记方法(★★★)
    - 总分类账的格式与登记方法(★★★)
    - 明细分类账的格式与登记方法(★★★)
    - 总分类账和明细分类账的平行登记(★★★)
  - 对账和结账
    - 对账(★★★)
    - 结账(★★★)
  - 错账查找与更正方法
    - 错账查找的方法(★★★)
    - 错账更正的方法(★★★)
  - 会计账簿的更换与保管
    - 会计账簿的更换(★)
    - 会计账簿的保管(★)

项目强化训练

一、单项选择题

1. 会计账簿暂由单位财务会计部门保管(　　),期满后,由财务会计部门编造清册移交本单位的档案部门保管。

A. 3 年　　B. 10 年　　C. 5 年　　D. 1 年

2. 下列明细分类账中,一般不宜采用三栏式账页格式的是(　　)。

A. 应收账款明细账　　B. 实收资本明细账

C. 原材料明细账　　D. 应付账款明细账

3. 企业临时租入的固定资产应在(　　)中登记。

A. 无须在账簿中进行任何登记　　B. 备查账簿

C. 明细分类账簿　　D. 总分类账簿

4. 下列明细账户中,应采用贷方多栏式账页格式的是(　　)。

A. 应交税费——应交增值税　　B. 本年利润

C. 主营业务收入　　D. 管理费用

5. 日记账簿一般采用(　　)形式。

A. 横线登记式账　　B. 卡片账　　C. 活页账　　D. 订本账

6. 总分类账户与明细分类账户平行登记四要点中的"依据相同"是指(　　)。

A. 总分类账户要根据明细分类账户进行登记

B. 明细分类账户要根据总分类账户进行登记

C. 根据同一会计凭证登记

D. 由同一人员进行登记

7. 将账簿划分为序时账簿、分类账簿和备查账簿的依据是(　　)。

A. 账簿的用途　　B. 账页的格式　　C. 账簿的性质　　D. 账簿的外形特征

8. 下列表述正确的是(　　)。

A. 现金日记账实质上就是库存现金的总账

B. 总账的余额不一定等于其所属明细的余额合计数

C. 明细账根据明细分类科目设置

D. 所有资产类总账的余额合计数应等于所有负债类总账的余额合计数

9. 生产成本明细账应采用(　　)。

A. 数量金额式　　B. 横线登记式　　C. 多栏式　　D. 三栏式

10. 下列项目中,属于账证核对内容的是(　　)。

A. 总分类账簿与所属明细分类账簿核对

B. 原始凭证与记账凭证核对

C. 会计账簿与记账凭证核对

D. 银行存款日记账与银行对账单核对

11. 下列说法正确的是(　　)。

A. 登记各种账簿的直接依据只能是记账凭证

B. 现金日记账及银行存款日记账的外表形式应采用订本式

C. 库存现金付款凭证不能用来作为登记银行存款日记账的依据

D. 总分类账户发生额及余额试算平衡法中本期借方发生额合计等于本期贷方发生额合计，说明账户发生额记录肯定没有错

12. 下列各账簿中，必须逐日、逐笔登记的是（　　）。

A. 库存现金总账　　B. 固定资产明细账

C. 原材料明细账　　D. 银行存款日记账

13. 下列账户中，必须采用订本式账簿的是（　　）。

A. 原材料明细账　　B. 固定资产登记簿

C. 库存商品明细账　　D. 银行存款日记账

14. 下列说法中，正确的是（　　）。

A. 企业应收应付账款明细账与对方单位账户记录核对属于账账核对

B. 账簿记录正确并不一定保证账实相符

C. 所有账簿，每年必须更换新账

D. 除结账和更正错账外，一律不得用红色墨水笔登记账簿

15. 下列明细账中，既适用于金额核算，又适用于数量核算的是（　　）。

A. 库存商品明细账　　B. 实收资本明细账

C. 制造费用明细账　　D. 应收账款明细账

16. 在启用之前就已将账页装订在一起，并对账页进行了连续编号的账簿称为（　　）。

A. 订本账　　B. 卡片账　　C. 联合式账　　D. 活页账

17. 卡片账一般在进行（　　）时采用。

A. 固定资产总分类核算　　B. 原材料总分类核算

C. 原材料明细分类核算　　D. 固定资产明细分类核算

18. 将每一相关的业务登记在一起，从而可依据每一行各个栏目的登记是否齐全来判断该项业务的进展情况的明细分类账格式属于（　　）。

A. 多栏式　　B. 数量金额式　　C. 横线登记式　　D. 三栏式

19. 下列账簿中，一般采用活页账形式的是（　　）。

A. 日记账　　B. 备查账　　C. 总分类账　　D. 明细分类账

20. 下列项目中，不属于账实核对内容的是（　　）。

A. 现金日记账与库存现金数核对

B. 债权债务明细账与对方单位的账面记录核对

C. 银行存款日记账余额与银行对账单余额核对

D. 账簿记录与原始凭证核对

21. 下列错账中，可以采用补充登记法的是（　　）。

A. 在结账前发现账簿记录有文字或数字错误，而记账凭证没有错误

B. 记账后发现记账凭证填写的会计科目无误，只是所记金额小于应记金额

C. 记账后在当年内发现记账凭证所记的会计分录错误

D. 记账后在当年内发现记账凭证所记金额小于应记金额

22. 从银行提取现金，登记现金日记账的依据是（　　）。

A. 库存现金收款凭证　　B. 银行存款付款凭证

C. 银行存款收款凭证　　D. 库存现金付款凭证

23. 在登记账簿过程中,每一账页的最后一行及下一页都要办理转页手续,是为了(　　)。

A. 防止遗漏　　B. 便于查账

C. 保持记录的连续性　　D. 防止隔页

24. 企业开出转账支票 1 790 元购买办公用品,编制记账凭证时,误记金额 1 970 元,科目与方向无误并已记账,应采用的更正方法是(　　)。

A. 红字冲销 180 元　　B. 把错误凭证撕掉重新编制

C. 在凭证中划线更正　　D. 补充登记 180 元

25. 下列账簿中,可以跨年连续使用的是(　　)。

A. 日记账　　B. 多数明细账　　C. 备查账　　D. 总账

二、多项选择题

1. 下列说法中,不正确的有(　　)。

A. 银行存款日记账应按企业在银行开立的账户和币种分别设置,每个银行账户设置一本日记账

B. 平行式明细账不适用于一次性备用金业务

C. 总账最常用的格式为三栏式

D. 日记账必须采用三栏式

2. 以下表述中,正确的有(　　)。

A. 在会计核算中,一般应通过财产清查进行账实核对

B. 多栏式明细账一般适用于资产类账户

C. 因记账凭证错误而造成的账簿记录错误,一定采用红字更正法进行更正

D. 各种日记账、总账及资本、债权债务明细账都可采用三栏式账簿

3. 会计电算化时代,错账更正的方法一般有(　　)。

A. 划线更正法　　B. 平行登记法　　C. 补充登记法　　D. 红字更正法

4. 下列各项中,根据《企业会计准则》,应当建立备查账簿登记的有(　　)。

A. 银行存款　　B. 原材料

C. 已贴现的应收票据　　D. 经营租入设备

5. 以下凭证中,可以作为现金日记账的收入栏依据的有(　　)。

A. 库存现金收款凭证　　B. 库存现金付款凭证

C. 银行存款付款凭证　　D. 银行存款收款凭证

6. 记账后发现记账凭证中应借、应贷会计科目正确,只是金额发生错误,可采用的错账更正方法有(　　)。

A. 划线更正法　　B. 横线登记法　　C. 补充登记法　　D. 红字更正法

7. 下列内容中,属于结账工作的有(　　)。

A. 清点库存现金

B. 按照权责发生制对有关账项进行调整

C. 编制试算平衡表

D. 结算有关账户的本期发生额及期末余额

8. 下列观点中，正确的有（　　）。

A. 总账必须采用订本式账簿

B. 不是所有账户都需要开设明细分类账户

C. 明细分类账户提供详细、具体的核算指标

D. 总分类账户提供总括核算指标

9. 下列各账户中，只需反映金额指标的有（　　）。

A. “实收资本”账户　　B. “库存商品”账户

C. “短期借款”账户　　D. “原材料”账户

10. 下列说法中，正确的有（　　）。

A. 对账的内容包括账证核对、账账核对、账实核对

B. 短期借款明细账应采用三栏式账页格式

C. 应收账款明细账应采用订本式账簿

D. 多栏式明细账一般适用于成本、费用、收入类的明细账

11. 以下内容中，属于对账范围的有（　　）。

A. 账簿记录与报表记录的核对

B. 账簿记录与有关会计凭证的核对

C. 库存商品明细账余额与库存商品的核对

D. 日记账余额与有关总分类账户余额的核对

12. 数量金额式账簿的收入、发出和结存三大栏内，都分设（　　）三个小栏。

A. 金额　　B. 单价　　C. 数量　　D. 种类

13. 下列关于平行登记的说法中，正确的有（　　）。

A. 总账账户的期初余额＝明细账账户期初余额合计

B. 记入总分类账户的金额与记入其所属明细分类账户的合计金额相等

C. 总账账户的本期发生额＝所属明细账账户本期发生额合计

D. 总账账户的期末余额＝所属明细账账户期末余额合计

三、判断题（正确的打“√”，错误的打“×”）

1. 设置和登记账簿是编制会计报表的基础，是连接会计凭证与会计报表的中间环节。（　　）

2. 补充登记法一般适用于记账凭证所记会计科目无误，只是所记金额大于应记金额，从而引起的记账错误。（　　）

3. 在账簿记录中有可能出现红字。（　　）

4. 活页账无论是在账簿登记完毕之前还是之后，账页都不固定装订在一起，而是装在活页账夹中。（　　）

5. 各种日记账、总账以及资本、债权债务明细账都可采用三栏式账簿。（　　）

6. 会计人员在记账以后，若发现所依据的记账凭证中的应借、应贷会计科目有错误，则不论金额多记还是少记，均采用红字更正法进行更正。（　　）

7. 登记账簿要用蓝黑墨水笔或碳素墨水笔书写，不得使用铅笔书写，但可使用钢笔或圆珠笔书写。（　　）

8. 启用会计账簿时，应当在账簿封面上写明单位名称和账簿名称，并在账簿扉页上附启

用表。 ( )

9. 主要账簿中不予登记或登记不详细的经济业务,可以在备查账簿中予以登记。 ( )

10. 在我国,单位一般只对原材料的明细核算采用卡片账。 ( )

11. 总分类账户平时不必每日结出余额,只需要每月结出月末余额。 ( )

12. 新旧账簿有关账户之间的结转余额,也需要编制记账凭证。 ( )

13. 凡是只进行金额核算的明细分类账户都应采用三栏式的账页格式。 ( )

14. 对需要结计本年累计发生额的账户,结计"过次页"的本页合计数应为年初起至本月末止的累计数。 ( )

15. 会计部门的财产物资明细账期末余额与财产物资使用部门的财产物资明细账余额相核对,属于账实核对。 ( )

16. 对各种明细账除可采用活页账外表形式外,还可采用卡片账外表形式。 ( )

17. 严格地说,卡片账也是一种活页账,只不过它不是装在活页夹中,而是装在卡片箱内。 ( )

18. 在平行登记法下,总分类账和明细分类账要同时间登记。 ( )

四、计算分析题

1. 某企业 2022 年 7 月发生的经济业务及登记的应付账款总分类账如下:

(1) 4 日,向 A 企业购入甲材料 1 000 千克,每千克 17 元;购入乙材料 2 500 千克,每千克 9 元,款项 39 500 元尚未支付(不考虑增值税,下同)。

(2) 8 日,向 B 公司购入甲材料 2 000 千克,每千克 17 元,价款 34 000 元,货物已经验收入库,款项尚未支付。

(3) 13 日,生产车间为生产产品领用材料,其中领用甲材料 1 400 千克,每千克 17 元;领用乙材料 3 000 千克,每千克 9 元。

(4) 23 日,向 A 公司偿还货款 20 000 元,向 B 公司偿还货款 40 000 元,以银行存款支付。

(5) 26 日,向 A 公司购入乙材料 1 600 千克,价款 14 400 元以银行存款支付,货物验收入库。

要求:根据上述资料,完成应付账款总分类账(表 4)的登记。

表 4 应付账款总分类账

2022 年		凭证号	摘要	借方	贷方	借或贷	余额
月	日						
4	1		月初余额			贷	(1)
	4		购入材料		(2)	贷	82 500
	8		购入材料		34 000	贷	(3)
	23		归还前欠货款	60 000		贷	(4)
	31		本月合计		(5)	贷	56 500

2. 某公司会计人员在结账前进行对照时，发现企业所做的部分账务处理如下：

(1) 预付原材料款 40 000 元，款项以银行存款支付，编制的会计分录为：

借：应付账款　　40 000

　　贷：银行存款　　40 000

(2) 用银行存款预付建造固定资产的工程款 60 000 元，编制的会计分录为：

借：固定资产　　60 000

　　贷：银行存款　　60 000

(3) 用现金支付职工生活困难补助费 7 000 元，编制的会计分录为：

借：管理费用　　7 000

　　贷：库存现金　　7 000

(4) 计提生产车间固定资产折旧 4 500 元，编制的会计分录为：

借：制造费用　　45 000

　　贷：累计折旧　　45 000

(5) 用现金支付职工工资 65 000 元，编制的会计分录为：

借：应付职工薪酬　　6 500

　　贷：库存现金　　6 500

要求：上述企业原会计分录科目或金额上存在错误，请编制各项业务的正确的会计分录。

项目七

认知财产清查

项目知识框架

- 认知财产清查
  - 财产清查概述
    - 财产清查的概念与意义(★)
    - 财产清查的种类(★)
    - 财产清查的一般程序(★★)
  - 认知财产清查的方法
    - 货币资金的清查方法(★★★)
    - 实物资产的清查方法(★★)
    - 往来款项的清查方法(★)
  - 认知财产清查结果的处理
    - 财产清查结果处理的要求(★★)
    - 财产清查结果处理的步骤与方法(★★★)
    - 财产清查结果的账务处理(★★★)

项目强化训练

一、单项选择题

1. 在实际工作中，企业一般以(　　)作为财产物资的盘存制度。

A. 永续盘存制　　B. 收付实现制　　C. 实地盘存制　　D. 权责发生制

2. 对财产清查结果进行正确账务处理的主要目的是保证(　　)。

A. 账实相符　　B. 账表相符　　C. 账证相符　　D. 账账相符

3. 下列项目中清查时应采用实地盘点法的是(　　)。

A. 固定资产　　B. 银行存款　　C. 应付账款　　D. 应收账款

4. 财产物资的经管人员发生变动时，应对其经管的那部分财产进行清查，这种清查属于(　　)。

A. 全面清查和不定期清查　　B. 全面清查和定期清查

C. 局部清查和不定期清查　　D. 局部清查和定期清查

5. “待处理财产损溢”账户的贷方余额表示(　　)。

A. 发生的待处理财产盘亏、毁损数

B. 转销已批准处理的财产盘盈数

C. 尚待批准处理的财产盘亏、毁损数大于尚待批准处理的财产盘盈数的差额

D. 尚待批准处理的财产盘盈数大于尚待批准处理的财产盘亏、毁损数的差额

6. 财产清查中发现账外机器一台，其市场价格为 80 000 元，估计六成新，则该固定资产的入账价值为(　　)元。

A. 80 000　　B. 48 000　　C. 12 800　　D. 32 000

7. 库存现金清查的方法是(　　)。

A. 技术推算法　　B. 实地盘点法　　C. 发函询证法　　D. 核对账目法

8. 对于大量堆积的煤炭的清查，一般采用(　　)方法进行清查。

A. 技术推算盘点　　B. 抽查检验　　C. 查询核对　　D. 实地盘点

9. 采用实地盘存制，平时账簿记录中不能反映(　　)。

A. 财产物资的盘盈数　　B. 财产物资的减少数

C. 财产物资的增加数　　D. 财产物资的增加数和减少数

10. 一般来说，在企业撤销、合并和改变隶属关系时，应对财产进行(　　)。

A. 定期清查　　B. 局部清查　　C. 全面清查　　D. 实地盘点

11. 在企业与银行双方记账无误的情况下，银行存款日记账与银行对账单余额不一致是由于存在(　　)。

A. 应付账款　　B. 未达账项　　C. 其他货币资金　　D. 应收账款

12. 库存现金清查汇总，对无法查明原因的长款，经批准应记入(　　)账户。

A. “其他应付款”　　B. “营业外收入”　　C. “管理费用”　　D. “其他应收款”

13. 在财产清查中发现盘亏一台设备，其账面原值为 80 000 元，已提折旧 20 000 元，则该企业记入“待处理财产损溢”账户的金额为(　　)元。

A. 20 000　　B. 60 000　　C. 100 000　　D. 80 000

14. 月末企业银行存款日记账余额为 180 000 元，银行对账单余额为 170 000 元，经过未

达账项调节后的余额为 160 000 元，则对账日企业可以动用的银行存款实有数额为（ ）元。

A. 170 000　B. 160 000　C. 180 000　D. 不能确定

15. 库存现金盘点时发现短缺，则应借记的账户是（ ）。

A. “其他应付款”　B. “待处理财产损溢”

C. “其他应收款”　D. “库存现金”

16. 对盘亏的固定资产净损失经批准后可记入（ ）账户的借方。

A. “管理费用”　B. “生产成本”　C. “营业外支出”　D. “制造费用”

17. 对实物资产进行清查盘点时，（ ）必须在场。

A. 单位领导　B. 记账人员　C. 会计主管　D. 实物保管员

18. 盘盈的固定资产，一般应记入（ ）账户。

A. “其他业务收入”　B. “以前年度损益调整”

C. “营业外收入”　D. “本年利润”

19. 下列说法中，正确的是（ ）。

A. 库存现金应该每日清点一次　B. 银行存款每月至少同银行核对两次

C. 贵重物资每天应盘点一次　D. 债权债务每年至少核对两至三次

20. 在财产清查中，实物盘点的结果应如实登记在（ ）中。

A. 盘存单　B. 实存账存对比表

C. 对账单　D. 盘盈盘亏报告表

21. 对企业与其开户银行之间的未达账项，进行账务处理的时间是（ ）。

A. 收到银行对账单时　B. 实际收到有关结算凭证时

C. 编好银行存款余额调节表时　D. 查明未达账项时

22. 财产清查是用来检查（ ）的一种专门方法。

A. 账表是否相符　B. 账证是否相符　C. 账实是否相符　D. 账账是否相符

23. 下列情况下，应进行局部清查的是（ ）。

A. 年终决算前　B. 单位撤销、合并

C. 更换实物保管员　D. 单位改制

24. 对于应收账款进行清查应采用的方法是（ ）。

A. 技术推算法　B. 发函询证核对法

C. 抽查法　D. 实地盘点法

25. 在银行存款清查中发现的未达账项，应编制（ ）来检查调整后的余额是否相等。

A. 实存账存对比表　B. 盘存单

C. 银行存款余额调节表　D. 对账单

26. 某企业上期发生原材料盘亏，现查明原因属于自然灾害，经批准后，会计人员应编制的会计分录为（ ）。

A. 借：待处理财产损溢
　　贷：原材料

B. 借：管理费用
　　贷：待处理财产损溢

C. 借：营业外支出
　　贷：待处理财产损溢

D. 借：待处理财产损溢
　　贷：管理费用

27. 实存账存对比表是一种(　　)。

A. 备查账簿　　B. 会计账簿　　C. 原始凭证　　D. 记账凭证

二、多项选择题

1. 按财产清查的范围和时间的不同,可将财产清查分为(　　)。

A. 全面定期清查　　B. 局部定期清查

C. 全面不定期清查　　D. 局部不定期清查

2. 与"待处理财产损溢"账户借方发生对应关系的账户可能有(　　)。

A. "原材料"　　B. "应收账款"　　C. "营业外收入"　　D. "固定资产"

3. 银行存款日记账余额与银行对账单余额不一致的,原因可能有(　　)。

A. 银行存款日记账有误　　B. 存在未达款项

C. 存在未付款项　　D. 银行记账有误

4. 采用技术推算法清查的实物资产应具备的特点有(　　)。

A. 数量大　　B. 不便于用计量器具计量

C. 价值低　　D. 逐一清点有困难

5. 关于银行存款余额调节表,下列说法正确的有(　　)。

A. 不能够作为调整本单位银行存款日记账记录的原始凭证

B. 调节后的余额表示企业可以实际动用的银行存款数额

C. 是更正本单位银行存款日记账记录的依据

D. 该表是通知银行更正错误的依据

6. 使企业银行存款日记账的余额小于银行对账单余额的未达账项有(　　)。

A. 银行已收而企业未收　　B. 企业已收而银行未收

C. 银行已付而企业未付　　D. 企业已付而银行未付

7. 单位年终决算时进行的清查属于(　　)。

A. 定期清查　　B. 全面清查　　C. 不定期清查　　D. 局部清查

8. 当(　　),需要对财产物资进行不定期的局部清查。

A. 发生非常灾害造成财产物资损失时

B. 企业改变隶属关系时

C. 库存现金、财产物资保管人员更换时

D. 企业进行清查核资时

9. 下列各项中,属于财产物资盘存制度的有(　　)。

A. 实地盘存制　　B. 收付实现制　　C. 权责发生制　　D. 永续盘存制

10. 以下资产可以采用实地盘点法进行清查的有(　　)。

A. 固定资产　　B. 库存现金　　C. 银行存款　　D. 原材料

11. 常用的实物资产的清查方法包括(　　)。

A. 技术推算法　　B. 账目核对法　　C. 实地盘点法　　D. 函证核对法

12. 下列业务中需要通过"待处理财产损溢"账户核算的有(　　)。

A. 库存现金丢失　　B. 应收账款无法收回

C. 原材料盘亏　　D. 发现账外固定资产

13. 以下情况可能造成账实不符的有(　　)。

A. 管理不善　　　　　　　　　　B. 财产收发计量或检验不准
C. 账簿记录发生差错　　　　　　D. 未达账项

14. 下列各项中，对永续盘存制表述正确的有(　　)。
A. 账面随时反映财产物资的收入、发出和结余数额
B. 对各项财产物资的增加数和减少数，平时要根据会计凭证登记账簿
C. 财产物资品种繁杂的企业，其明细分类核算工作量较大
D. 平时在账簿中只登记财产物资的增加数，不登记减少数

15. 企业编制银行存款余额调节表，在调整银行存款日记账余额时，应考虑的情况有(　　)。
A. 企业已付、银行未付　　　　　B. 银行已收、企业未收
C. 银行已付、企业未付　　　　　D. 企业已收、银行未收

三、判断题(正确的打"√"，错误的打"×")

1. 实地盘存制能随时反映存货的收入、发出和结存动态。(　　)
2. 永续盘存制下，可以通过存货明细账的记录随时结出存货的结存数量，故不需要对存货进行盘点。(　　)
3. 银行已经付款记账而企业尚未付款记账，会使开户单位银行存款账面余额小于银行对账单的存款余额。(　　)
4. 未达账项仅仅是指企业未收到凭证而未入账的款项。(　　)
5. 对于盘盈或盘亏的财产物资，需在期末结账前处理完毕，如在期末结账前尚未经批准处理的，等批准后进行处理。(　　)
6. 库存现金清查包括出纳人员每日终了前进行的库存现金账款核对和清查小组进行的定期或不定期的现金盘点、核对。清查小组清查时，出纳人员可以不在场。(　　)
7. 只有在永续盘存制下才可能出现财产的盘盈、盘亏现象。(　　)
8. 盘点实物时，发现账面数大于实存数，即为盘盈。(　　)
9. 先确定期末库存存货成本，后确定本期发出存货成本的方法，称为永续盘存制。(　　)
10. 对银行存款进行清查时，如果存在账实不符的现象，肯定是由未达账项引起的。(　　)
11. 转销已批准处理的财产盘盈数登记在"待处理财产损溢"账户的贷方。(　　)
12. 定期财产清查一般在结账以后进行。(　　)
13. 永续盘存制是以耗计存或以消计存，一般适用于一些价值低、品种杂、进出频繁的商品或材料物资。(　　)
14. 银行存款余额调节表只是为了核对账目，并不能作为调整银行存款账目余额的原始凭证。(　　)
15. 企业的银行存款日记账与银行对账单所记的内容是相同的，都反映企业的银行存款的增减变动情况。(　　)
16. 对仓库中所有的存货进行的盘点属于全面清查。(　　)
17. 经批准转销固定资产盘亏净损失时，账务处理应借记"营业外支出"账户，贷记"固定资产清理"账户。(　　)

18. 无论采用哪种盘存制度，都应对财产物资进行定期或不定期的清查盘点，但清查的目的和作用是不同的。（　　）

四、计算分析题

1. 甲公司财产清查中发现如下问题：

（1）盘盈库存现金 20 000 元，其中 12 000 元属于应付给其他单位的违约金，其余无法查明原因。

（2）盘亏设备一台，原值 80 000，已提折旧 50 000。已批准处理。

（3）发现短款 52 元，属于出纳员责任，尚未收到赔款。

（4）发现某产品盘盈 200 千克，单位成本为 10 元，共计 2 000 元。经查属于计量收发差错。

（5）盘亏材料 10 000 元，可收回的保险赔款和过失人赔款共计 5 000 元，2 000 元属自然损耗，3 000 元属于非常损失。

要求：根据上述资料，编制相应的会计分录。

2. XYZ 公司 2021 年 10 月 31 日银行存款日记账为 70 000 元，银行对账单的存款余额数为 73 150 元，经过双方逐笔核对后，发现存在以下未达账项：

（1）XYZ 公司因采购材料开出转账支票一张，金额为 2 000 元，XYZ 公司已入账，但持票人尚未到银行办理转账手续。

（2）XYZ 公司因为销售商品收到购货方开来的转账支票一张，金额为 5 850 元，将支票送存银行后公司作收入入账，但是银行尚未办理入账手续。

（3）XYZ 公司委托银行代收外地销货款 12 000 元，银行已收款入账，但 XYZ 公司尚未收到收款通知。

（4）银行代为支付本月水电费 5 000 元，已入账，但 XYZ 公司尚未收到付款通知。

要求：根据上述资料，完成银行存款余额调节表（表 5）的编制。

表 5　银行存款余额调节表

编制单位：XYZ 公司　　　　2021 年 10 月 31 日　　　　单位：元

项　目	金　额	项　目	金　额
企业银行存款日记账余额	70 000	银行对账单余额	73 150
加：银行已收、企业未收的款项合计	（1）	加：企业已收、银行未收的款项合计	（3）
减：银行已付、企业未付的款项合计	5 000	减：企业已付、银行未付的款项合计	（4）
调节后的余额	（2）	调节后的余额	（5）

项目八

认知财务会计报告

项目知识框架

- 认知财务会计报告
  - 财务会计报告概述
    - 财务报告的概念及构成（★）
    - 财务报表的分类（★★）
    - 财务报表编制前的准备工作（★★）
  - 认知资产负债表
    - 资产负债表概述（★）
    - 资产负债表的结构（★★）
    - 资产负债表的编制（★★★）
  - 认知利润表
    - 利润表概述（★）
    - 利润表的结构（★★）
    - 利润表的编制（★★★）

项目强化训练

一、单项选择题

1. 编制财务报表时，以“收入－费用＝利润”这一会计等式作为编制依据的财务报表是(　　)。

A. 利润表　　B. 所有者权益变动表

C. 资产负债表　　D. 现金流量表

2. 资产负债表的下列项目中，需要根据几个总账科目的期末余额进行汇总填列的项目是(　　)。

A. “应付职工薪酬”　　B. “短期借款”

C. “货币资金”　　D. “资本公积”

3. “应收账款”科目所属明细科目如有贷方余额，应在资产负债表(　　)项目中反映。

A. “预付账款”　　B. “预收账款”

C. “应收账款”　　D. “应付账款”

4. 下列各项中，不会引起利润总额增减变化的是(　　)。

A. 销售费用　　B. 管理费用

C. 所得税费用　　D. 营业外支出

5. 关于资产负债表的格式，下列说法不正确的是(　　)。

A. 资产负债表主要有账户式和报告式

B. 我国的资产负债表采用报告式

C. 账户式资产负债表分为左、右两方，左方为资产，右方为负债和所有者权益

D. 负债和所有者权益按照求偿权的先后顺序排列

6. 多步式利润表中的利润总额是以(　　)为基础来计算的。

A. 营业收入　　B. 营业成本

C. 投资收益　　D. 营业利润

7. 以“资产＝负债＋所有者权益”这一会计等式作为编制依据的财务报表是(　　)。

A. 利润表　　B. 所有者权益变动表

C. 资产负债表　　D. 现金流量表

8. 某日，大华公司的负债为 7 455 万元、非流动资产合计为 4 899 万元、所有者权益合计为 3 000 万元，则当日该公司的流动资产合计应当为(　　)万元。

A. 2 556　　B. 4 455

C. 1 899　　D. 5 556

9. 某企业“原材料”科目期末余额为 100 000 元，“生产成本”科目期末余额为 50 000 元，“库存商品”科目期末余额为 120 000 元，“存货跌价准备”科目期末余额为 10 000 元，则资产负债表中“存货”项目应填列的是(　　)元。

A. 300 000　　B. 260 000

C. 280 000　　D. 270 000

10. 下列各项中不应列示在资产负债表的流动资产部分的项目是(　　)。

A. “货币资金”　　B. “应收账款”

C. “预付账款”　　D. “在建工程”

11. 反映企业某一特定日期财务状况的会计报表是(　　)。

A. 资产负债表　　B. 现金流量表

C. 基本会计报表　　D. 基本会计报表及附注

12. 下列不属于财务会计报告基本要求的是(　　)。

A. 真实可靠　　B. 合法实用

C. 编报及时　　D. 便于理解

13. 将分散的零星的日常会计资料归纳整理为更集中、更系统、更概括的会计资料，以总括反映企业财务状况和经营成果的方法是(　　)。

A. 编制会计凭证　　B. 编制记账凭证

C. 编制会计报表　　D. 登记会计账簿

14. 企业财务会计报告所提供的信息资料应具有时效性，这是指编制财务会计报告应符合(　　)的要求。

A. 真实可靠　　B. 相关可比

C. 全面完整　　D. 编报及时

15. 在资产负债表中，资产是按照(　　)排列的。

A. 清偿时间的先后顺序　　B. 会计人员的填写习惯

C. 金额大小　　D. 流动性大小

二、多项选择题

1. 利润表中的“营业成本”项目填列的依据有(　　)。

A. “营业外支出”发生额　　B. “主营业务成本”发生额

C. “其他业务成本”发生额　　D. “税金及附加”发生额

2. 编制资产负债表时，需根据有关总账科目期末余额分析、计算填列的项目有(　　)。

A. “货币资金”　　B. “预付款项”

C. “存货”　　D. “短期借款”

3. 资产负债表中的“存货”项目反映的内容包括(　　)。

A. 库存商品　　B. 材料成本差异

C. 委托加工物资　　D. 生产成本

4. 资产负债表中“应收账款”项目应根据(　　)之和减去“坏账准备”科目中有关应收账款计提的坏账准备期末余额填列。

A. “应收账款”科目所属明细科目的借方余额

B. “应收账款”科目所属明细科目的贷方余额

C. “应付账款”科目所属明细科目的贷方余额

D. “预收账款”科目所属明细科目的借方余额

5. 下列等式正确的有(　　)。

A. 资产＝负债＋所有者权益

B. 营业利润＝主营业务收入＋其他业务收入－主营业务成本－其他业务成本＋投资收益＋公允价值变动收益

C. 利润总额＝营业利润＋营业外收入－营业外支出

D. 净利润＝利润总额－所得税费用

6. 企业提供的财务会计报告的使用者有（　　）。

A. 投资者　　B. 债权人

C. 政府及相关机构　　D. 企业管理人员、职工和社会公众等

7. 借助利润表提供的信息，可以帮助管理者（　　）。

A. 分析企业资产的结构及其状况　　B. 分析企业的债务偿还能力

C. 分析企业的获利能力　　D. 分析企业利润的未来发展趋势

8. 企业财务会计报表按其编报的时间不同，分为（　　）。

A. 半年度报表　　B. 月度报表

C. 季度报表　　D. 年度报表

9. 期末，（　　）科目的余额应转入“本年利润”科目。

A. “主营业务成本”　　B. “制造费用”

C. “管理费用”　　D. “投资收益”

10. 下列账户中，可能影响资产负债表中“预付款项”项目金额的科目有（　　）。

A. “预收账款”　　B. “应收账款”

C. “应付账款”　　D. “预付账款”

三、判断题（正确的打“√”，错误的打“×”）

1. 利润表是反映企业一定日期经营成果的财务报表。（　　）

2. 资产负债表中资产类至少包括流动资产项目、长期投资项目和固定资产项目。（　　）

3. 利润表中收入类项目大多是根据收入类账户期末结转前借方发生额减去贷方发生额后的差额填列，若差额为负数，则以“－”号填列。（　　）

4. 利润表中“营业成本”项目，反映企业销售产品和提供劳务等主要经营业务的各项销售费用和实际成本。（　　）

5. 资产负债表中“固定资产”项目应根据“固定资产”科目余额减去“累计折旧”“固定资产减值准备”等科目的期末余额后的金额填列。（　　）

6. 一套完整的财务报表至少应当包括资产负债表、利润表、现金流量表、所有者权益变动表和附注等部分。（　　）

7. 资产负债表是总括反映企业特定日期资产、负债和所有者权益情况的动态报表，通过它可以了解企业的资产构成、资金的来源构成和企业债务的偿还能力。（　　）

8. 资产负债表中“货币资金”项目，应根据“银行存款”科目的期末余额填列。（　　）

9. 营业利润减去管理费用、销售费用、财务费用和所得税费用后得到净利润。（　　）

10. 季度、月度财务会计报告通常仅指财务报表，至少应该包括资产负债表、利润表和现金流量表。（　　）

11. 账户式资产负债表分左、右两方，左方为资产项目，一般按照流动性大小排列；右方为负债及所有者权益项目，一般按要求偿还时间的先后顺序排列。（　　）

12. “制造费用”和“管理费用”科目都应当在期末转入“本年利润”科目。（　　）

13. 在企业财务会计报告体系中，最核心的内容是会计报表。（　　）

14. 损益类科目用于核算收入、费用、成本的发生和归集，提供一定期间与损益相关的会

计信息的会计科目。 ( )

15. 营业利润是以主营业务利润为基础，加上其他业务利润，减去销售费用、管理费用和财务费用，再加上营业外收入减去营业外支出计算出来的。 ( )

四、计算分析题

1. N公司2022年7月31日总账及其有关所属明细账余额如表6所示。

表6 N公司2022年7月31日总账及其有关所属明细账余额

单位：元

总分类账户	余额		明细分类账户	余额	
	借方	贷方		借方	贷方
库存现金	7 000				
银行存款	160 000				
应收账款	106 000		甲公司	86 000	
			乙公司	20 000	
材料采购	20 000				
原材料	60 000				
库存商品	40 000				
生产成本	30 000				
固定资产	440 000				
累计折旧		40 000			
短期借款		80 000			
应付账款		85 000	A公司		60 000
			B公司		25 000
应交税费		17 000	应交增值税		17 000
实收资本		600 000			
盈余公积		6 000			
本年利润		30 000			
利润分配		5 000			
合计	863 000	863 000			

要求：根据上述资料计算“货币资金”“存货”“固定资产”“应付账款”“未分配利润”项目的数额。

2. 某企业年末损益类账户转账前的本期发生额资料如表7所示。

表 7 某企业年末损益类账户发生额

单位:元

账　户	借方发生额	贷方发生额
主营业务收入		130 000
主营业务成本	90 000	
税金及附加	3 600	
其他业务收入		10 000
其他业务成本	3 000	
销售费用	5 000	
管理费用	3 000	
财务费用	1 000	
投资收益		5 000
营业外收支	3 700	
公允价值变动损益		9 000
资产减值损失	4 200	
营业外收入		4 000

假设企业本年没有其他纳税事项调整,所得税税率为25%。

要求:计算“营业收入”“营业成本”“营业利润”“利润总额”“净利润”项目的填列数。

项目九

认知账务处理程序

项目知识框架

- 认知账务处理程序
  - 账务处理程序概述
    - 账务处理程序的概念与意义(★)
    - 账务处理程序的种类(★★)
  - 认知记账凭证账务处理程序
    - 记账凭证账务处理程序的一般步骤(★★)
    - 记账凭证账务处理程序的内容(★★★)
  - 认知汇总记账凭证账务处理程序
    - 汇总记账凭证的编制方法(★★)
    - 汇总记账凭证账务处理程序的一般步骤(★★)
    - 汇总记账凭证账务处理程序的内容(★★★)
  - 认知科目汇总表账务处理程序
    - 科目汇总表的编制方法(★★)
    - 科目汇总表账务处理程序的一般步骤(★★)
    - 科目汇总表账务处理程序的内容(★★★)

项目强化训练

一、单项选择题

1. 设计账务处理程序是(　　)的一项重要内容。
A. 会计制度设计　　B. 会计账簿设计
C. 会计凭证设计　　D. 会计报表设计

2. 下列属于科目汇总表账务处理程序优点的是(　　)。
A. 便于检查核对账目
B. 便于进行试算平衡
C. 便于反映各账户之间的对应关系
D. 便于进行分工核算

3. 汇总记账凭证账务处理程序与科目汇总表账务处理程序的相同点是(　　)。
A. 记账凭证的汇总方法相同　　B. 登记总账的依据相同
C. 简化了登记总账的工作量　　D. 保持了账户之间的对应关系

4. 科目汇总表定期汇总的是(　　)。
A. 每一账户的本期贷方发生额　　B. 每一账户的本期借方发生额
C. 每一账户的本期借、贷方余额　　D. 每一账户的本期借、贷方发生额

5. 采用记账凭证汇总表核算形式,(　　)是其登记总账的直接依据。
A. 记账凭证　　B. 科目汇总表　　C. 原始凭证　　D. 汇总记账凭证

6. 下列凭证中,不能作为登记总分类账依据的是(　　)。
A. 汇总记账凭证　　B. 科目汇总表　　C. 原始凭证　　D. 记账凭证

7. 汇总转账凭证是按(　　)科目设置。
A. 借方或贷方　　B. 贷方　　C. 借方和贷方　　D. 借方

8. 平时在填制记账凭证时,应尽量使账户的对应关系保持一借一贷是(　　)的要求。
A. 记账凭证账务处理程序　　B. 多栏式日记账账务处理程序
C. 科目汇总表账务处理程序　　D. 汇总记账凭证账务处理程序

9. 汇总记账凭证账务处理程序的特点是根据(　　)登记总账。
A. 记账凭证　　B. 原始凭证　　C. 汇总记账凭证　　D. 科目汇总表

10. 汇总记账凭证是根据(　　)编制的。
A. 原始凭证汇总表　　B. 原始凭证
C. 记账凭证　　D. 各种总账

11. 关于科目汇总表账务处理程序,下列说法正确的是(　　)。
A. 编制会计报表的直接依据是科目汇总表
B. 登记总账的直接依据是科目汇总表
C. 登记总账的直接依据是记账凭证
D. 与记账凭证会计核算程序相比较,增加了一道编制汇总记账凭证的程序

12. 账务处理程序的核心是(　　)。
A. 报表组织　　B. 账簿组织　　C. 凭证组织　　D. 记账程序

13. 会计报表是根据(　　)资料编制的。

A. 日记账、总分类账和明细账　　B. 日记账和明细分类账
C. 日记账和总分类账　　D. 明细分类账和总分类账

14. 适用于规模较小、业务量不多的单位的账务处理程序是(　　)。
A. 多栏式日记账账务处理程序　　B. 汇总记账凭证账务处理程序
C. 记账凭证账务处理程序　　D. 科目汇总表账务处理程序

15. 下列属于汇总记账凭证账务处理程序缺点的是(　　)。
A. 编制汇总转账凭证的工作量较大　　B. 不便于进行账目的核对
C. 登记总账的工作量较大　　D. 不便于体现账户之间的对应关系

16. (　　)账务处理程序是最基本的一种会计账务处理程序。
A. 日记总账　　B. 记账凭证　　C. 科目汇总表　　D. 汇总记账凭证

17. 以下项目中，属于科目汇总表账务处理程序缺点的是(　　)。
A. 增加了会计核算的账务处理程序　　B. 不便于进行试算平衡
C. 不便于检查核对账目　　D. 增加了登记总分类账的工作量

18. 汇总转账凭证编制的依据是(　　)。
A. 付款凭证　　B. 收款凭证　　C. 原始凭证　　D. 转账凭证

二、多项选择题

1. 在汇总记账凭证账务处理程序下，月末应与总账核对的内容有(　　)。
A. 会计报表　　B. 记账凭证
C. 明细账　　D. 银行存款日记账

2. 账簿组织包括(　　)。
A. 账簿的格式　　B. 账簿之间的关系
C. 账户的名称　　D. 账簿的种类

3. 适用于生产经营规模较大、业务量较多企业的账务处理程序有(　　)。
A. 记账凭证账务处理程序　　B. 科目汇总表账务处理程序
C. 汇总记账凭证账务处理程序　　D. 多栏式日记账账务处理程序

4. 以下属于汇总记账凭证账务处理程序优点的有(　　)。
A. 反映内容详细　　B. 简化总账登记
C. 手续简便　　D. 能反映账户之间的对应关系

5. 在常见的账务处理程序中，共同的账务处理工作有(　　)。
A. 均应填制和取得原始凭证　　B. 均应编制记账凭证
C. 均应填制汇总记账凭证　　D. 均应设置和登记总账

6. 常用的账务处理程序主要有(　　)。
A. 汇总记账凭证账务处理程序　　B. 科目汇总表账务处理程序
C. 日记总账账务处理程序　　D. 记账凭证账务处理程序

7. 下列项目中，可以根据记账凭证汇总编制的有(　　)。
A. 汇总付款凭证　　B. 发出材料汇总表
C. 汇总转账凭证　　D. 科目汇总表

8. 下列项目中，属于科学、合理地选择适用于本单位的账务处理程序的意义有(　　)。
A. 有利于提高会计信息的质量　　B. 有利于增强会计信息的可靠性

C. 有利于保证会计信息的及时性　　　D. 有利于会计工作程序的规范化

9. 下列关于记账凭证汇总表的表述，正确的有（　　）。

A. 记账凭证汇总表是一种记账凭证

B. 记账凭证汇总表能起到试算平衡的作用

C. 可以简化总账的登记工作

D. 记账凭证汇总表保留了账户之间的对应关系

10. 在各种会计账务处理程序下，明细分类账可以根据（　　）登记。

A. 原始凭证汇总表　　　B. 记账凭证汇总表

C. 记账凭证　　　D. 原始凭证

11. 在科目汇总表账务处理程序下，记账凭证是用来（　　）的依据。

A. 登记库存现金日记账　　　B. 登记总账

C. 登记明细分类账　　　D. 编制科目汇总表

12. 账务处理程序也称会计核算程序，它是指（　　）相结合的方式。

A. 会计科目　　B. 会计账簿　　C. 会计报表　　D. 会计凭证

三、判断题（正确的打"√"，错误的打"×"）

1. 科目汇总表账务处理程序只适用于经济业务不太复杂的中小型单位。（　　）
2. 在各种账务处理程序下，其登记库存现金日记账的直接依据都是相同的。（　　）
3. 在科目汇总表账务处理程序中，不能反映账户之间的对应关系，因而不便于分析经济业务的来龙去脉，不便于查对账目。（　　）
4. 原始凭证可以作为登记各种账簿的直接依据。（　　）
5. 同一企业可以同时采用几种不同的账务处理程序。（　　）
6. 各种会计账务处理程序的共同点之一是编制会计报表的方法不同。（　　）
7. 汇总记账凭证账务处理程序的缺点在于保持账户之间的对应关系。（　　）
8. 各种账务处理程序的不同之处在于登记明细账的直接依据不同。（　　）
9. 科目汇总表账务处理程序与汇总记账凭证账务处理程序的适用范围是完全相同的。（　　）
10. 汇总转账凭证按"库存现金""银行存款"账户的借方设置，并按其对应的贷方账户归类汇总。（　　）
11. 账务处理程序就是指记账程序。（　　）
12. 记账凭证账务处理程序的主要特点是直接根据各种记账凭证登记总账。（　　）
13. 会计报表是根据总分类账、明细分类账和日记账的记录定期编制的。（　　）
14. 库存现金日记账和银行存款日记账不论在何种会计账务处理程序下，都是根据收款凭证和付款凭证逐日、逐笔顺序登记的。（　　）
15. 科目汇总表的作用与汇总记账凭证相似，但它们的结构不同，填制的方法也不同。（　　）
16. 为了便于编制科目汇总表，平时填制转账凭证时，应尽可能使账户之间保持一借一贷的对应关系。（　　）
17. 各个企业的业务性质、组织规模、管理上的要求不同，企业应根据自身的特点，制定出恰当的会计账务处理程序。（　　）

18. 企业不论采用哪种会计账务处理程序，都必须设置日记账、总账和明细账。（　　）

四、计算分析题

某公司 2019 年 6 月下旬有关记账凭证的会计分录如下：

（1）借：生产成本	25 000	
贷：原材料		25 000
（2）借：库存现金	5 000	
贷：银行存款		5 000
（3）借：制造费用	3 000	
贷：原材料		3 000
（4）借：银行存款	5 000	
贷：应收账款		5 000
（5）借：银行存款	30 000	
贷：库存现金		30 000
（6）借：银行存款	60 000	
贷：预收账款		60 000
（7）借：原材料	25 000	
贷：在途物资		25 000
（8）借：制造费用	4 500	
贷：累计折旧		4 500
（9）借：应付账款	60 000	
贷：银行存款		60 000
（10）借：其他应收款	3 000	
贷：库存现金		3 000

要求：根据以上资料，回答下列问题：

（1）编制汇总收款凭证时，“银行存款”科目借方金额为（　　）元。

（2）编制汇总付款凭证时，“银行存款”科目贷方金额为（　　）元。

（3）编制汇总付款凭证时，“库存现金”科目贷方金额为（　　）元。

（4）编制汇总转账凭证时，“原材料”科目贷方金额为（　　）元。

（5）编制汇总转账凭证的张数为（　　）张。

综合模拟试卷一

一、单项选择题(下列各题只有一个正确答案,每题0.5分,共90题。不选、错选均不得分)

1. 下列原始凭证中,(　　)属于外来原始凭证。

A. 提货单　　B. 发出材料汇总表
C. 购货发票　　D. 领料单

2. 下列各项中,根据连续反映某一时期、不断重复发生而分次进行的特定业务编制的原始凭证是(　　)。

A. 一次凭证　　B. 累计凭证
C. 记账编制凭证　　D. 汇总原始凭证

3. 下列各项中,(　　)适合采用活页式账簿形式。

A. 明细分类账　　B. 银行存款日记账
C. 库存现金日记账　　D. 备查账

4. 关于需要结计本年累计发生额的账户,结计"过次页"的合计数,下列说法正确的是(　　)。

A. 自年初起至本日止累计数　　B. 自年初起至本页末止累计数
C. 自月初起至本页末止累计数　　D. 自本页初起至本页末止累计数

5. 下列关于会计科目设置的表述中,不正确的是(　　)。

A. 应当遵循谨慎性原则
B. 应当符合单位自身特点
C. 应当符合国家统一会计制度的规定
D. 应当满足相关各方的信息需求

6. 会计科目按其所(　　)不同,分为总分类科目和明细分类科目。

A. 反映的经济业务
B. 归属的会计要素
C. 反映的会计对象
D. 提供信息的详细程度及其统驭关系

7. 下列各项中,(　　)不应作为本企业库存商品。

A. 库存产成品　　B. 发出展览的商品
C. 已实现销售的发出商品　　D. 存放在门市部准备出售的商品

8. 下列会计报表中,反映企业在某一特定日期财务状况的是(　　)。

A. 利润表　　B. 利润分配表　　C. 资产负债表　　D. 现金流量表

9. 下列各项中,(　　)正确反映了资产负债表中资产流动性从大到小排列。

A. 存货、无形资产、货币资金、交易性金融资产
B. 交易性金融资产、存货、无形资产、货币资金
C. 无形资产、货币资金、交易性金融资产、存货

D. 货币资金、交易性金融资产、存货、无形资产

10. 下列经济业务中，(　　)不会使会计等式两边总额发生变化。

A. 收到应收账款存入银行　　B. 从银行取得借款存入银行

C. 收到投资者以固定资产进行的投资　　D. 以银行存款偿还应付账款

11. 某公司资产总额为 6 万元，负债总额为 3 万元，以银行存款 2 万元偿还短期借款，并以银行存款 1.5 万元购买设备，上述业务入账后，该公司资产总额为(　　)万元。

A. 3　　B. 4　　C. 2.5　　D. 1.5

12. 盘盈的固定资产，一般应记入(　　)账户。

A. "其他业务收入"　　B. "营业外收入"

C. "以前年度损益调整"　　D. "本年利润"

13. 下列情况下，(　　)企业应当采用局部财产清查。

A. 年终决算前　　B. 企业清产核资时

C. 企业更换财产保管人员时　　D. 企业改组为股份制试点企业时

14. 某单位 6 月预付第三季度财产保险费 1 800 元；支付本季度借款利息 3 900 元；用银行存款支付本月水电费 3 000 元。根据收付实现制，该单位 6 月确认的费用是(　　)元。

A. 4 800　　B. 4 300　　C. 6 900　　D. 8 700　　(　　)

15. (　　)界定了从事会计工作和提供会计信息的空间范围。

A. 会计职能　　B. 会计对象　　C. 会计内容　　D. 会计主体

16. 企业资产以历史成本计价而不以现行成本或清算价格计价，依据的会计基本假设是(　　)。

A. 会计主体　　B. 持续经营　　C. 会计分期　　D. 货币计量

17. 会计以货币为主要计量单位，通过确认、计量、记录、报告等环节，对特定主体的经济活动进行记账、算账、报账，为各有关方面提供会计信息的功能称为(　　)。

A. 会计核算职能　　B. 会计监督职能

C. 会计控制职能　　D. 会计预测职能

18. 在下列项目中，属于账户的金额要素的是(　　)。

A. 本期借方发生额　　B. 本期贷方发生额

C. 本期减少发生额　　D. 借方余额

19. 对于本月新购入的固定资产，下列说法正确的是(　　)。

A. 当月开始计提折旧　　B. 下月开始计提折旧

C. 下年开始计提折旧　　D. 不计提折旧

20. 下列账簿中，属于会计账簿主体而且是编制财务会计报表主要依据的是(　　)。

A. 日记账　　B. 分类账　　C. 备查账　　D. 订本账

21. 在利润表的表体中，全部指标均依据有关账簿的(　　)填列。

A. 期末余额　　B. 发生额

C. 期末余额或发生额　　D. 本期金额

22. 企业以银行存款偿还所欠购货款。下列表述正确的是(　　)。

A. 资产项目之间此增彼减　　B. 权益项目之间此增彼减

C. 资产项目和权益项目同增　　D. 资产项目和负债项目同减

23. 损益类账户期末结转时余额应转入(　　)账户。

A. "生产成本"　B. "本年利润"　C. "利润分配"　D. "库存商品"

24. 计提经营租出的设备折旧时,应编制的会计分录是(　　)。

A. 借记"其他业务成本"科目,贷记"累计折旧"科目

B. 借记"其他业务成本"科目,贷记"固定资产"科目

C. 借记"制造费用"科目,贷记"累计折旧"科目

D. 借记"制造费用"科目,贷记"固定资产"科目

25. 委托加工材料登记簿属于(　　)。

A. 序时账簿　B. 分类账簿　C. 卡片式账簿　D. 备查账簿

26. 下列各项中,(　　)属于日记账登记的特点。

A. 定期逐笔登记　　B. 逐日、逐笔登记

C. 顺序登记　　D. 汇总登记

27. 存在对应关系的科目称为(　　)。

A. 联系科目　B. 对应科目　C. 明细分类科目　D. 总分类科目

28. 企业现金出纳人员发生变动时,应对其保管的现金进行清查。该清查属于(　　)。

A. 全面清查和定期清查　　B. 局部清查和不定期清查

C. 全面清查和不定期清查　　D. 局部清查和定期清查

29. 企业结账的时间应为(　　)。

A. 每项交易或事项办理完毕时　　B. 每一个工作日终了时

C. 一定时期终了时　　D. 会计报表编制完成时

30. 接受投资人投资的分录中不可能出现的账户是(　　)。

A. "银行存款"　B. "固定资产"　C. "本年利润"　D. "实收资本"

31. 某公司 2018 年 2 月 1 日形成的会计档案,可暂由本单位财务部门保管到(　　),期满后,原则上移交档案保管部门保管。

A. 2018 年 3 月 1 日　　B. 2018 年 12 月 31 日

C. 2019 年 2 月 1 日　　D. 2019 年 12 月 31 日

32. 下列有关记账凭证账务处理程序、汇总记账凭证账务处理程序和科目汇总表账务处理程序的表述中,正确的是(　　)。

A. 登记总分类账的依据相同　　B. 登记总分类账的方法不同

C. 三者完全不同　　D. 三者完全相同

33. 下列关于编制汇总记账凭证的表述中,正确的是(　　)。

A. 汇总付款凭证按现金、银行存款账户的借方设置,并按其对应的贷方账户归类汇总

B. 汇总收款凭证按现金、银行存款账户的贷方设置,并按其对应的借方账户归类汇总

C. 汇总转账凭证按每一账户的借方设置,并按其对应的贷方账户归类汇总

D. 汇总转账凭证按每一账户的贷方设置,并按其对应的借方账户归类汇总

34. 期末,应转入"本年利润"账户借方的是(　　)。

A.“主营业务收入”账户　　B.“其他业务收入”账户

C.“其他业务成本”账户　　D.“库存商品”账户

35. 会计的目标是(　　)。

A. 提供会计信息　　B. 完成会计任务

C. 进行数据分析　　D. 结出账簿余额

36. 下列关于汇总记账凭证账务处理程序优点的表述中,正确的是(　　)。

A. 详细反映经济业务的发生情况　　B. 可以做到试算平衡

C. 处理手续简便　　D. 便于了解账户之间的对应关系

37. 下列各项中,既能汇总登记总分类账、减轻总账登记工作,又能明确反映账户对应关系,便于查账、对账的账务处理程序是(　　)。

A. 科目汇总表账务处理程序　　B. 汇总记账凭证账务处理程序

C. 多栏式日记账账务处理程序　　D. 日记账账务处理程序

38. 下列各项中,属于实物资产清查对象的是(　　)。

A. 库存现金　　B. 存货　　C. 银行存款　　D. 应收账款

39. 根据财产清查结果调整账簿记录的主要目的是(　　)。

A. 改正错账　　B. 账实相符

C. 明确经济责任　　D. 编制会计报表

40. 下列各项中,(　　)不属于收入。

A. 营业外收入　　B. 固定资产租金收入

C. 提供劳务的收入　　D. 销售材料的收入

41. 企业从银行借入 3 年期借款,应贷记的科目是(　　)。

A.“库存现金”　　B.“短期借款”　　C.“长期借款”　　D.“长期应付款”

42. 下列账簿组成部分中,(　　)作为记录经济业务事项的载体。

A. 封面　　B. 扉页　　C. 账页　　D. 说明

43. 下列各种凭证中,(　　)属于采用补充登记法纠正错误时应编制的。

A. 红字记账凭证　　B. 蓝字记账凭证

C. 一张红字及一张蓝字记账凭证　　D. 不能确定

44. 甲公司为增值税一般纳税人,购入一台不需要安装即可投入使用的生产设备,取得的增值税专用发票上注明的价款为 200 000 元,增值税额为 26 000 元,发生运费 5 000元。假定不考虑其他相关税费,该设备的取得成本为(　　)元。

A. 200 000　　B. 205 000　　C. 234 000　　D. 239 000

45. 企业发放 2 月工资时,有 10 名员工因回乡而未领,金额总计 30 000 元,财务部门收回未领工资时,应借记“库存现金”科目,贷记(　　)科目。

A.“应付职工薪酬”　　B.“应付账款”

C.“其他应付款”　　D.“其他应收款”

46. 甲银行将短期贷款 20 万元转为对乙公司的投资。下列关于乙公司资产要素发生变化的表述中,正确的是(　　)。

A. 负债减少,资产增加　　B. 负债减少,所有者权益增加

C. 资产减少,所有者权益增加　　D. 所有者权益内部一增一减

47. 下列经济业务中，(　　)能够引起资产类项目和负债类项目同时增加。
A. 用银行存款购买原材料
B. 借入短期借款存入银行
C. 用银行存款偿还购买原材料所欠的货款
D. 把现金存入银行

48. 下列有关财务会计报告的表述中，不正确的是(　　)。
A. 财务会计报告就是会计报表
B. 财务会计报告分为年度、半年度、季度和月度
C. 会计报表附注是财务会计报告的重要组成部分
D. 企业财务会计报告是根据审核后的会计账簿记录和有关资料编制而成的

49. 下列各项中，填制资产负债表时不计入"存货"项目的科目是(　　)。
A. "工程物资"　B. "生产成本"　C. "原材料"　D. "存货跌价准备"

50. 汇总原始凭证与累计原始凭证的主要区别是(　　)。
A. 登记的经济业务内容不同　B. 填制时期不同
C. 会计核算工作繁简不同　D. 填制手续和方法不同

51. 下列各项中，将原始凭证分为一次凭证、累计凭证等类的依据是(　　)。
A. 用途和填制程序　B. 形成来源
C. 填制方式　D. 填制程序及内容

52. 会计是以(　　)为主要计量单位。
A. 实物　B. 货币　C. 劳动量　D. 价格

53. 会计核算和监督的内容是特定主体的(　　)。
A. 经济活动　B. 实物运动　C. 资金运动　D. 经济资源

54. 下列四类账簿中，(　　)不是依据记账凭证登记的。
A. 明细账　B. 总账　C. 日记账　D. 备查账

55. 下列各项中，(　　)一般适用于序时账簿和总分类账簿。
A. 订本式　B. 活页式　C. 卡片式　D. 辅助式

56. 下列各项中，(　　)不属于科目汇总表账务处理程序步骤。
A. 根据原始凭证、汇总原始凭证和记账凭证，登记各种明细分类账
B. 根据各种记账凭证编制汇总记账凭证
C. 根据科目汇总表登记总分类账
D. 期末根据总分类账和明细分类账的记录，编制会计报表

57. 下列各项中，(　　)不属于常用账务处理程序。
A. 记账凭证账务处理程序　B. 科目汇总表账务处理程序
C. 汇总记账凭证账务处理程序　D. 日记总账账务处理程序

58. 下列各项中，(　　)属于记账凭证填制基础。
A. 会计科目　B. 借贷记账法
C. 会计要素　D. 审核无误的原始凭证

59. 出差人员预借差旅费应当填写借款单，下列表述正确的是(　　)。
A. 借款单是一种自制的原始凭证　B. 借款单是一种外出原始凭证

C. 借款单是一种付款凭证　　D. 借款单是一种单式凭证

60. 下列情况中，企业应当进行全面清查的是(　　)。

A. 企业合并　　B. 更换仓库保管员

C. 出纳离职　　D. 会计主管调离工作岗位

61. 下列关于库存现金在盘点后应编制的原始凭证的各项中，正确的是(　　)。

A. 实存账存对比表　　B. 库存现金盘点报告表

C. 余额调节表　　D. 对账单

62. 下列关于资产与权益平衡关系的表述中，正确的是(　　)。

A. 一项资产金额与一项权益金额的相等关系

B. 几项资产金额与一项权益金额的相等关系

C. 资产总额与所有者权益总额的相等关系

D. 资产总额与权益总额的相等关系

63. 下列业务中，影响会计等式总额发生变化的是(　　)。

A. 以银行存款 50 000 元购买材料

B. 结转完工产品成本 40 000 元

C. 购买机器设备 20 000 元，货款未付

D. 收回客户所欠的货款 330 000 元

64. 下列各项中，(　　)不会影响企业利润总额增减变化。

A. 销售费用　　B. 管理费用　　C. 所得税费用　　D. 营业外支出

65. 下列各项中，作为编制利润表主要根据的是(　　)。

A. 资产类、负债类及所有者权益类各账户的本期发生额

B. 资产类、负债类及所有者权益类各账户的期末余额

C. 损益类各账户的本期发生额

D. 损益类各账户的期末余额

66. 下列各项中，(　　)不属于企业的资产。

A. 经营租入的机器　　B. 融资租入的设备

C. 经营租出的厂房　　D. 商标权

67. 企业从应付职工工资中代扣的职工房租，应借记的会计科目是(　　)。

A. “应付职工薪酬”　　B. “银行存款”

C. “其他应收款”　　D. “其他应付款”

68. 下列关于企业原始凭证的保管期限，正确的是(　　)。

A. 3 年　　B. 5 年　　C. 15 年　　D. 永久

69. 会计循环是指按照一定的步骤反复运行的(　　)。

A. 会计工作　　B. 会计流程　　C. 会计核算　　D. 会计程序

70. 基于会计分期假设运用的特殊会计方法包括应收、应付和(　　)等。

A. 购入、售出　　B. 投入、产出　　C. 预收、预付　　D. 收入、支出

71. 企业出售一辆自用高级小轿车，取得出售价款时应编制的会计分录是(　　)。

A. 借记“银行存款”科目，贷记“固定资产清理”科目

B. 借记“银行存款”科目，贷记“营业外收入”科目

C. 借记“银行存款”科目，贷记“其他业务收入”科目

D. 借记“银行存款”科目，贷记“主营业务收入”科目

72. 银行汇票存款通过(　　)账户进行核算。

A. “银行存款”　　B. “应收票据”

C. “其他货币资金”　　D. “银行汇票存款”

73. 在货币计量前提下，我国企业的会计核算可以选用一种外币作为记账本位币，但其编制的财务会计报告应折算为(　　)反映。

A. 记账本位币　　B. 功能货币　　C. 人民币　　D. 某种外币

74. 在收付实现制下不能确认为当期费用的项目是(　　)。

A. 支付下年报纸、杂志费　　B. 预提本月短期借款利息

C. 支付全年的财产保险费　　D. 支付当月管理部门房屋的租金

75. 下列各项中，(　　)不应确认为费用。

A. 广告宣传费　　B. 固定资产净损失

C. 管理费用　　D. 财务费用

76. 负债按照预计期限内需要偿还的未来净现金流出量的折现金额计量，所采用的计量属性是(　　)。

A. 历史成本　　B. 可变现净值　　C. 公允价值　　D. 现值

77. 某企业年初资产总额为 200 万元，所有者权益总额为 150 万元，本年度新增投资 20 万元，年末负债总额为 60 万元。该企业年末资产总额为(　　)万元。

A. 220　　B. 260　　C. 210　　D. 230

78. 在借贷记账法下，关于余额试算平衡法平衡公式的表述中，正确的是(　　)。

A. 全部总分类科目借方发生额合计＝全部总分类科目贷方发生额合计

B. 全部总分类科目借方期初余额合计＝全部总分类科目借方期末余额合计

C. 全部总分类科目贷方期初余额合计＝全部总分类科目贷方期末余额合计

D. 全部总分类科目借方期末余额合计＝全部总分类科目贷方期末余额合计

79. 下列关于原始凭证金额错误处理方法的表述中，正确的是(　　)。

A. 在原始凭证上更正

B. 由出具单位更正并且加盖公章

C. 由经办人更正

D. 由出具单位重开，不得在原始凭证上更正

80. 下列各项中，作为审核原始凭证所记录的经济业务是否符合企业生产经营活动的需要、是否符合有关的计划和预算的目的的是(　　)。

A. 合理性　　B. 合法性　　C. 真实性　　D. 完整性

81. 用来专门记载一定时期内发生的某类经济业务的账簿是(　　)。

A. 普通日记账　　B. 特种日记账　　C. 总账　　D. 明细账

82. 结账时，应当划通栏双红线的是(　　)。

A. 12 月末结出全年累计发生额后　　B. 各月末结出全年累计发生额后

C. 结出本季累计发生额后　　D. 结出当月发生额后

83. 记账凭证账务处理程序是最基本的账务处理程序，其优点很多，但对于经济业务较

多的企业，采用该程序的缺点是(　　)。

A. 记账工作量太大　　B. 不便于理解

C. 不便于查对账目　　D. 不利于会计核算的分工

84. 在汇总记账凭证账务处理程序下，汇总转账凭证应当按(　　)科目进行设置。

A. 借方　　B. 贷方

C. 增加　　D. 减少

85. 对实物资产进行清查盘点时，下列各项中，(　　)属于必须在场的人员。

A. 实物保管员　　B. 记账人员

C. 会计主管　　D. 单位领导

86. 企业通过实地盘点法先确定期末存货的数量，然后倒挤出本期发出存货的数量，下列选项中，反映这种处理制度的是(　　)。

A. 权责发生制　　B. 收付实现制

C. 账面盘存制　　D. 实地盘存制

87. 下列关于财务会计报告的表述中，正确的是(　　)。

A. 资产负债表中确认的资产都是企业所拥有的资产

B. 实际工作中，为使会计报表及时报送，企业可以提前结账

C. 季度、月度财务报告通常仅指会计报表，会计报表至少应包括资产负债表和利润表

D. 半年度财务报告主要包括会计报表，不包括会计报表附注及财务情况说明书

88. 正常营业周期是指(　　)。

A. 一年　　B. 短于一年

C. 长于一年　　D. 以上都有可能

89. "利润分配"账户的年末余额如果在借方，其借方余额表示的是(　　)。

A. 历年累计未分配的利润　　B. 本年未分配的利润

C. 历年累计未弥补的亏损　　D. 本年未弥补的亏损

90. 计提生产设备的折旧时应借记的会计科目是(　　)。

A. "制造费用"　　B. "累计折旧"

C. "生产成本"　　D. "其他业务成本"

二、多项选择题(下列各题有两个或两个以上正确答案，每题1.5分，共10题。不选、少选、多选或错选均不得分)

1. 下列关于会计账簿与账户关系的说法中，正确的有(　　)。

A. 账户存在于账簿之中，账簿中的每一账页就是账户的存在形式和载体

B. 没有账簿，账户就无法存在

C. 账簿只是一个外在形式，账户才是其真实内容

D. 账簿与账户的关系是形式和内容的关系

2. 各种账务处理程序的基本相同点有(　　)。

A. 填制记账凭证的依据相同　　B. 登记明细账的依据和方法相同

C. 登记总分类账的依据和方法相同　　D. 编制会计报表的依据和方法相同

3. 会计分录的内容包括(　　)。

A. 经济业务内容摘要　　B. 会计科目名称
C. 经济业务发生额　　D. 应借、应贷方向

4. 下列各项中，以“资产＝负债＋所有者权益”这一会计恒等式为理论依据的有（　　）。
A. 平行登记　　B. 复式记账
C. 编制资产负债表　　D. 成本计算

5. 下列各项中，（　　）属于财务会计报告的使用者。
A. 投资者　　B. 债权人
C. 政府及相关机构　　D. 单位管理人员

6. 下列属于非流动资产的有（　　）。
A. 交易性金融资产　　B. 固定资产
C. 无形资产　　D. 长期待摊费用

7. 下列情况下，（　　）可以用红色墨水笔记账。
A. 结账　　B. 划线
C. 改错　　D. 冲账

8. 下列各项中，（　　）属于原始凭证书写时应当注意的事项。
A. 不得使用未经国务院公布的简化汉字
B. 小写金额用阿拉伯数字逐个书写，也可以写连笔字
C. 金额数字一律填写到角、分，无角、分的，写“00”或符号“－”，有角无分的，分位写“0”，不得用符号“－”
D. 在金额前要填写人民币符号“¥”，人民币符号“¥”与阿拉伯数字之间不得留有空白

9. 下列各项中，可能引起企业银行存款日记账和银行对账单余额不一致的有（　　）。
A. 企业错账、漏账　　B. 银行错账、重账
C. 未达账项　　D. 应收账款

10. 下列各项中，（　　）账户应在年末将余额转入“本年利润”账户。
A. “主营业务收入”　　B. “制造费用”
C. “管理费用”　　D. “营业外收入”

三、判断题（每题 1 分，共 20 题，正确的打“√”，错误的打“×”。不答不得分）

1. 会计主体一般都是法律主体，但法律主体不一定是会计主体。（　　）
2. 为了保证会计信息的可比性，总分类科目一般由各省财政厅统一设置。（　　）
3. 所有者权益与负债都是企业资产的来源。（　　）
4. 企业在与外单位发生的任何经济业务中，取得的各种书面证明都是原始凭证。（　　）
5. 启用订本式账簿时应当从第一页到最后一页顺序编定页数，不得跳页、缺号。（　　）
6. 账务处理程序就是通过建立凭证、账簿和报表组织体系，并按一定的步骤或程序将三者有机结合起来，以实现最终产生并提供有用会计信息的目的。（　　）
7. 年度终了，“利润分配”账户各明细账均无余额。（　　）
8. 资本公积和盈余公积均可以用来转增资本，但只有盈余公积是从税后利润提取的。（　　）

9. 实质重于形式原则要求企业应当按照交易或事项的法律形式进行确认、计量和报告。（　）

10. 企业收到投资者出资额超过其在注册资本中所占份额的部分，应当计入盈余公积。（　）

11. “税金及附加”科目主要核算企业经营活动发生的增值税、消费税、所得税等相关税费。（　）

12. 银行存款余额调节表、银行进账单都是会计档案。（　）

13. 资产负债表的格式有账户式和报告式两种，我国企业的资产负债表采用账户式结构。（　）

14. 登记账簿要用蓝黑墨水笔或碳素墨水笔书写，不得使用铅笔书写，但可使用钢笔或圆珠笔书写。（　）

15. 记账凭证汇总表账务处理程序是会计核算中最基本的账务处理程序，其他账务处理程序都是在这种账务处理程序的基础上发展、演变形成的。（　）

16. 根据总账与明细账的平行登记要求，每项经济业务必须在同一天登记明细账和总账。（　）

17. 从外单位取得的原始凭证遗失时，必须取得原签发单位盖有公章的证明，并注明原始凭证的号码、金额、内容等，由经办单位会计机构负责人、会计主管人员审核签章后，才能代作原始凭证。（　）

18. 资产类科目结构与费用类科目结构完全相同。（　）

19. 企业计划于8月10日购入一台设备，设备款为20万元，因为可以准确预计，所以企业应于8月10日将应付的设备款确认为企业的负债。（　）

20. 所得税的计算是财务成果计算和处理的一个重要方面。（　）

四、计算分析题（每小题1分，共4道大题，20分。答错、不答均不得分）

1. A公司2021年11月20日至月末银行存款日记账所记载的经济业务如下：

(1) 20日，开出支票#050计11 700元，用以支付购料款。

(2) 21日，收到X企业开来的销货款转账支票35 100元。

(3) 23日，开出支票#051计3 400元，支付购料的运杂费。

(4) 26日，开出支票#052计1 000元，支付下半年的报纸杂志费。

(5) 29日，收到D公司开来的销货款现金支票5 850元。

(6) 30日，银行存款日记账的账面余额为92 800元。

银行对账单所列11月20日至月末的经济业务如下：

(1) 22日，收到销货款转账支票35 100元。

(2) 23日，收到A公司开出的支票#050，金额为11 700元。

(3) 25日，收到A公司开出的支票#051，金额为3 400元。

(4) 26日，银行为A公司代付本月电话费1 280元。

(5) 29日，为A公司代收外地购货方汇来的货款6 800元。

(6) 30日，结算银行借款利息650元。

(7) 30日，银行对账单的存款余额为92 820元。

要求：根据上述资料，代A公司完成以下银行存款余额调节表（表8）的编制。

表 8　银行存款余额调节表

编制单位:A 公司　　　　2021 年 11 月 30 日　　　　单位:元

项　目	金　额	项　目	金　额
企业银行存款日记账余额	92 800	银行对账单余额	92 820
加:银行已收、企业未收的款项合计	(1)	加:企业已收、银行未收的款项合计	5 850
减:银行已付、企业未付的款项合计	(2)	减:企业已付、银行未付的款项合计	(4)
调节后的余额	(3)	调节后的余额	(5)

2. Y 公司为增值税一般纳税人,2021 年 12 月发生的经济业务如下:

(1) 开出现金支票从银行提取现金 2 000 元备用。

(2) 用现金支付生产车间办公用品费 440 元。

(3) 收到 B 公司前欠货款 80 000 元,存入银行。

(4) 向 C 工厂销售 A 产品一批,不含增值税的售价 100 000 元,增值税 13 000 元,款项尚未收到。

(5) 接到开户银行的通知,收到 D 公司前欠货款 150 000 元。

要求:根据上述资料,逐笔编制会计分录。

3. Y 公司所得税税率为 25%,该公司 2021 年的收入和费用资料如表 9 所示。

表 9　2021 年 Y 公司收入和费用相关账户发生额

单位:元

账户名称	借方发生额	贷方发生额
主营业务收入		800 000
其他业务收入		120 000
营业外收入		15 000
投资收益		20 000
主营业务成本	460 000	
其他业务成本	80 000	
税金及附加	8 000	
销售费用	10 800	
管理费用	13 500	
财务费用	1 700	
资产减值损失	2 000	
营业外支出	4 000	

要求:计算 Y 公司 2021 年度利润表中下列项目的金额。

(1) 营业收入为(　　)元。

(2) 营业成本为(　　)元。

(3) 营业利润为(　　)元。

(4) 利润总额为(　　)元。

(5) 净利润为(　　)元。

4. 甲公司2021年12月发生的经济业务如下：

(1) 12月1日,向银行借入一笔生产经营用短期借款,共计600 000元,期限为9个月,年利率为5%,根据与银行签署的借款协议,该项借款的本金到期一次归还,利息按月预提,按季支付。

(2) 12月2日,向乙公司销售一批商品,开具增值税专用发票上注明售价为800 000元,增值税额为104 000元,商品已发出,货款尚未收到。该批商品的成本为600 000元。

(3) 12月3日,甲公司购入一批原材料,取得增值税专用发票上记载的价款为400 000元,增值税额为52 000元,材料验收入库,款项尚未支付。

(4) 12月31日,计提固定资产折旧24 000元,其中管理用设备折旧4 000元,生产设备折旧20 000元。

(5) 12月31日,对应收乙公司账款进行减值测试,预计其未来现金流量现值为560 000元。

除上述资料外,不考虑其他因素。

要求:根据上述资料,逐笔编制会计分录。

综合模拟试卷二

一、单项选择题(下列各题只有一个正确答案,每题 0.5 分,共 90 题。不选、错选均不得分)

1. 下列不属于原始凭证审核内容的是(　　)。
   A. 凭证是否有填制单位的公章和填制人员签章
   B. 会计科目使用是否正确
   C. 凭证是否符合规定的审核程序
   D. 凭证是否符合有关计划和预算
2. 下列关于负债的表述中,正确的是(　　)。
   A. 负债是企业过去的交易或事项形成的,预期会导致经济利益流出企业的现时义务
   B. 负债是企业现在的交易或事项形成的,预期会导致经济利益流出企业的未来义务
   C. 负债是企业过去的交易或事项形成的,预期会导致经济利益流出企业的未来义务
   D. 负债是企业现在的交易或事项形成的,预期会导致经济利益流出企业的现时义务
3. 某企业月初甲产品在产品成本为 7 800 元,本月为生产甲产品投入生产费用 18 000 元,月末有在产品成本为 6 200 元,则本月完工入库甲产品成本为(　　)元。
   A. 19 600　　B. 25 800　　C. 18 000　　D. 11 800
4. 记账后在当年内发现记账凭证所记的会计科目错误,从而引起记账错误,应采用(　　)。
   A. 平行登记法　　B. 划线更正法　　C. 补充登记法　　D. 红字更正法
5. 适用于规模较小、业务量不多的单位的账务处理程序是(　　)。
   A. 多栏式日记账账务处理程序　　B. 记账凭证账务处理程序
   C. 汇总记账凭证账务处理程序　　D. 科目汇总表账务处理程序
6. 根据资产与权益的恒等关系以及借贷记账法的记账规则,检查所有科目记录是否正确的过程称为(　　)。
   A. 查账　　B. 复式记账　　C. 对账　　D. 试算平衡
7. 在实际工作中,企业一般以(　　)作为财产物资的盘存制度。
   A. 权责发生制　　B. 永续盘存制
   C. 收付实现制　　D. 实地盘存制
8. 年终结账后,"利润分配——未分配利润"科目的余额(　　)。
   A. 在贷方　　B. 无余额
   C. 在借方　　D. 既有可能在贷方,又有可能在借方
9. 对会计要素具体内容进行总括分类、提供总括信息的会计科目称为(　　)。
   A. 备查科目　　B. 二级科目　　C. 明细分类科目　　D. 总分类科目
10. 记账凭证应根据审核无误的(　　)编制。
    A. 原始凭证　　B. 转账凭证　　C. 付款凭证　　D. 收款凭证
11. 将账簿划分为序时账簿、分类账簿和备查账簿的依据是(　　)。

A. 账簿的用途　　　　　　　　　　　B. 账页的格式
C. 账簿的性质　　　　　　　　　　　D. 账簿的外形特征

12. 下列关于借贷记账法的表述中，正确的是(　　)。
A. 在借贷记账法下，可以利用试算平衡检查出所有记账错误
B. 借贷记账法是复式记账法的一种
C. 在借贷记账法下，资产增加记借方，负债减少记贷方
D. 在借贷记账法下，“借”代表增加，“贷”代表减少

13. (　　)是会计核算的中心环节。
A. 设置和登记账簿　　　　　　　　B. 编制财务会计报告
C. 进行成本计算　　　　　　　　　D. 填制和审核会计凭证

14. 下列经济业务中，(　　)不会发生。
A. 资产不变，权益有增有减　　　　B. 权益不变，资产有增有减
C. 资产增加，权益增加　　　　　　D. 资产减少，权益增加

15. 实存账存对比表是一种(　　)。
A. 原始凭证　　B. 会计账簿　　C. 备查账簿　　D. 记账凭证

16. 专设销售机构职工的工资应记入(　　)科目的贷方。
A. “销售费用”　　　　　　　　　　B. “应付职工薪酬”
C. “生产成本”　　　　　　　　　　D. “管理费用”

17. 以下属于汇总记账凭证账务处理程序主要缺点的是(　　)。
A. 不便于体现账户间的对应关系　　B. 登记总账的工作量较大
C. 编制汇总转账凭证的工作量较大　D. 不便于进行账目的核对

18. 企业的现金日记账、银行存款日记账的保管期限为(　　)。
A. 25 年　　B. 15 年　　C. 3 年　　D. 永久

19. 在下列经济业务中，只能引起同一个会计要素内部增减变动的业务是(　　)。
A. 取得借款存入银行　　　　　　　B. 用银行存款归还前欠货款
C. 赊购原材料　　　　　　　　　　D. 用银行存款购买材料

20. 企业固定资产可以按照其价值和使用情况，确定采用某一方法计提折旧，所依据的会计核算前提是(　　)。
A. 会计主体　　B. 持续经营　　C. 货币计量　　D. 会计分期

21. 下列各项中，(　　)属于既是在经济业务发生或完成时取得或填制的，也是用以记录或证明经济业务的发生或完成情况的书面证明。
A. 原始凭证　　B. 记账凭证　　C. 收款凭证　　D. 付款凭证

22. 企业对会计要素进行计量时，一般应当采用(　　)。
A. 现值　　B. 重置成本　　C. 历史成本　　D. 公允价值

23. 在借贷记账法下，资产类科目的期末余额等于(　　)。
A. 期初余额＋借方发生额－贷方发生额
B. 期初余额－借方发生额－贷方发生额
C. 期初余额－借方发生额＋贷方发生额
D. 期初余额＋借方发生额＋贷方发生额

24. 某一般纳税企业购入不需要安装设备一台，取得的增值税专用发票注明：买价 40 000元，增值税 5 200 元，另支付运杂费 1 200 元，保险费 600 元。则该设备的入账价值为(　　)元。
A. 48 000　　B. 48 600　　C. 41 200　　D. 41 800
25. 下列各项中，属于在记账凭证账务处理程序中，需要对所发生的经济业务事项，根据原始凭证或汇总原始凭证编制的是(　　)。
A. 记账凭证　　B. 汇总记账凭证
C. 科目汇总表　　D. 原始凭证
26. 会计报表中各项目数字的直接来源是(　　)。
A. 原始凭证　　B. 账簿记录　　C. 记账凭证　　D. 日记账
27. 下列明细分类账中，一般不宜采用三栏式账页格式的是(　　)。
A. 应收账款明细账　　B. 原材料明细账
C. 实收资本明细账　　D. 应付账款明细账
28. 下列对账工作中属于账实核对的是(　　)。
A. 总分类账与所属明细分类账核对
B. 会计部门的财产物资明细账与财产物资保管部门的有关明细账相核对
C. 总分类账与日记账核对
D. 银行存款日记账与银行对账单核对
29. 根据一定时期内反映相同经济业务的多张原始凭证，按一定标准综合后一次填制完成的原始凭证是(　　)。
A. 一次凭证　　B. 累计凭证　　C. 汇总凭证　　D. 记账凭证
30. 银行代企业支付水电费，银行已入账，企业未收到通知，未入账，在编制银行存款余额调节表时，该笔金额应在(　　)。
A. 银行对账单上加　　B. 企业日记账上加
C. 企业日记账上减　　D. 银行对账单上减
31. 下列资产负债表项目中，(　　)项目是直接根据总分类账户余额填列的。
A. “固定资产清理”　　B. “应收账款”
C. “长期借款”　　D. “存货”
32. 企业从应付职工工资中代扣的职工房租，应贷记的会计科目是(　　)。
A. “应付职工薪酬”　　B. “银行存款”
C. “其他应收款”　　D. “其他应付款”
33. 在可预见的未来，会计主体不会破产清算，所持有的资产将正常营运，所负有的债务将正常偿还。这属于(　　)。
A. 会计分期假设　B. 会计主体假设　　C. 持续经营假设　　D. 货币计量假设
34. 下列关于限额领料单性质的描述中，正确的是(　　)。
A. 属于外来原始凭证　　B. 属于累计凭证
C. 属于一次凭证　　D. 属于汇总凭证
35. 库存现金清查中，对无法查明原因的长款，经批准应记入(　　)科目。
A. “管理费用”　　B. “其他应付款”　　C. “其他应收款”　　D. “营业外收入”

36. 资产负债表是反映企业(　　)财务状况的会计报表。
A. 某一年份内　　B. 某一月份内
C. 一定时期内　　D. 某一特定日期
37. 下列账簿中可以采用卡片账的是(　　)。
A. 现金总账　　B. 固定资产总账
C. 原材料总账　　D. 固定资产明细账
38. 下列凭证中,不能作为登记总分类账依据的是(　　)。
A. 汇总记账凭证　　B. 记账凭证
C. 科目汇总表　　D. 原始凭证
39. 下列报表中,(　　)属于对外静态会计报表。
A. 资产负债表　　B. 产品生产成本表
C. 利润表　　D. 现金流量表
40. 对所发生的经济业务事项,根据原始凭证或汇总原始凭证编制记账凭证,然后直接根据记账凭证逐笔登记总分类账。下列各项中,(　　)属于这种账务处理程序。
A. 记账凭证账务处理程序　　B. 汇总记账凭证账务处理程序
C. 科目汇总表账务处理程序　　D. 不存在这种账务处理程序
41. (　　)假设为会计核算提供了必要手段。
A. 会计主体　　B. 货币计量　　C. 持续经营　　D. 会计分期
42. 下列各项中,(　　)属于“预付账款”项目填列依据。
A. “应付账款”和“预付账款”总账科目所属明细科目的期末借方余额之和
B. “预付账款”和“预收账款”总账科目所属明细科目的期末借方余额之和
C. “应付账款”和“应收账款”总账科目所属明细科目的期末借方余额之和
D. “应付账款”和“预收账款”总账科目所属明细科目的期末借方余额之和
43. 汇兑损失应记入(　　)科目。
A. “营业外支出”　　B. “管理费用”　　C. “财务费用”　　D. “销售费用”
44. 下列会计分录中,属于复合会计分录的是(　　)。

A. 借:制造费用　　500
　　贷:库存现金　　500

B. 借:管理费用——维修费　　80 000
　　贷:原材料——甲材料　　60 000
　　　　　　——乙材料　　20 000

C. 借:制造费用　　10 000
　　　管理费用　　5 000
　　贷:累计折旧　　15 000

D. 借:银行存款　　80 000
　　贷:实收资本——A公司　　55 000
　　　　　　——B公司　　25 000

45. 在某些情况下,企业应当进行全面清查,下列各项中,正确的是(　　)。
A. 企业总经理调离工作前　　B. 出纳人员调离工作前
C. 库房失火后　　D. 库房管理员更换前
46. 我国实行公历制会计年度是基于(　　)的基本会计假设。
A. 会计主体　　B. 货币计量　　C. 会计分期　　D. 持续经营
47. “公允价值变动损益”科目按反映的经济业务内容不同,属于(　　)类科目。
A. 资产　　B. 负债　　C. 所有者权益　　D. 损益

48. 对某项经济业务事项按照复式记账的要求,标明应借、应贷科目名称及其金额的记录称为(　　)。

A. 科目　　B. 对应关系　　C. 会计分录　　D. 对应科目

49. 填制记账凭证时,错误的做法是(　　)。

A. 根据每一张原始凭证填列

B. 根据若干张同类原始凭证汇总填制

C. 将若干张不同内容和类别的原始凭证汇总填制在一张记账凭证上

D. 根据原始凭证汇总表填制

50. "应交税费——应交增值税"账户的明细账的账页格式主要采用(　　)。

A. 三栏式　　B. 多栏式　　C. 数量金额式　　D. 横线登记式

51. 企业存货盘亏,属于一般经营损失,应该在批准处理后(　　)。

A. 计入管理费用　　B. 计入营业外支出

C. 计入销售费用　　D. 计入生产成本

52. 在资产负债表中,资产是按照(　　)排列的。

A. 清偿时间的先后顺序　　B. 会计人员的填写习惯

C. 金额大小　　D. 流动性大小

53. 反映财务状况的等式是(　　)。

A. 资产=负债+所有者权益

B. 收入-费用=利润

C. 资产=负债+所有者权益+利润

D. 资产=负债+所有者权益+收入-费用

54. 短期借款的期限通常在(　　)。

A. 一年以上　　B. 一年以下(含一年)

C. 一个经营周期以内　　D. 一个经营周期以上

55. 总分类账户与明细分类账户平行登记四要点中的"依据相同"是指(　　)。

A. 总分类账要根据明细分类账进行登记

B. 明细分类账要根据总分类账进行登记

C. 根据同一会计凭证登记

D. 由同一人员进行登记

56. 下列属于通用凭证的是(　　)。

A. 领料单　　B. 工资计算表

C. 增值税专用发票　　D. 借款单

57. 下列关于会计账簿记账规则的表述中,不正确的是(　　)。

A. 对订本式账簿,不得任意撕毁账页,但是对活页式账簿,如在登记过程中不慎出现空页,可将其抽出替换

B. 根据审核无误的会计凭证登记账簿时,应按照凭证上的日期来填写账簿上的日期栏

C. 凡需结出余额的账户,结出余额后,应在"借或贷"栏内写明"借"或"贷"字样。没有余额的账户,应在"借或贷"栏内写"平"字,并在余额栏内用"θ"表示

D. 账页记满时，应办理转页手续

58. 对于盘亏、毁损的存货，经批准后进行账务处理时，不可能涉及的借方账户是(　　)。

A. “其他应收款”　B. “营业外支出”　C. “营业外收入”　D. “原材料”

59. 企业财务会计报告所提供的信息资料应具有时效性，这是指编制财务会计报告应符合(　　)的要求。

A. 真实可靠　B. 相关可比　C. 全面完整　D. 编报及时

60. 销售产品一批，价款 100 000 元，增值税 13 000 元，货款尚未收到。该笔经济业务编写的会计分录是(　　)。

A. 一借一贷　B. 一借多贷　C. 一贷多借　D. 多借多贷

61. 企业无论从何种途径取得的材料，入库时都要通过(　　)核算。

A. “在途物资”科目　B. “应付票据”科目

C. “原材料”科目　D. “应付账款”科目

62. 下列各项中，不通过“管理费用”科目核算的是(　　)。

A. 开办费　B. 职工差旅费　C. 广告费　D. 印花税

63. 以下应作为债权处理的项目是(　　)。

A. “应付账款”　B. “应交税费”　C. “预收款项”　D. “预付款项”

64. 企业负债按偿还期的不同，分为流动负债和非流动负债，下列属于非流动负债项目的是(　　)。

A. 短期借款和长期借款　B. 应付债券和长期应付款

C. 应付账款和长期应付款　D. 预收账款和应付利息

65. 下列账户中，期末结转后无余额的账户有(　　)。

A. “银行存款”　B. “生产成本”　C. “固定资产”　D. “制造费用”

66. 记账凭证填制完毕加计合计数以后，如有空行应(　　)。

A. 空置不填　B. 划线注销　C. 盖章注销　D. 签字注销

67. 订本式账簿主要适用于(　　)。

A. 债权、债务明细账　B. 收入、费用明细账

C. 材料、商品明细账　D. 总账、日记账

68. 对贵重的财产物资，应每月清查盘点一次。此类财产清查通常称为(　　)清查。

A. 局部　B. 全面　C. 不定期　D. 非重点

69. 以下说法不正确的是(　　)。

A. 通过资产负债表项目金额及其相关比率的分析，可以帮助报表使用者全面了解企业的资产状况、盈利能力，分析企业的债务偿还能力，从而为未来的经济决策提供参考信息

B. 负债一般分为流动负债和长期负债

C. 账户式资产负债表分为左右两方，左方为资产项目

D. 账户式资产负债表分为左右两方，右方为资产项目

70. 甲公司 2021 年年初“利润分配——未分配利润”科目的余额在借方，金额为 50 万元，2021 年实现净利润 200 万元，提取盈余公积 20 万元，分配利润 50 万元，则 2021 年年末未分配利润的数额为(　　)万元。

A. 130　B. 150　C. 80　D. 180

71. 某企业用盈余公积转增了实收资本。下列各项中,(　　)为此业务对会计要素的影响。

A. 资产增加　B. 负债减少　C. 所有者权益增加　D. 所有者权益不变

72. 甲企业与乙企业之间存在购销关系,甲企业定期将"应收账款——乙企业"明细账与乙企业的"应付账款——甲企业"明细账进行核对。下列各项中,(　　)准确描述了这种对账性质。

A. 账证核对　B. 账账核对　C. 账实核对　D. 余额核对

73. 月末,企业将期间费用账户的借方发生额转入(　　)。

A. "生产成本"账户的借方　B. "利润分配"账户的借方

C. "本年利润"账户的借方　D. "本年利润"账户的贷方

74. 下列应确认为资产的是(　　)。

A. 长期闲置且不再使用和转让的厂房　B. 已超过保质期的食品

C. 自然使用寿命已满但仍在使用的设备　D. 已签订合同拟于下月购进的材料

75. 某企业资产总额为 200 万元,负债总额为 40 万元,在将 20 万元负债转为投入资本后,所有者权益总额为(　　)万元。

A. 140　B. 180　C. 160　D. 200

76. 付款凭证左上角的"贷方科目"可能登记的科目是(　　)。

A. "预付账款"　B. "银行存款"　C. "预收账款"　D. "其他应付款"

77. 年终结账,将余额结转下年时(　　)。

A. 不需要编制记账凭证,但应将上年科目的余额结平

B. 应编制记账凭证,并将上年科目的余额结平

C. 不需要编制记账凭证,只要将上年科目的余额直接结转下年即可

D. 应编制记账凭证予以结转

78. 编制银行存款余额调节表时,本单位银行存款调节后的余额等于(　　)。

A. 本单位银行存款余额+本单位已记增加而银行未记增加的账项－银行已记增加而本单位未记增加的账项

B. 本单位银行存款余额+银行已记增加而本单位未记增加的账项－银行已记减少而本单位未记减少的账项

C. 本单位银行存款余额+本单位已记增加而银行未记增加的账项－本单位已记增加而银行未记增加的账项

D. 本单位银行存款余额+银行已记减少而本单位未记减少的账项－银行已记增加而本单位未记增加的账项

79. 利润表按其报送的对象不同,属于(　　)。

A. 基本报表　B. 对外会计报表

C. 对内会计报表　D. 静态会计报表

80. 企业计提坏账准备,应贷记的科目是(　　)。

A. "管理费用"　B. "营业外支出"

C. "资产减值损失"　D. "坏账准备"

81. 某企业资产总额为12.6万元，负债总额为4.8万元，本年度取得收入共计8.9万元，发生费用共计9.3万元，月末负债总额为5万元。该企业年末资产总额为(　　)万元。

A. 12.4　　B. 12.2　　C. 12.8　　D. 13.1

82. 小王出差回来报销差旅费2 600元，原借3 000元，交回多余现金400元。下列关于该报销业务的会计分录中，正确的是(　　)。

A. 借:库存现金　400
　　管理费用　2 600
　　贷:银行存款　3 000

B. 借:库存现金　400
　　管理费用　2 600
　　贷:其他应收款　3 000

C. 借:管理费用　3 000
　　贷:其他应收款　3 000

D. 借:管理费用　3 000
　　贷:应收账款　3 000

83. 下列不属于总账科目的是(　　)。

A. “固定资产”　　B. “应交税费”　　C. “应交增值税”　　D. “预付账款”

84. 下列会计等式中，(　　)正确反映了企业在任一时点所拥有的资产以及债权人和所有者对企业要求权的基本状况。

A. 资产＝负债＋所有者权益

B. 资产＝负债＋所有者权益＋收入

C. 资产＝负债＋所有者权益＋收入－费用

D. 收入－费用＝利润

85. 折旧计算表属于(　　)。

A. 转账凭证　　B. 自制原始凭证　　C. 收款凭证　　D. 付款凭证

86. 年终结账时，要在总账摘要栏内注明“本年合计”字样，结出全年发生额和年末余额，并在合计数(　　)。

A. 上方通栏划单红线　　B. 下方通栏划单红线

C. 上方通栏划双红线　　D. 下方通栏划双红线

87. 下列说法不正确的是(　　)。

A. 不需要根据“银行存款余额调节表”作任何账务处理

B. 对于未达账项，等以后有关原始凭证到达后再作账务处理

C. 如果调整之后双方的余额不相等，则说明银行或企业记账有误

D. 对于未达账项，需要根据“银行存款余额调节表”作账务处理

88. 企业收到投资方以库存现金投入的资本，实际投入的金额在注册资本中所占份额的部分，应记入(　　)科目。

A. “实收资本(或股本)”　　B. “资本公积”

C. “盈余公积”　　D. “利润分配”

89. 某企业收到客户交来的包装物押金(支票)500元，下列会计分录中，正确的是(　　)。

A. 借:银行存款　500
　　贷:包装物　500

B. 借:银行存款　500
　　贷:应付账款　500

C. 借:库存现金　　500　　D. 借:银行存款　　500
　　贷:其他业务收入　500　　　贷:其他应付款　500

90. 下列关于现金日记账的表述中,正确的是(　　)。
A. 现金日记账应当每月结出发生额和余额
B. 现金日记账应当每15天结出发生额
C. 现金日记账应当每隔3～5天结出余额
D. 现金日记账应当每日结出发生额和余额

二、多项选择题(下列各题有两个或两个以上正确答案,每题1.5分,共10题。不选、少选、多选或错选均不得分)

1. 原始凭证作为会计凭证之一,其作用可以有(　　)。
A. 作为登账的依据　　B. 作为编表的依据
C. 记录经济业务　　D. 明确经济责任
2. 下列项目中属于长期负债的有(　　)。
A. "应付债券"　B. "其他应付款"　C. "长期应付款"　D. "长期借款"
3. 记账凭证审核的主要内容有(　　)。
A. 项目是否齐全　B. 内容是否真实　C. 数量是否正确　D. 科目是否正确
4. 下列各账户中,只需反映金额指标的有(　　)。
A. "实收资本"账户　　B. "原材料"账户
C. "库存商品"账户　　D. "短期借款"账户
5. 下列项目中,应记入"营业外支出"科目的有(　　)。
A. 公益性捐赠支出　B. 借款利息　C. 广告费　D. 非常损失
6. 下列各项中,(　　)属于账簿按照账页格式不同所分类别。
A. 单式账簿　　B. 三栏式账簿
C. 多栏式账簿　　D. 数量金额式账簿
7. 下列各项中,(　　)属于企业财产清查的内容。
A. 货币资金　　B. 实物资产
C. 应收、应付款项　　D. 对外投资
8. 借记有关账户,贷记"待处理财产损益"账户的会计分录,所反映的经济业务内容正确的有(　　)。
A. 发生的盘盈数　　B. 批准处理的盘亏、毁损数
C. 批准处理的盘盈数　　D. 发生的盘亏、毁损数
9. 下列各项中,(　　)可以作为会计主体。
A. 企业集团　B. 企事业法人　C. 非法人单位　D. 行政机关
10. 下列等式正确的有(　　)。
A. 资产＝负债＋所有者权益
B. 营业利润＝主营业务收入＋其他业务收入－主营业务成本－其他业务成本＋投资收益＋公允价值变动收益
C. 利润总额＝营业利润＋营业外收入－营业外支出
D. 净利润＝利润总额－所得税费用

三、判断题（每题1分，共20题，正确的打“√”，错误的打“×”。不答不得分）

1. 经济业务的发生，可能使资产与权益总额发生变化，但是不会破坏会计基本等式的平衡关系。（ ）
2. 采用实际成本进行材料日常核算的企业，已采购但尚未到达或验收入库的材料采购成本应记入“在途物资”科目。（ ）
3. 转账凭证只登记与货币资金收付无关的经济业务。（ ）
4. 固定资产处置净损益最终形成营业外收支。（ ）
5. “短期借款”账户的期末余额，表示企业期末尚未偿还的短期借款的本息。（ ）
6. 期间费用包括销售费用、管理费用、财务费用和制造费用。（ ）
7. 月末一次加权平均法平时逐笔登记入库存货的数量、单价和金额，发出存货只登记数量，不登记单价和金额。（ ）
8. 资产负债表的“期末余额”栏各项目主要是根据总账或有关明细账的本期发生额直接填列的。（ ）
9. 科目的左方和右方，哪一方登记增加，哪一方登记减少，取决于所记录经济业务和科目的性质。（ ）
10. 一般情况下债权债务明细账采用数量金额式。（ ）
11. 各项借款、应付和预付款项都是企业的债务。（ ）
12. 购入材料时在运输途中发生的合理损耗应计入管理费用。（ ）
13. 记账凭证对经济业务的发生和完成有证明效力。（ ）
14. 年度终了，日记账、总账和所有明细账都必须更换新账，不能延续使用旧账。（ ）
15. 记账凭证账务处理程序的优点之一是记账程序简单明了、易于理解。（ ）
16. 永续盘存制和实地盘存制最主要的区别在于是否需要进行盘点。（ ）
17. 如果“固定资产清理”账户出现贷方余额，在资产负债表“固定资产清理”项目中以负数填列。（ ）
18. 如果企业用银行汇票、银行本票结算，则可以在“银行存款”账户里核算。（ ）
19. 当月增加的固定资产，当月计提折旧；当月减少的固定资产，当月不计提折旧。（ ）
20. 所有者投入的资本，通常表现为货币资金，如现金、银行存款，但有时也表现为存货、固定资产等非货币资产。（ ）

四、计算分析题（每小题1分，共4道大题，20分。答错、不答均不得分）

1. 海华公司2022年发生如下经济事项：

（1）2月1日，海华公司从银行向A证券公司划出资金30 000 000元，用于证券投资。

（2）3月12日，海华公司委托A证券公司从上海证券交易所购入B公司股票200 000股，每股市价8元，另支付相关交易费用3 500元。

（3）4月16日，海华公司出售所持有的所有B公司股票，每股售价11元，另支付相关交易费用5 200元。

要求：

（1）编制海华公司向A证券公司划出资金的会计分录。

（2）编制海华公司以市价购入B公司股票的会计分录。

(3) 编制海华公司购入B公司股票时支付相关交易费用的会计分录。

(4) 编制海华公司出售B公司股票的会计分录。

(5) 计算海华公司2022年度因上述交易或事项而确认投资收益的金额。

2. 天安公司所得税税率为25%，该公司2021年1～11月各损益类账户的累计发生额和12月底转账前各损益类账户的发生额如表10所示。

表10　2021年天安公司各损益类账户发生额

单位:元

账户名称	12月份发生额		1～11月累计发生额	
	借　方	贷　方	借　方	贷　方
主营业务收入		318 000		5 000 000
主营业务成本	252 500		2 800 000	
销售费用	2 600		10 000	
营业税金及附加	1 000		29 000	
其他业务成本	7 000		32 000	
营业外支出	2 000		11 000	
财务费用	3 000		30 000	
管理费用	4 400		50 000	
其他业务收入		9 500		45 000
营业外收入		3 000		
投资收益		20 000		

要求:计算天安公司2021年度利润表中的下列报表项目金额。

(1) 营业收入为(　　)元。

(2) 营业成本为(　　)元。

(3) 营业利润为(　　)元。

(4) 利润总额为(　　)元。

(5) 净利润为(　　)元。

3. X公司2022年9月余额试算平衡表如表11所示。

表11　2022年9月X公司余额试算平衡表

制表单位:X公司　　　　2022年9月　　　　单位:元

会计科目	期末余额	
	借　方	贷　方
库存现金	740	
银行存款	168 300	
应收账款	85 460	

续表

会计科目	期末余额	
	借　方	贷　方
坏账准备		6 500
原材料	66 500	
库存商品	101 200	
存货跌价准备		1 200
固定资产	468 900	
累计折旧		3 350
固定资产清理		5 600
长期待摊费用	14 500	
应付账款		93 000
预收账款		10 000
长期借款		250 000
实收资本		500 000
盈余公积		4 500
利润分配		19 300
本年利润		12 150
合　计	905 600	905 600

补充资料：

(1) 长期待摊费用中含将于一年内摊销的金额 8 000 元。

(2) 长期借款期末余额中含将于一年内到期归还的长期借款 100 000 元。

(3) 应收账款有关明细账期末余额情况：应收账款——A 公司，借方余额 98 000 元；应收账款——B 公司，贷方余额 12 540 元。

(4) 应付账款有关明细账期末余额情况：应付账款——C 公司，贷方余额 98 000 元；应付账款——D 公司，借方余额 5 000 元。

(5) 预收账款有关明细账期末余额情况：预收账款——E 公司，贷方余额 12 000 元；预收账款——F 公司，借方余额 2 000 元。

要求：完成 2022 年 9 月 30 日 X 公司资产负债表(表 12)的编制。

表 12　2022 年 9 月 30 日 X 公司资产负债表(简表)

制表单位：X 公司　　　　2022 年 9 月 30 日　　　　单位：元

资　产	年初数	年末数	负债及所有者权益	年初数	年末数
流动资产：	（略）		流动负债：	（略）	
货币资金		169 040	应付账款		(3)

续表

资　产	年初数	年末数	负债及所有者权益	年初数	年末数
应收账款		(1)	预收账款		(4)
预付账款		5 000	一年内到期的非流动负债		100 000
存货		(2)	流动负债合计		(5)
一年内到期的非流动资产		8 000	非流动负债：		
流动资产合计		442 040	长期借款		150 000
非流动资产：			非流动负债合计		150 000
固定资产		465 550	负债合计		372 540
固定资产清理		−5 600	所有者权益：		
长期待摊费用		6 500	实收资本		500 000
非流动资产合计		466 450	盈余公积		4 500
			未分配利润		31 450
			所有者权益合计		535 950
资产合计		908 490	负债及所有者权益合计		908 490

4. 西进公司2022年4月30日银行存款日记账余额为480 000元，银行对账单余额为630 000元，经核对有下列未达账项：

(1) 企业送存转账支票700 000元，银行尚未入账。

(2) 企业开出转账支票450 000元，银行尚未入账。

(3) 委托银行代收外埠货款440 000元，银行收到已经入账，企业未收到银行收款通知，尚未入账。

(4) 银行代付水电费40 000元，企业尚未收到银行的付款通知，尚未入账。

要求：根据上述资料，完成银行存款余额调节表(表13)的编制。

表13　银行存款余额调节表

编制单位：西进公司　　　　2022年4月30日　　　　单位：元

项　目	金　额	项　目	金　额
企业银行存款日记账余额	480 000	银行对账单余额	630 000
加：银行已收、企业未收的款项合计	(1)	加：企业已收、银行未收的款项合计	(3)
减：银行已付、企业未付的款项合计	(2)	减：企业已付、银行未付的款项合计	(4)
调节后的余额	(5)	调节后的余额	(5)

综合模拟试卷三

一、单项选择题(下列各题只有一个正确答案,每题0.5分,共90题。不选、错选均不得分)

1. 下列项目中,清查时应采用实地盘点法的是(　　)。
A. 应付账款　　B. 固定资产　　C. 应收账款　　D. 银行存款

2. 库存现金清查的方法是(　　)。
A. 技术推算法　　B. 发函询证法　　C. 核对账目法　　D. 实地盘点法

3. 下列项目中,属于所有者权益的是(　　)。
A. "预收账款"　　B. "实收资本"　　C. "长期借款"　　D. "银行存款"

4. 下列各项中,应列为管理费用处理的是(　　)。
A. 自然灾害造成的净损失　　B. 筹建期间发生的开办费
C. 预提短期借款利息　　D. 计提的坏账准备

5. 车间领用原材料,应根据领料单填制(　　)。
A. 收款凭证　　B. 付款凭证　　C. 转账凭证　　D. 结算凭证

6. 下列项目中,不属于账实核对内容的是(　　)。
A. 债权债务明细账余额与对方单位的账面记录核对
B. 账簿记录与原始凭证核对
C. 银行存款日记账余额与银行对账单余额核对
D. 现金日记账余额与库存现金数核对

7. 账簿按(　　)不同,可分为两栏式账簿、三栏式账簿、多栏式账簿和数量金额式账簿。
A. 外形特征　　B. 账页格式　　C. 作用　　D. 用途

8. 明细账从账簿的外表上看一般采用(　　)。
A. 订本式　　B. 活页式　　C. 卡片式　　D. 多栏式

9. 当企业不设置"预付账款"科目时,预付货款时应通过(　　)核算。
A. "应付账款"科目的贷方　　B. "应收账款"科目的借方
C. "应付账款"科目的借方　　D. "应收账款"科目的贷方

10. 按照记账凭证的审核要求,下列不属于记账凭证审核内容的是(　　)。
A. 会计科目使用是否正确
B. 凭证所列事项是否符合有关的计划和预算
C. 凭证的金额与所附原始凭证的金额是否一致
D. 凭证项目是否填写齐全

11. 企业期末结转利润时,下列各项中,(　　)科目不应将其科目余额转入"本年利润"科目。
A. "财务费用"　　B. "销售费用"　　C. "管理费用"　　D. "制造费用"

12. 在借贷记账法下,科目的贷方用来登记(　　)。
A. 收入的减少或费用(成本)的增加　　B. 收入的增加或费用(成本)的增加

C. 收入的减少或费用(成本)的减少　　D. 收入的增加或费用(成本)的减少

13. 在填制会计凭证时,1 518.53 的大写金额数字为(　　)。

A. 壹仟伍佰壹拾捌元伍角叁分　　B. 壹仟伍佰壹拾捌元伍角叁分整

C. 壹仟伍佰拾捌元伍角叁分　　D. 壹仟伍佰拾捌元伍角叁分整

14. 下列各项中,(　　)适用于三栏式银行存款日记账。

A. 序时账　　B. 明细账　　C. 总分类账　　D. 备查账

15. 下列关于会计的表述中,不正确的是(　　)。

A. 会计的主要工作是核算和监督

B. 会计是一项经济管理活动

C. 会计对象是特定主体的特定经济活动

D. 货币是会计唯一的计量单位

16. 下列各项中,不能作为原始凭证的是(　　)。

A. 领料单　　B. 工资结算汇总表

C. 银行存款余额调节表　　D. 发票

17. 现金收款凭证上的填写日期应当是(　　)。

A. 收取现金的日期　　B. 原始凭证上注明的日期

C. 编制收款凭证的日期　　D. 登记总账的日期

18. 目前我国采用的复式记账法主要是(　　)。

A. 增减记账法　　B. 收付记账法　　C. 借贷记账法　　D. 单式记账法

19. 会计报表编制的根据是(　　)。

A. 账簿记录　　B. 记账凭证　　C. 科目汇总表　　D. 原始凭证

20. 月末企业银行存款日记账余额为 180 000 元,银行对账单余额为 170 000 元,经过未达账项调节后的余额为 160 000 元,则对账日企业可以动用的银行存款实有数额为(　　)元。

A. 160 000　　B. 170 000　　C. 180 000　　D. 不能确定

21. 企业为生产产品和提供劳务而发生的间接费用应先在“制造费用”科目归集,期末再按一定的标准和方法分别记入(　　)科目。

A. “管理费用”　　B. “库存商品”　　C. “生产成本”　　D. “本年利润”

22. 下列会计科目中,企业在计提固定资产折旧时不可能涉及的是(　　)。

A. “固定资产”　　B. “累计折旧”　　C. “制造费用”　　D. “管理费用”

23. 会计档案的保管期限是从(　　)算起。

A. 会计资料的整理装订日　　B. 会计年度终了后第一天

C. 移交档案管理机构之日　　D. 审计报告之日

24. 某银行于 2022 年 1 月 18 日同意将甲企业短期借款 3 万元展期两年,变更为长期借款。下列表述中正确的是(　　)。

A. 负债方一个项目增加,另一个项目减少,增减金额相等,权益总额不变

B. 负债方一个项目增加,另一个项目也增加,权益总额增加

C. 负债方一个项目减少,另一个项目也减少,权益总额减少

D. 负债方一个项目增加,资产方另一个项目增加,金额相等

25. 非流动资产可收回金额和以摊余成本计量的金融资产价值的确定所使用的计量属性是(　　)。
A. 公允价值　B. 可变现净值　C. 现值　D. 重置成本
26. 某一般纳税企业购入原材料一批,增值税专用发票注明买价 200 000 元,增值税 26 000元,另以银行存款支付运杂费 2 000 元,假定不考虑运费的增值税,该批材料的入账价值为(　　)元。
A. 200 000　B. 236 000　C. 234 000　D. 202 000
27. 某企业期末"固定资产"账户借方余额为 200 万元,"累计折旧"账户贷方余额为 80 万元,"固定资产减值准备"账户贷方余额为 30 万元,"固定资产清理"账户为借方余额 2 万元。则该企业资产负债表中"固定资产"项目的期末数应为(　　)万元。
A. 202　B. 120　C. 92　D. 90
28. 在利润表上,利润总额减去(　　)后,得出净利润。
A. 管理费用、财务费用　B. 所得税费用
C. 营业外收支净　D. 增值税
29. 下列不属于利润分配内容的是(　　)。
A. 计提任意盈余公积　B. 计提法定盈余公积
C. 计提职工住房公积金　D. 分配投资者利润
30. 下列各项中,(　　)属于科目汇总表的汇总范围。
A. 全部科目的借方、贷方发生额和余额
B. 全部科目的借方、贷方余额
C. 全部科目的借方、贷方发生额
D. 汇总收款凭证、汇总付款凭证、汇总转账凭证的合计数
31. 下列各项中,(　　)属于将库存现金存入银行,登记银行存款日记账依据。
A. 库存现金收款凭证　B. 库存现金付款凭证
C. 银行收款凭证　D. 银行付款凭证
32. 经济业务发生仅涉及资产要素时,必然引起该要素中某些项目发生(　　)。
A. 不变动　B. 此增彼减变动　C. 同减变动　D. 同增变动
33. 银行存款清查中发现的未达账项,一般应当编制(　　)。
A. 对账单　B. 实存账存对比表
C. 盘存单　D. 银行存款余额调节表
34. 记账凭证按填列方式不同,可以分为(　　)。
A. 收款凭证、付款凭证和转账凭证　B. 通用凭证和专用凭证
C. 一次凭证、累计凭证和汇总凭证　D. 单式凭证和复式凭证
35. "管理费用"账户期末应(　　)。
A. 有借方余额　B. 有贷方余额
C. 无余额　D. 同时有借贷方余额
36. 账户的余额按照表示的时间不同,分为(　　)。
A. 期末余额　B. 本期增加发生额和本期减少发生额
C. 期初余额　D. 期初余额和期末余额

37. 某企业收到职工李某交的罚款 1 000 元,应借记(　　)科目。

A.“营业外支出”　B.“管理费用”　C.“营业外收入”　D.“销售费用”

38. 下列账簿中,必须采用订本式账簿的是(　　)。

A. 原材料明细账　B. 库存商品明细账

C. 固定资产登记簿　D. 银行存款日记账

39. 编制利润表主要是根据(　　)。

A. 损益类各账户的本期发生额

B. 资产、负债及所有者权益各账户的期末余额

C. 损益类各账户的期末余额

D. 资产、负债及所有者权益各账户的本期发生额

40. 在不设借贷等栏的多栏式账页中,(　　)登记减少数。

A. 用负数　B. 用红字　C. 用蓝字　D. 专设一栏

41. 资产负债表中,负债项目是按照(　　)进行排列的。

A. 流动性大小　B. 变现能力　C. 盈利能力　D. 求偿权先后顺序

42. 下列各项中,利润表无法直接反映的是(　　)。

A. 主营业务利润　B. 营业利润　C. 利润总额　D. 净利润

43. 下列各项中,(　　)不属于记账凭证的基本要素。

A. 交易或事项的数量、单价和金额　B. 应记会计科目、方向及金额

C. 凭证附件　D. 交易或事项的内容摘要

44. 在会计核算原则中,要求合理核算可能发生的费用和损失的原则是指(　　)。

A. 谨慎性原则　B. 可比性原则　C. 一贯性原则　D. 配比原则

45.“税金及附加”账户不核算的税金是(　　)。

A. 增值税　B. 消费税

C. 城市维护建设税　D. 教育费附加

46. 购入材料一批,买价 50 000 元,进项税 6 500 元,货款共计 56 500 元,其中 40 000 元以银行存款支付,其余暂欠,该笔业务编制的会计分录为(　　)。

A. 一借一贷　B. 一借多贷　C. 一贷多借　D. 多借多贷

47. 如果某一账户的左方登记增加,右方登记减少,期初余额在左方,而期末余额在右方,则表明(　　)。

A. 本期增加发生额超过本期减少发生额的差额小于期初余额

B. 本期增加发生额超过本期减少发生额的差额大于期初余额

C. 本期增加发生额低于本期减少发生额的差额小于期初余额

D. 本期增加发生额低于本期减少发生额的差额大于期初余额

48. 计划成本法下,购入材料发生节约差异时记入“材料成本差异”科目的(　　)。

A. 借方　B. 贷方　C. 借方或贷方　D. 借方和贷方

49. 计提教育费附加时,应借记(　　)科目。

A.“销售费用”　B.“税金及附加”

C.“其他应交款”　D.“应交教育费附加”

50. 总分类账户对明细分类账户起(　　)作用。

A. 统驭控制　　B. 补充说明　　C. 辅助　　D. 从属

51. 经济业务发生后，一般尽量不要编制的会计分录是(　　)。

A. 多借多贷　　B. 一借多贷　　C. 多借一贷　　D. 一借一贷

52. 在我国，会计期间分为年度、半年度、季度和月度，它们均按(　　)确定。

A. 4 月制起讫日　　B. 公历起讫日期

C. 7 月制起讫日期　　D. 农历起讫日期

53. 下列不属于会计信息质量要求的是(　　)。

A. 明晰性　　B. 相关性　　C. 重要性　　D. 可比性

54. 下列属于成本类会计科目的是(　　)。

A. "管理费用"　　B. "销售费用"　　C. "制造费用"　　D. "财务费用"

55. 下列账户余额一般在借方的是(　　)账户。

A. "短期借款"　　B. "应收账款"　　C. "应付账款"　　D. "应交税费"

56. 编制利润分配表时，假定年初"利润分配——未分配利润"账户为借方余额，填写的方法为(　　)。

A. 以正数列示　　B. 以负数列示　　C. 用红字列示　　D. 用蓝字列示

57. 材料的采购成本不包括(　　)。

A. 材料的买价　　B. 材料的运杂费

C. 材料采购人员的差旅费　　D. 入库前的挑选整理费

58. 财产清查时，(　　)为盘亏。

A. 实存＜账存　　B. 实存＞账存　　C. 实存＝账存　　D. 实存≠账存

59. 企业发放生产工人工资时，应借记的是(　　)。

A. 现金　　B. 银行存款　　C. 生产成本　　D. 应付职工薪酬

60. 下列不属于存货发出的计价方法的是(　　)。

A. 先进先出法　　B. 后进先出法

C. 月末一次加权平均法　　D. 个别计价法

61. (　　)作为会计的基本假设，就是将一个会计主体持续经营的生产经营活动划分为若干个相等的期间。

A. 持续经营　　B. 会计分期　　C. 会计年度　　D. 会计主体

62. 关于"制造费用"账户，以下说法错误的是(　　)。

A. 属于成本类账户

B. 用来归集和分配企业生产车间为生产产品而发生的所有费用

C. 贷方登记分配转入"生产成本"账户的制造费用，借方登记由各种产品负担的制造费用

D. 期末结束后，该账户一般没有余额

63. 对于大量堆积的煤炭，一般采用(　　)方法进行清查。

A. 实地盘点　　B. 抽查检验　　C. 技术推算　　D. 查询核对

64. 在实际工作中，企业一般以(　　)作为财产的盘存制度。

A. 收付实现制　　B. 权责发生制　　C. 永续盘存制　　D. 实地盘存制

65. 下列选项中，不影响固定资产折旧数额大小的因素是(　　)。

A. 计提折旧基数　B. 累计折旧　C. 折旧年限　D. 预计净残值

66. 企业会计核算应当以(　　)为基础。

A. 收付实现制　B. 权责发生制　C. 永续盘存制　D. 实地盘存制

67. 下列经济业务不属于利润分配的是(　　)。

A. 向国家缴纳所得税　B. 用税前利润弥补亏损

C. 提取盈余公积　D. 向投资者分配利润

68. 企业取得一笔收入,不会导致(　　)要素发生变化。

A. 资产　B. 负债　C. 所有者权益　D. 费用

69. 将于一年内到期的长期借款在资产负债表中应列示为(　　)。

A. 流动资产　B. 流动负债　C. 非流动资产　D. 非流动负债

70. 企业在采用(　　)盘存方式下,可随时了解各种财产物资的收入、发出和结存情况。

A. 实地盘存制　B. 永续盘存制　C. 收付实现制　D. 权责发生制

71. 在会计职能中,属于控制职能的是(　　)。

A. 进行会计核算　B. 实施会计监督　C. 参与经济决策　D. 评价经营业绩

72. 某企业发出材料的计价方法前半年为先进先出法,后半年随意改为加权法主要违背了(　　)。

A. 谨慎性原则　B. 可比性原则　C. 相关性原则　D. 重要性原则

73. “待处理财产损溢”账户未转销的借方余额表示(　　)。

A. 等待处理的财产盘盈

B. 等待处理的财产盘亏

C. 尚待批准处理的财产盘盈数大于尚待批准处理的财产盘亏和毁损数的差额

D. 尚待批准处理的财产盘盈数小于尚待批准处理的财产盘亏和毁损数的差额

74. 下列项目可在一年或一个正常营业周期内变现或被耗用的是(　　)。

A. 固定资产　B. 预付账款　C. 无形资产　D. 长期股权投资

75. 收取包装物押金,应贷记(　　)科目。

A. “其他业务收入”B. “主营业务收入”　C. “其他应收款”　D. “其他应付款”

76. 既是财务状况报表,又是月报表的是(　　)。

A. 资产负债表　B. 利润表

C. 现金流量表　D. 所有者权益变动表

77. 一项资产增加,一项负债增加的经济业务发生后,都会使资产与权益原来的总额(　　)。

A. 发生同增的变动　B. 发生同减的变动

C. 不会变动　D. 发生不等额变动

78. 甲公司月末编制的试算平衡表中,全部科目的本月贷方发生额合计为 120 万元,除银行存款外的本月借方发生额合计 104 万元,则“银行存款”科目(　　)。

A. 本月借方余额为 16 万元　B. 本月贷方余额为 16 万元

C. 本月贷方发生额为 16 万元　D. 本月借方发生额为 16 万元

79. 下列属于“营业外支出”科目核算内容的是(　　)。

A. 行政管理人员的工资　B. 各种销售费用

C. 借款的利息　　D. 非常损失

80. 需要按期估计坏账损失的坏账核算方法是(　　)。

A. 直接转销法　B. 备抵法　C. 总价法　D. 净价法

81. 会计核算过程中,会计处理方法前后各期(　　)。

A. 应当一致,不得随意变更　　B. 可以变动,但须经过批准

C. 可以任意变动　　D. 应当一致,不得变动

82. 会计分期是建立在(　　)基础上的。

A. 会计主体　　B. 持续经营

C. 权责发生制原则　　D. 货币计量

83. 应计入产品成本的费用是(　　)。

A. 厂部管理人员的工资　　B. 车间管理人员的工资

C. 销售机构人员的工资　　D. 医疗福利部门人员的工资

84. 财产清查中发现账外机器 1 台,其市场价格为 80 000 元,估计六成新,则该固定资产的入账价值为(　　)元。

A. 80 000　B. 48 000　C. 32 000　D. 无法确定

85. 库存现金盘点时发现短缺,则应借记的会计科目是(　　)。

A. “库存现金”　　B. “其他应付款”

C. “待处理财产损溢”　　D. “其他应收款”

86. 某公司期初资产总额为 100 000 元,当期期末负债总额比期初减少 10 000 元,期末所有者权益比期初增加 30 000 元。则该企业期末资产总额为(　　)元。

A. 90 000　B. 100 000　C. 120 000　D. 130 000

87. 销售产品收到银行本票进行转账结算,则应(　　)科目。

A. 借记“其他货币资金”　　B. 贷记“其他货币资金”

C. 借记“银行存款”　　D. 贷记“银行存款”

88. 某企业购买材料一批,买价 3 000 元,增值税进项税额为 390 元,运杂费 200 元。开出商业汇票支付,但材料尚未收到,应贷记(　　)科目。

A. “原材料”　B. “材料采购”　C. “银行存款”　D. “应付票据”

89. 下列票据中,应通过“应收票据”科目核算的是(　　)。

A. 现金支票　B. 银行汇票　C. 商业汇票　D. 银行本票

90. 固定资产处置后发生的净收益或净损失,应(　　)。

A. 计入当期损益　　B. 减少固定资产账面成本

C. 追加固定资产账面成本　　D. 视具体情况追加或减少固定资产成本

二、多项选择题(下列各题有两个或两个以上正确答案,每题 1.5 分,共 10 题。不选、少选、多选或错选均不得分)

1. 在各种会计核算形式下,明细分类账可以根据(　　)登记。

A. 原始凭证　　B. 记账凭证

C. 原始凭证汇总表　　D. 记账凭证汇总表

2. A 公司原由甲、乙、丙三人投资,三人各投入 100 万元。两年后丁想加入,经协商,甲、乙、丙、丁四人各拥有 100 万元的资本,但丁必须投入 120 万元的银行存款方可拥有

100万元的资本。若丁以120万元投入A公司，并已办妥增资手续。则下列表述的项目中能组合在一起形成该项经济业务的会计分录的项目有（　　）。

A. 该笔业务应贷记“银行存款”科目120万元

B. 该笔业务应贷记“资本公积”科目20万元

C. 该笔业务应借记“银行存款”科目120万元

D. 该笔业务应贷记“实收资本”科目100万元

3. 下列项目中，属于会计基本假设的有（　　）。

A. 会计主体　B. 货币计量　C. 会计分期　D. 持续经营

4. 下列税金应列作管理费用核算的有（　　）。

A. 增值税　B. 土地使用税　C. 印花税　D. 房产税

5. 下列说法正确的有（　　）。

A. 应收账款明细账应采用订本式账簿

B. 对账的内容包括账证核对、账账核对、账实核对

C. 多栏式明细账一般适用于成本费用、收入和利润类的明细账

D. 短期借款明细账应采用三栏式账页格式

6. 下列各项中，属于费用要素的有（　　）。

A. 材料采购　B. 销售费用　C. 预付账款　D. 管理费用

7. 会计监督职能是指会计人员在进行会计核算的同时，对经济活动的（　　）进行审查。

A. 合法性　B. 盈利性　C. 时效性　D. 合理性

8. 下列关于费用的表述中，正确的有（　　）。

A. 费用是企业在日常活动中发生的

B. 费用可能表现为资产的减少或者负债的增加

C. 费用可能同时表现为资产的减少和负债的增加

D. 费用会导致所有者权益的减少

9. 在借贷记账法下，经济业务无论怎样复杂，均可以概括为（　　）。

A. 权益内部有增有减，总额不变　B. 资产与权益同时增加，总额增加

C. 资产内部有增有减，总额不变　D. 资产与权益同时减少，总额不变

10. 下列情况下，（　　）企业应当对财产进行不定期清查。

A. 发现财产被盗　B. 与其他企业合并

C. 财产保管人员变动　D. 自然灾害造成部分财产损失

三、判断题（每题1分，共20题，正确的打“√”，错误的打“×”。不答不得分）

1. 职工预借差旅费应借记“管理费用”科目。（　　）

2. 资产负债表是总括反映企业特定日期资产、负债和所有者权益情况的动态报表，通过它可以了解企业的资产构成、资金的来源构成和企业债务的偿还能力。（　　）

3. 转账支票大小写金额或收款人姓名填错，如要更改，须在更改处加盖预留银行鉴章。（　　）

4. 主要账簿中不予登记或登记不详细的经济业务，可以在备查账簿中予以登记。（　　）

5. 会计部门的财产物资明细账期末余额与财产物资使用部门的财产物资明细账期末余额相核对，属于账实核对。（　　）

6. 备查账簿不必每年更换新账，可以连续使用。（　）

7. 按照我国的会计准则，负债不仅指现实已经存在的债务责任，还包括某些将来可能发生的、偶然事项形成的债务责任。（　）

8. 会计是指以货币为主要计量单位，反映和监督一个单位经济活动的经济管理工作。（　）

9. 技术推算法是指利用技术方法推算财产物资账存数的方法。（　）

10. 凡是只进行金额核算的明细分类账户都应采用三栏式的账页格式。（　）

11. 银行存款余额调节表是调整账簿记录，使账实相符的原始凭证。（　）

12. 财务成果表现为盈利，亏损则不能称为财务成果。（　）

13. 对应付账款应采用询证核对法进行清查。（　）

14. 账户分为左右两方，左方登记增加，右方登记减少。（　）

15. 二级科目（子目）不属于明细分类科目。（　）

16. 凡是在日常活动中形成的经济利益的总流入都应确认为收入。（　）

17. 目前我国主要采用的是复式记账法，但对于个别企业、组织也可以采用单式记账法进行会计核算。（　）

18. 自制原始凭证必须由单位会计人员自行填制。（　）

19. 三栏式账簿是指具有日期、摘要、金额三个栏目格式的账簿。（　）

20. 从财产清查的对账和范围看，全面清查只在年终进行。（　）

四、计算分析题（每小题 1 分，共 4 道大题，20 分。答错、不答均不得分）

1. 甲企业为增值税一般纳税人，增值税税率 13%，2022 年发生固定资产业务如下：

（1）1 月 20 日，企业管理部门购入一台不需要安装的 A 设备，取得增值税专用发票上注明的设备价款为 550 万元，增值税额 71.5 万元，另发生运输费 10 万元，款项均以银行存款支付。

（2）A 设备经过调试后，于 1 月 22 日投入使用，预计使用 10 年，净残值为 20 万元，采用平均年限法计提折旧。

（3）7 月 15 日，企业生产车间购入一台需要安装的 B 设备，取得增值税专用发票上注明的设备价款为 600 万元，增值税额 78 万元，款项均以银行存款支付。

（4）8 月 19 日，将 B 设备投入安装，以银行存款支付安装费 3 万元，B 设备于 8 月 25 日达到预定使用状态，并投入使用。

（5）B 设备采用工作量法计提折旧，预计净残值为 3 万元，预计总工时 5 万小时。9 月，B 设备实际使用工时 720 小时。

假设上述资料不考虑其他因素（答案中的金额均用万元表示）。

要求：

（1）编制甲企业 2022 年 1 月 20 日购买 A 设备的会计分录。

（2）编制甲企业 2022 年 2 月计提 A 设备折旧额的会计分录。

（3）编制甲企业 2022 年 7 月 15 日购入 B 设备的会计分录。

（4）编制甲企业 2022 年 8 月安装 B 设备及其投入使用的会计分录。

（5）编制甲企业 2022 年 9 月计提 B 设备折旧额的会计分录。

2. 2022 年 5 月，甲公司某生产车间生产完成 A 产品 200 件和 B 产品 300 件，月末完工产品全部入库，有关生产资料如下：

(1) 领用原材料 6 000 吨，其中 A 产品耗用 4 000 吨，B 产品耗用 2 000 吨，该材料单价为每吨 150 元。

(2) 生产 A 产品发生直接生产人员工时 5 000 小时，B 产品为 3 000 小时，每工时的标准工资为 20 元。

(3) 生产车间发生管理人员工资、折旧费、水电费等 100 000 元，该车间本月仅生产了 A 和 B 两种产品，甲公司采用生产工人工时比例法对制造费用进行分配。假定月初、月末不存在任何在产品。

要求：

(1) 计算 A 产品应分配的制造费用。

(2) 计算 B 产品应分配的制造费用。

(3) 计算 A 产品当月生产成本。

(4) 计算 B 产品当月生产成本。

(5) 编制产品完工入库的会计分录。

3. 某公司 2022 年 8 月 30 日有关总账和明细账的余额表如表 14 所示。

表 14　2022 年 8 月 30 日某公司有关总账和明细账余额

单位：元

资　产	借或贷	余　额	负债及所有者权益	借或贷	余　额
库存现金	借	4 800	短期借款	贷	160 000
银行存款	借	218 000	应付账款	贷	52 000
其他货币资金	借	69 000	——丙企业	贷	75 000
应收账款	借	80 000	——丁企业	借	23 000
——甲公司	借	120 000	预收账款	贷	5 500
——乙公司	贷	40 000	——C 公司	贷	5 500
坏账准备	贷	1 000	应交税费	贷	14 500
预付账款	借	12 000	长期借款	贷	200 000
——A 公司	贷	3 000	应付债券	贷	230 000
——B 公司	借	15 000	其中一年内到期的应付债券	贷	30 000
原材料	借	46 700	长期应付款	贷	100 000
生产成本	借	95 000	实收资本	贷	1 500 000
库存商品	借	60 000	资本公积	贷	110 000
存货跌价准备	借	2 100	盈余公积	贷	48 100
固定资产	借	1 480 000	利润分配	贷	1 900
累计折旧	贷	6 500	——未分配利润	贷	1 900
无形资产	借	402 800	本年利润	贷	36 700
资产合计		2 458 700	负债及所有者权益合计		2 458 700

要求：计算该公司2022年9月末资产负债表的下列报表项目金额。

(1) 预付账款(　　)元。

(2) 存货(　　)元。

(3) 应付账款(　　)元。

(4) 流动负债合计(　　)元。

(5) 所有者权益合计(　　)元。

4. 苏达公司2022年3月31日银行存款日记账余额为98 500元，3月底本公司与银行往来的其余资料如下：

(1) 3月31日收到购货方转账支票一张，金额为12 600元，已经送存银行，但银行尚未入账。

(2) 本公司当月水电费800元银行已代为支付，但本公司未接到通知而尚未入账。

(3) 本公司当月开出的用以支付供货方货款的转账支票，尚有4 500元未兑现。

(4) 本公司送存银行的某客户转账支票35 000元，因对方存款不足而被退票，而本公司未接到通知。

(5) 本公司委托银行代收的款项22 000元，银行已转入本公司存款户，但本公司尚未收到通知入账。

要求：根据上述资料，完成苏达公司银行存款余额调节表(表15)的编制。

表15　银行存款余额调节表

编制单位：苏达公司　　　　2022年3月31日　　　　单位：元

项　目	金　额	项　目	金　额
企业银行存款日记账余额	98 500	银行对账单余额	76 600
加：银行已收、企业未收的款项合计	(1)	加：企业已收、银行未收的款项合计	(3)
减：银行已付、企业未付的款项合计	800	减：企业已付、银行未付的款项合计	(4)
调节后的余额	(2)	调节后的余额	(5)

综合模拟试卷四

一、单项选择题(下列各题只有一个正确答案,每题 0.5 分,共 90 题。不选、错选均不得分)

1. 企业生产车间因生产产品领用材料 50 000 元,在填制记账凭证时,将借方科目记为“管理费用”并已登记入账,应采用的错账更正方法是(　　)。

A. 重填记账凭证法　B. 划线更正法　C. 补充登记法　D. 红字更正法

2. 下列项目中,属于累计凭证和一次凭证的主要区别的是(　　)。

A. 累计凭证填制的手续是多次完成的,一次凭证填制的手续是一次完成的

B. 累计凭证是汇总凭证,一次凭证是单式凭证

C. 累计凭证是自制原始凭证,一次凭证是外来原始凭证

D. 一次凭证是记载一笔经济业务,累计凭证是记载多笔经济业务

3. 将记账凭证分为收款凭证、付款凭证和转账凭证的依据是(　　)。

A. 记载经济业务内容的不同　B. 所包括的会计科目是否单一

C. 凭证填制手续的不同　D. 凭证用途的不同

4. 记账凭证账务处理程序和记账凭证汇总表账务处理程序的主要区别是(　　)。

A. 登记总账的依据和方法不同　B. 记账程序不同

C. 记账方法不同　D. 凭证及账簿组织不同

5. 用转账支票支付前欠货款,应填制(　　)。

A. 收款凭证　B. 付款凭证　C. 原始凭证　D. 转账凭证

6. 某企业销售商品一批,增值税专用发票上标明的价款为 60 万元,适用的增值税税率为 13%,为购买方代垫运杂费为 2 万元,款项尚未收回。该企业确认的应收账款为(　　)万元。

A. 60　B. 62　C. 70.2　D. 69.8

7. (　　)是对会计对象的基本分类。

A. 会计科目　B. 会计要素　C. 会计方法　D. 会计原则

8. 为了便于填制汇总转账凭证,平时填制转账凭证时,应尽可能使账户的对应关系保持(　　)。

A. “一借多贷”或“多借多贷”　B. “一借一贷”或“一贷多借”

C. “一贷多借”或“多借多贷”　D. “一借一贷”或“一借多贷”

9. 下列属于记账凭证账务处理程序优点的是(　　)。

A. 便于核对账目和进行试算平衡　B. 总分类账反映较详细

C. 有利于会计核算的日常分工　D. 减轻了登记总分类账的工作量

10. 账户是根据(　　)设置的,具有一定格式和结构,用于分类反映会计要素增减变动情况及其结果的载体。

A. 会计科目　B. 会计要素　C. 会计信息　D. 会计对象

11. 会计报表编制的根据是(　　)。

A. 科目汇总表　　B. 原始凭证　　C. 账簿记录　　D. 记账凭证

12. 当年形成的会计档案在会计年度终了后，可暂由本单位会计机构保管(　　)后移交到会计档案管理机构。

A. 1 年　　B. 半年　　C. 3 个月　　D. 2 年

13. 下列记账凭证中，可以不附原始凭证的是(　　)。

A. 所有收款凭证　　B. 用于结账的记账凭证

C. 所有付款凭证　　D. 所有转账凭证

14. (　　)是记录经济业务事项发生或完成情况的书面证明，也是登记账簿的依据。

A. 科目汇总表　　B. 记账凭证　　C. 会计凭证　　D. 原始凭证

15. 年末结转后，"利润分配"科目的贷方余额表示(　　)。

A. 利润总额　　B. 净利润　　C. 未分配的利润　　D. 未弥补的亏损

16. 下列各项中，不属于收入要素内容的是(　　)。

A. 提供劳务取得的收入　　B. 营业外收入

C. 出租固定资产取得的收入　　D. 销售商品取得的收入

17. 某企业购买材料一批，买价 3 000 元，增值税进项税额为 390 元，运杂费 200 元，开出商业汇票支付，但材料尚未收到，应贷记(　　)科目。

A. "应付票据"　　B. "银行存款"　　C. "原材料"　　D. "材料采购"

18. 下列登账方法错误的是(　　)。

A. 依据记账凭证和汇总原始凭证逐日逐笔或定期汇总登记明细账

B. 依据汇总原始凭证定期汇总登记现金日记账

C. 依据记账凭证逐笔登记总账

D. 依据记账凭证和原始凭证逐日逐笔登记明细账

19. 下列项目中，影响营业利润的因素是(　　)。

A. 所得税费用　　B. 营业外收入　　C. 管理费用　　D. 营业外支出

20. (　　)是用以调整财产物资账簿记录的重要原始凭证，也是分析产生差异的原因、明确经济责任的依据。

A. 库存现金盘点表　　B. 盘存单

C. 银行对账单　　D. 实存账存对比表

21. 某企业月末计提短期借款利息 600 元，应贷记(　　)科目。

A. "应付利息"　　B. "预提费用"　　C. "管理费用"　　D. "财务费用"

22. 下列关于"生产成本"账户的表述中，正确的是(　　)。

A. "生产成本"账户期末若有余额，肯定在借方

B. "生产成本"账户的余额表示已完工产品的成本

C. "生产成本"账户的余额表示本期发生的生产费用总额

D. "生产成本"账户期末肯定无余额

23. 现金出纳每天工作结束前都要将现金日记账结清并与库存现金实存数核对，这属于(　　)。

A. 账账核对　　B. 账证核对　　C. 账表核对　　D. 账实核对

24. 日记账簿一般采用(　　)形式。

A. 横线登记式账　B. 卡片账　C. 活页账　D. 订本账

25. 企业临时租入的固定资产应在(　　)中登记。

A. 总分类账簿　B. 备查账簿

C. 无须在账簿中作任何登记　D. 明细分类账簿

26. “预收账款”科目按其所归属的会计要素不同,属于(　　)类科目。

A. 成本　B. 负债　C. 资产　D. 所有者权益

27. 已经登记入账的记账凭证,在当年内发现有误,可以用红字填写一张与原内容相同的记账凭证,在摘要栏注明(　　),以冲销原错误的记账凭证。

A. 经济业务的内容　B. 注销某月某日某号凭证

C. 对方单位　D. 订正某月某日某号凭证

28. 按照经济业务发生或完成时间的先后顺序逐日、逐笔进行登记的账簿称为(　　)。

A. 明细分类账簿　B. 序时账簿　C. 备查账簿　D. 总分类账簿

29. 复式记账法是以(　　)为记账基础的一种记账方法。

A. 会计科目　B. 资产和权益的平衡关系

C. 经济业务　D. 试算平衡

30. 下列账簿中,可以跨年度连续使用的是(　　)。

A. 多数明细账　B. 总账　C. 日记账　D. 备查账

31. 资产负债表中的“存货”项目,应根据(　　)。

A. “存货”账户的期末借方余额直接填列

B. “原材料”“生产成本”和“库存商品”等账户的期末借方余额之和填列

C. “原材料”“在产品”和“库存商品”等账户的期末借方余额之和填列

D. “原材料”账户的期末借方余额直接填列

32. 企业本月利润表中的营业收入为450 000元,营业成本为216 000元,税金及附加为9 000元,管理费用为10 000元,财务费用为5 000元,销售费用为8 000元,则其营业利润为(　　)元。

A. 225 000　B. 202 000　C. 234 000　D. 217 000

33. 采用补充登记法纠正错误时,应编制(　　)。

A. 红字记账凭证　B. 蓝字记账凭证

C. 一红一蓝两张记账凭证　D. 不确定

34. 在账簿的两个基本栏目借方和贷方按需要分别设若干专栏的账簿称为(　　)。

A. 多栏式账簿　B. 横线登记式账簿

C. 三栏式账簿　D. 数量金额式账簿

35. 在财产清查中发现库存材料实存数小于账面数,其原因为自然损耗所致,经批准后,会计人员应进行的处理为(　　)。

A. 减少管理费用　B. 增加营业外支出

C. 增加营业外收入　D. 增加管理费用

36. 某企业8月份一车间生产A、B两种产品,本月一车间发生制造费用24 000元,要求按照生产工人的工资比例分配制造费用。本月A产品生产工人工资为80 000元,B产品生产工人工资为40 000元。则B产品应负担的制造费用为(　　)元。

A. 12 000　　B. 24 000　　C. 16 000　　D. 8 000

37. 某会计人员在审核记账凭证时,发现误将1 000元写成100元,尚未入账,一般应采用(　　)改正。

A. 红字更正法　　B. 重新编制记账凭证

C. 补充登记法　　D. 冲账法

38. 下列不应计入材料采购成本的是(　　)。

A. 运输途中的合理损耗　　B. 采购人员工资

C. 运杂费　　D. 入库前的挑选整理费用

39. 下列不应作为其他业务收入核算的是(　　)。

A. 出租固定资产收入　　B. 材料销售收入

C. 出租无形资产收入　　D. 产品销售收入

40. 出纳人员在办理收款或付款后,应在(　　)上加盖"收讫"或"付讫"的戳记,以避免重收重付。

A. 原始凭证　　B. 收款凭证　　C. 付款凭证　　D. 记账凭证

41. 在借贷记账法下,科目的借方用来登记(　　)。

A. 资产的减少或权益的增加　　B. 资产的增加或权益的增加

C. 资产的减少或权益的减少　　D. 资产的增加或权益的减少

42. H公司年末"应收账款"科目的借方余额为100万元(其明细账无贷方余额),"预收账款"科目贷方余额为150万元,其中,明细账的借方余额为15万元,贷方余额为165万元。"应收账款"科目对应的"坏账准备"科目期末余额为8万元,该企业年末资产负债表中"应收账款"项目的金额为(　　)万元。

A. 107　　B. 165　　C. 115　　D. 150

43. 企业在一定时期内通过从事生产经营活动而在财务上取得的结果称为(　　)。

A. 盈利能力　　B. 经营业绩　　C. 财务成果　　D. 财务状况

44. 资产负债表中的资产项目应按其(　　)程度大小顺序排列。

A. 盈利性　　B. 流动性　　C. 重要性　　D. 变动性

45. 广义的权益一般包括(　　)。

A. 债权人权益和所有者权益　　B. 资产和所有者权益

C. 资产和债权人权益　　D. 所有者权益

46. 某企业仓库本期期末盘亏原材料,原因已查明,属于自然灾害,经批准后,会计人员应编制的会计分录为(　　)。

A. 借:管理费用
　　贷:待处理财产损溢

B. 借:营业外支出
　　贷:待处理财产损溢

C. 借:待处理财产损溢
　　贷:管理费用

D. 借:待处理财产损溢
　　贷:原材料

47. 会计核算应当以实际发生的经济业务为依据,不能凭空估计或虚构,这是(　　)的信息质量要求。

A. 可靠性　　B. 相关性　　C. 谨慎性　　D. 实质重于形式

48. 以银行存款缴纳所得税,所引起的变化为(　　)。

A. 一项资产减少,一项所有者权益减少　B. 一项资产减少,一项负债减少
C. 一项负债减少,一项资产增加　D. 一项资产减少,一项资产增加

49. 复合会计分录是指(　　)。
A. 涉及四个账户的会计分录
B. 涉及两个或两个以上账户的会计分录
C. 涉及三个或三个以上账户的会计分录
D. 涉及四个或四个以上账户的会计分录

50. 一项经济业务所涉及的每个会计科目单独填制一张记账凭证,每一张记账凭证中只登记一个会计科目,这种凭证叫作(　　)。
A. 通用记账凭证　B. 专用记账凭证
C. 一次凭证　D. 单式记账凭证

51. 会计科目和账户之间的联系是(　　)。
A. 结构相同　B. 格式相同　C. 内容相同　D. 互不相关

52. 下列说法正确的是(　　)。
A. 赊购商品会导致资产和负债同时减少
B. 车间管理人员工资能计入产品成本,企业管理人员的工资和在建工程人员的工资不能计入产品成本
C. 银行汇票和商业汇票属于企业的"其他货币资金"
D. 持续经营假设规范了会计工作的时间与空间范围

53. 如果某一账户的左方登记增加,右方登记减少,期初余额在左方,而期末余额在右方,则表明(　　)。
A. 本期增加发生额低于本期减少发生额,且两者差额小于期初余额
B. 本期增加发生额低于本期减少发生额,且两者差额大于期初余额
C. 本期增加发生额高于本期减少发生额,且两者差额小于期初余额
D. 本期增加发生额高于本期减少发生额,且两者差额大于期初余额

54. 下列对长期借款利息费用的会计处理,不正确的是(　　)。
A. 筹建期间不符合资本化条件的借款利息计入"管理费用"
B. 筹建期间不符合资本化条件的借款利息计入"长期待摊费用"
C. 日常生产经营活动费用化的借款利息计入"财务费用"
D. 符合资本化条件的借款利息计入相关资产成本

55. 下列项目中,不能作为登记总分类账依据的是(　　)。
A. 记账凭证　B. 科目汇总表　C. 汇总记账凭证　D. 原始凭证

56. 复式记账法对每笔经济业务都以相等的金额,在(　　)中进行登记。
A. 两个账户　B. 一个账户
C. 所有账户　D. 两个或两个以上相互联系账户

57. 原始凭证的基本内容不包括(　　)。
A. 日期及编号　B. 内容摘要
C. 会计科目　D. 实物数量及金额

58. 通常,长期借款在购建的资产达到预定可使用状态前发生的费用,应作为(　　)

列支。

A. 在建工程　　B. 固定资产成本　　C. 营业外支出　　D. 财务费用

59. 下列期末应转入“本年利润”科目借方的科目是(　　)。

A. “应交税费——应交个人所得税”　　B. “应交税费——应交增值税”

C. “应交税费——应交消费税”　　D. “所得税费用”

60. 对原材料、库存商品盘点后应编制(　　)。

A. 对账单　　B. 余额调节表

C. 实存账存对比表　　D. 盘存单

61. 企业开出转账支票 1 790 元购买办公用品，编制记账凭证时，误记金额为 1 970 元，科目及方向无误并已记账，应采用的更正方法是(　　)。

A. 补充登记 180 元　　B. 红字冲销 180 元

C. 在凭证中划线更正　　D. 把错误凭证撕掉重编

62. 下列凭证中，既是一次凭证，也是专用凭证的是(　　)。

A. 限额领料单　　B. 现金收据

C. 增值税专用发票　　D. 领料单

63. 负债类账户的余额反映的情况是(　　)。

A. 资产的结存　　B. 负债的结存情况

C. 负债的增减变动　　D. 负债的形成和偿付

64. 企业计划在年底购买一批机器设备，7 月份与销售方达成购买意向，9 月份签订了购买合同，但实际购买的行为发生在 10 月份，则企业应该在(　　)将该批设备确认为资产。

A. 7 月份　　B. 10 月份　　C. 12 月份　　D. 9 月份

65. 企业对可能发生减值的资产计提减值准备，充分体现了(　　)原则。

A. 相关性　　B. 重要性　　C. 谨慎性　　D. 可靠性

66. 科目汇总表属于(　　)。

A. 原始凭证　　B. 原始凭证汇总表

C. 累计凭证　　D. 记账凭证

67. 只反映一项经济业务，凭证填制手续是一次完成的自制原始凭证，称为(　　)。

A. 累计凭证　　B. 一次凭证　　C. 汇总凭证　　D. 单式记账凭证

68. 下列无须设置明细账户进行核算的是(　　)。

A. “应付账款”　　B. “实收资本”　　C. “累计折旧”　　D. “原材料”

69. 下列明细账，通常采用贷方多栏式账页格式的是(　　)。

A. 主营业务收入明细账　　B. 本年利润明细账

C. 应付账款明细账　　D. 实收资本明细账

70. 某企业生产一种产品，3 月初在产品成本为 7 万元。同时，3 月份发生如下费用：生产领用材料 12 万元，生产工人工资 4 万元，制造费用 2 万元，管理费用 3 万元，广告费用 1.6 万元。月末在产品成本为 6 万元。该企业 3 月份完工产品的生产成本为(　　)万元。

A. 16.6　　B. 18　　C. 19　　D. 23.6

71. 企业计提短期借款利息时借方记入的会计科目是(　　)。
A. “财务费用”　B. “短期借款”　C. “应收利息”　D. “应付利息”
72. 在下列项目中,与“管理费用”科目属于同一类会计科目的是(　　)。
A. “本年利润”　B. “应交税费”　C. “投资收益”　D. “长期待摊费用”
73. 所有者权益所说的净资产是指(　　)。
A. 全部资产　B. 全部资产减去全部负债
C. 净利润　D. 全部利润
74. 会计凭证按(　　)分类,分为原始凭证和记账凭证。
A. 用途和填制程序　B. 来源
C. 填制手续及内容　D. 格式
75. 付款凭证科目借贷对应方式正确的是(　　)。
A. 多借多贷　B. 多贷一借　C. 多借一贷　D. 以上都正确
76. 卡片账一般在(　　)时采用。
A. 固定资产总分类核算　B. 固定资产明细分类核算
C. 原材料总分类核算　D. 原材料明细分类核算
77. 编制会计报表时,以“资产＝负债＋所有者权益”这一会计等式作为编制依据的会计报表是(　　)。
A. 利润表　B. 资产负债表
C. 现金流量表　D. 所有者权益变动表
78. 企业在进行利润分配时,除计提了法定盈余公积,还计提了任意盈余公积,则计提的任意盈余公积应记入(　　)账户。
A. “实收资本”　B. “盈余公积”　C. “资本公积”　D. “财务费用”
79. (　　)是企业会计部门根据本单位经济业务的具体内容、管理上的要求及方便会计核算等而设置的。
A. 总分类账户　B. 明细分类账户　C. 会计要素　D. 会计等式
80. 会计人员在审核购货发票及材料入库单时发现,该批材料采购量过大,则该原始凭证的审核是保证凭证的(　　)。
A. 合法性　B. 真实性　C. 合理性　D. 完整性
81. 可以简化总分类账的登记工作,但不能反映账户对应关系的是(　　)。
A. 记账凭证账务处理程序　B. 科目汇总表账务处理程序
C. 汇总记账凭证账务处理程序　D. 以上三种都不能
82. 将同类经济业务汇总编制的原始凭证有(　　)。
A. 一次凭证　B. 累计凭证　C. 汇总凭证　D. 记账凭证
83. 结转已销商品的销售成本 50 000 元的分录是(　　)。
A. 借:生产成本　50 000
　　贷:库存商品　50 000
B. 借:库存商品　50 000
　　贷:生产成本　50 000
C. 借:库存商品　50 000
　　贷:主营业务收入　50 000
D. 借:主营业务成本　50 000
　　贷:库存商品　50 000
84. 企业常用的收款凭证、付款凭证和转账凭证均属于(　　)。

A. 单式记账凭证　B. 复式记账凭证　C. 一次凭证　D. 通用凭证

85. 在记账凭证账务处理程序下，无须设置（　　）。

A. 收款、付款、转账凭证或通用记账凭证

B. 科目汇总表或汇总记账凭证

C. 现金和银行存款日记账

D. 总分类账和若干明细分类账

86. 能够计入产品成本的职工薪酬是（　　）。

A. 专设销售机构人员的工资　B. 在建工程人员的工资

C. 车间管理人员的工资　D. 企业管理部门人员的工资

87. 在一个会计期间发生的一切经济业务，都要依次经过的核算环节是（　　）。

A. 填制审核凭证、复式记账、编制会计报表

B. 填制审核凭证、登记账簿、编制会计报表

C. 设置会计科目、成本计算、复式记账

D. 复式记账、财产清查、编制会计报表

88. 结账时，要根据（　　）的要求，调整有关账项，合理确定本期应计的收入和应计的费用。

A. 现金收付制　B. 现收现付制　C. 收付实现制　D. 权责发生制

89. 下列项目排在利润表最后的是（　　）。

A. "净利润"　B. "营业利润"　C. "利润总额"　D. "所得税费用"

90. 现金和银行存款之间的相互划转业务一般只填写（　　）。

A. 收款凭证　B. 付款凭证　C. 转账凭证　D. 会计凭证

二、多项选择题（下列各题有两个或两个以上正确答案，每题 1.5 分，共 10 题。不选、少选、多选或错选均不得分）

1. 下列登记总账的方法中，正确的有（　　）。

A. 根据科目汇总表登记总账

B. 根据明细账逐笔登记总账

C. 根据原始凭证或汇总记账凭证登记总账

D. 根据记账凭证逐笔登记总账

2. 财产物资的盘存制度有（　　）。

A. 收付实现制　B. 权责发生制　C. 实地盘存制　D. 永续盘存制

3. 下列账户中，可能影响资产负债表中"应付账款"项目金额的是（　　）。

A. "应付账款"　B. "应收账款"　C. "预收账款"　D. "预付账款"

4. 下列说法正确的有（　　）。

A. 在境外设立的中国企业向国内报送的财务报告，应当折算为人民币

B. 会计核算过程中采用的货币为主要计量单位

C. 我国企业的会计核算只能以人民币为记账本位币

D. 业务收支以外币为主的单位可以选择某种外币为记账本位币

5. 不论哪种会计核算组织程序，在编制会计报表之前，都要进行的对账工作有（　　）。

A. 库存现金日记账与总分类账的核对　B. 银行存款日记账与总分类账的核对

C. 总分类账之间的核对　　　　D. 明细分类账与总分类账的核对

6. 下列原始凭证中，属于单位自制原始凭证的有(　　)。

A. 收料单　　　　B. 限额领料单

C. 领料单　　　　D. 购料收到的增值税专用发票

7. 按照规定，除(　　)的记账凭证可以不附原始凭证外，其他记账凭证都必须附有原始凭证。

A. 更正错账　　B. 结账　　C. 现金存入银行　　D. 提取现金

8. 下列会计科目中，可能成为“本年利润”科目对应科目的有(　　)。

A. “所得税费用”　B. “管理费用”　C. “利润分配”　D. “制造费用”

9. 下列登记银行存款日记账的方法中，正确的有(　　)。

A. 根据企业在银行开立的账户和币种分别设置日记账

B. 使用订本账

C. 业务量少的单位用银行对账单代替日记账

D. 逐日逐笔登记并逐日结出余额

10. 下列会计科目中，属于固定资产处置业务可能涉及的科目有(　　)。

A. “累计折旧”　　　　B. “固定资产清理”

C. “应交税费”　　　　D. “固定资产”

三、判断题(每题1分，共20题，正确的打“√”，错误的打“×”。不答不得分)

1. 目前，对会计要素进行计量，一般应当采用历史成本。(　　)

2. 对于数量过多的原始凭证，可以单独装订保管，但应在记账凭证上注明“附件另订”。(　　)

3. 存货发出计价方法中，个别计价法下发出的存货实物与价值最为一致，因而成本计算最为准确和符合实际情况，但其实物保管和成本分辨工作量大。(　　)

4. 从银行提取的备用金应记入“其他应收款”科目的借方。(　　)

5. 会计核算和监督的内容就是企业发生的所有经济活动。(　　)

6. 存货盘亏、毁损的净损失一律记入“管理费用”科目。(　　)

7. 科目汇总表核算形式与汇总记账凭证核算形式的适用范围是完全相同的。(　　)

8. 银行已经付款记账而企业尚未付款记账，会使开户单位银行存款账面余额小于银行对账单的存款余额。(　　)

9. 在编制记账凭证时，原始凭证就是记账凭证的附件。(　　)

10. 科目汇总表账务处理程序能科学地反映账户的对应关系，且便于账目核对。(　　)

11. “资本公积”“盈余公积”都是反映企业留存收益的科目。(　　)

12. 会计凭证传递是指从原始凭证的填制或取得起，到会计凭证归档保管止，在单位内部按规定的路线进行传递和处理的程序。(　　)

13. 明细分类账的登记依据只能是记账凭证。(　　)

14. 科目的本期发生额是动态资料，而期末余额与期初余额是静态资料。(　　)

15. 对仓库中的所有存货进行盘点属于全面清查。(　　)

16. 企业财产清查中盘盈的固定资产只能采用可变现净值计量。(　　)

17. 借贷记账法中的记账规则，概括地说就是：“有借必有贷，借贷必相等”。(　　)

18. 对于企业收到的投资方投入的实物资产，如果确认的资产价值超过其在注册资本中所占的份额，差额应作为资本溢价，计入盈余公积。（　　）

19. 企业的原始凭证如果其他单位有特殊原因确实需要使用时，可以提供原件。（　　）

20. 为使财务报表及时报送，企业在实际工作中可以提前结账。（　　）

四、计算分析题(每小题 1 分，共 4 道大题，20 分。答错、不答均不得分)

1. X 公司为增值税一般纳税企业，主要生产和销售甲产品，适用增值税率 13%，所得税率 25%，不考虑其他相关税费。该公司 2021 年发生如下业务：

(1) 销售甲产品一批，该批产品成本 16 万元，销售价格 40 万元，专用发票注明增值税 5.2 万元，产品已发出，提货单已交买方，货款及增值税款尚未收到。

(2) 当年分配并发放职工工资 40 万元，其中生产工人工资 24 万元，车间管理人员工资 8 万元，企业管理人员工资 8 万元。

(3) 本年出租一台设备，取得租金收入 8 万元。

(4) 本年度计提固定资产折旧 8 万元，其中计入制造费用的固定资产折旧 5 万元，计入管理费用的折旧 2 万元，出租设备折旧 1 万元。

(5) 用银行存款支付销售费用 1 万元。

(6) 在本年年末的财产清查中发现账外设备一台，其市场价格 2 万元，经批准转作营业外收入。

要求：计算 X 公司 2021 年度利润表的下列报表项目金额。

(1) 营业收入(　　)元。

(2) 营业成本(　　)元。

(3) 营业利润(　　)元。

(4) 利润总额(　　)元。

(5) 净利润(　　)元。

2. 某企业 12 月发生下列有关存货的经济业务：

(1) 12 月 1 日，购入 A 材料 50 千克，每千克 100 元，计价款 5 000 元，增值税进项税额 650 元，均已用银行存款支付，材料尚未到达。

(2) 12 月 5 日，购入 B 材料 200 千克，每千克 400 元，计价款 80 000 元，增值税进项税额 10 400 元，款项未付，材料已验收入库。

(3) 12 月 6 日，上月购入的 C 材料 200 千克，每千克 200 元，当日到达并验收入库。

(4) 12 月 12 日，销售给红光厂甲产品 100 千克，每千克 2 000 元，增值税销项税额 26 000元，款项尚未收到。

(5) 12 月 17 日，收到红光厂转来的货款 234 000 元，存入银行。

要求：根据上述资料，用借贷记账法逐笔编制会计分录。

3. Y 公司 2022 年 8 月 31 日银行对账单的余额为 79 000 元，8 月底与银行往来的资料如下：

(1) 8 月 30 日，收到购货方转账支票一张，金额 15 800 元，已送存银行，但银行尚未入账。

(2) Y 公司当月的水电费 425 元，银行已代为支付，但 Y 公司未接到通知而尚未入账。

(3) Y 公司当月开出的用以支付供货方货款的转账支票，尚有 3 350 元未兑现。

(4) Y公司送存银行的某客户转账支票8 200元，因对方存款不足而退票，Y公司未接到通知。

(5) Y公司委托银行代收款项10 000元，银行已转入本公司的存款户，但Y公司尚未收到通知入账。

要求：根据上述资料，完成银行存款余额调节表(表16)的编制。

表16　银行存款余额调节表

编制单位：Y公司　　　　2022年8月31日　　　　单位：元

项　目	金　额	项　目	金　额
企业银行存款日记账余额	90 075	银行对账单余额	79 000
加：银行已收、企业未收的款项合计	(1)	加：企业已收、银行未收的款项合计	(4)
减：银行已付、企业未付的款项合计	(2)	减：企业已付、银行未付的款项合计	3 350
调节后的余额	(3)	调节后的余额	(5)

4. A公司为增值税一般纳税人，2022年6月发生如下经济业务：

(1) 用银行存款支付公司下年度报刊订阅费1 200元。

(2) 从市场上购入一台设备，价值100 000元，设备已交付使用，款项已通过银行支付。

(3) 经计算本月应计提固定资产折旧20 000元，其中厂部固定资产应提折旧8 000元，车间固定资产应提折旧12 000元。

(4) 用银行存款240 000元从其他单位购入一项专利权。

(5) 采购原材料，价款20 000，款项已通过银行转账支付，材料尚未验收入库，不考虑增值税等因素。

要求：根据上述资料，编制会计分录。

综合模拟试卷五

一、单项选择题(下列各题只有一个正确答案,每题0.5分,共90题。不选、错选均不得分)

1. 在登记账簿时,红色墨水笔不能用于(　　)。

A. 更正错账　　B. 记账　　C. 结账　　D. 冲账

2. 下列适合采用多栏式明细账格式核算的账户是(　　)。

A. “原材料”　　B. “制造费用”　　C. “应付账款”　　D. “库存商品”

3. 银行存款日记账的期末余额和总分类账的银行存款期末余额之间的核对属于账账核对的(　　)。

A. 总分类账簿有关账户的余额核对　　B. 总分类账簿与所属明细分类账簿核对

C. 总分类账簿与序时账簿核对　　D. 明细分类账簿之间的核对

4. 记账以后,发现记账凭证中科目正确,但所记金额小于应记金额,应采用的更正法是(　　)。

A. 划线更正法　　B. 红字更正法　　C. 补充登记法　　D. 平行登记法

5. 对发生贪污盗窃受损的财产物资进行财产清查,通常采用(　　)方法。

A. 定期清查　　B. 局部清查　　C. 分散清查　　D. 全面清查

6. 下列各项不是会计凭证、会计账簿、会计报表相结合方式的称谓的是(　　)。

A. 账务处理程序　　B. 会计核算程序

C. 会计核算形式　　D. 会计组织形式

7. 下列对科目汇总表账务处理程序的描述中,不正确的是(　　)。

A. 简化登总账的工作量　　B. 反映账户间的对应关系

C. 能进行试算平衡　　D. 适用于经济业务较多的单位

8. 企业发生自然灾害或意外损失时的财产清查属于(　　)。

A. 不定期清查　　B. 定期清查　　C. 全面清查　　D. 技术清查

9. 对库存现金进行清查应该采用的方法是(　　)。

A. 实地盘点法　　B. 抽查检验法　　C. 查询核对法　　D. 技术推算法

10. 备抵账户是指用来(　　)被调整账户余额,以确定被调整账户实有数额而设置的独立账户。

A. 抵减　　B. 附加　　C. 抵减和附加　　D. 以上都不对

11. 关于会计凭证的归档保管,下列表述错误的是(　　)。

A. 每月记账完毕,应将会计凭证按顺序号排列,装订成册

B. 原始凭证不得外借

C. 从外单位取得的原始凭证遗失时,应由开具单位重开

D. 重要的原始凭证可以单独保管

12. 某企业2021年12月1日负债总额为30万元,所有者权益总额为60万元,12月份发生如下业务:①从银行借入期限为3个月的借款2万元,存入银行;②购入固定资

产,价值 5 万元,以银行存款支付;③收到投资者新投入的资本 20 万元,已存入银行。2021 年年底该企业资产总额为(　　)万元。

A. 112　　B. 110　　C. 117　　D. 90

13. 下列属于明细账户的是(　　)。

A. "短期借款"　　B. "未分配利润"　　C. "利润分配"　　D. "其他货币资金"

14. 某企业用转账支票归还前欠乙公司的货款 90 万元,会计人员编制的会计凭证:借记"应收账款"科目,贷记"银行存款"科目,审核并已经登记入账,该记账凭证(　　)。

A. 没有错误　　B. 有错误,使用划线更正法更正

C. 有错误,使用红字更正法更正　　D. 有错误,使用补充登记法更正

15. 现金处理中,发现现金短缺 300 元,经调查后决定由出纳赔偿 200 元,余额报损,则批准处理后的会计分录为(　　)。

A. 借:库存现金　　300
　　贷:待处理财产损溢　　300

B. 借:待处理财产损溢　　300
　　贷:库存现金　　300

C. 借:其他应收款　　200
　　营业外支出　　100
　　贷:待处理财产损溢　　300

D. 借:其他应收款　　200
　　管理费用　　100
　　贷:待处理财产损溢　　300

16. 采用实地盘存制,平时账簿记录中不能反映(　　)。

A. 财产物资的增加数　　B. 财产物资的减少数

C. 财产物资的增加和减少数　　D. 财产物资的盘盈数

17. 一般来说,在企业撤销、合并和改变隶属关系时,应对财产进行(　　)。

A. 实地盘点　　B. 定期清查　　C. 全面清查　　D. 局部清查

18. 盈余公积不包括(　　)。

A. 法定盈余公积　　B. 任意盈余公积

C. 公益金　　D. 资本公积

19. 收款凭证的左上角科目为(　　),登记科目是"库存现金"或"银行存款"。

A. 贷方科目　　B. 借方科目

C. 固定资产科目　　D. 流动资产科目

20. 符合权益类账户记账规则的是(　　)。

A. 增加额记借方　　B. 增加额记贷方

C. 减少额记贷方　　D. 期末无余额

21. 某企业购买材料一批,并向供货方开出银行承兑汇票一张,承诺 3 个月后付款。如果 3 个月后,企业无力偿付,会计人员对此的会计处理应为(　　)。

A. 借记"应付票据"科目,贷记"应付账款"科目

B. 借记"应付票据"科目,贷记"短期借款"科目

C. 借记"应付票据"科目,贷记"预收账款"科目

D. 借记"应付票据"科目,贷记"其他应付款"科目

22. 某企业设立时接受甲用一批原材料作为资本投入。双方在原材料投资合同约定的价值为 10 万元,合同约定的价值和材料的公允价值相符,增值税进项税额为 13 000 元,不考虑其他因素,因甲出资而引起的"实收资本"账户增加值为(　　)万元。

A. 11.3　B. 10　C. 13　D. 无法确定

23. 某公司为宣传新产品发生广告费用 90 000 元，对于这笔费用，应记入的会计科目为(　　)。

A. "管理费用"　B. "销售费用"

C. "其他业务支出"　D. "营业外支出"

24. 某企业 2021 年度实现净利润 300 万元，经董事会决议，打算按税后利润的 10%提取法定盈余公积，提取盈余公积之后剩余净利润的 80%作为现金股利分配给股东。那么"未分配利润"科目的贷方余额将增加(　　)万元。

A. 300　B. 54　C. 270　D. 200

25. 用大写表示¥30 010.56 的正确写法是(　　)。

A. 人民币叁万零壹拾元伍角陆分　B. 人民币三万零十元五角六分

C. 人民币三万零十元五角六分整　D. 人民币叁万零壹拾元伍角陆分整

26. "应付账款"账户的期末余额等于(　　)。

A. 期初余额＋本期借方发生额－本期贷方发生额

B. 期初余额－本期借方发生额－本期贷方发生额

C. 期初余额＋本期借方发生额＋本期贷方发生额

D. 期初余额＋本期贷方发生额－本期借方发生额

27. 原始凭证按照格式不同可以分为(　　)。

A. 外来原始凭证和自制原始凭证　B. 一次凭证和累计凭证

C. 通用凭证和专用凭证　D. 一次凭证和汇总凭证

28. 对某些在序时账簿和分类账簿等主要账簿中都不予登记或登记不够详细的经济业务事项进行补充登记时使用的账簿称为(　　)。

A. 联合账簿　B. 总分类账簿　C. 备查账簿　D. 日记账

29. 在收付实现制下不能确认为当期费用的项目是(　　)。

A. 预提本月短期借款利息　B. 支付全年的财产保险费

C. 支付当月管理部门用房屋租金　D. 支付下年报纸、杂志费

30. 为了鼓励客户提前偿付货款而向客户提供的债务扣除属于(　　)。

A. 商业折扣　B. 现金折扣　C. 销售折让　D. 数量折扣

31. 下列不属于会计核算方法的是(　　)。

A. 填制会计凭证　B. 财产清查

C. 会计分析　D. 登记会计账簿

32. 下列账户中，应采用辅助账簿的是(　　)。

A. 原材料明细账　B. 库存商品明细账

C. 租入固定资产登记簿　D. 银行存款日记账

33. 对原始凭证的日期是否真实、业务内容是否真实、数据是否真实等内容的审查，属于(　　)审核。

A. 正确性　B. 完整性　C. 真实性　D. 合理性

34. 下列原始凭证中，属于汇总凭证的是(　　)。

A. 收料凭证汇总表　B. 发货票

C. 领料单　　D. 限额领料单

35. 对于将现金送存银行业务，会计人员应填制的记账凭证是(　　)。

A. 银行收款凭证　　B. 现金付款凭证

C. 银行收款凭证和现金付款凭证　　D. 转账凭证

36. 下列内容不属于记账凭证审核的是(　　)。

A. 凭证是否符合有关的计划和预算

B. 会计科目使用是否正确

C. 凭证的内容与所附凭证的内容是否一致

D. 凭证的金额与所附凭证的金额是否一致

37. 下列记账凭证中可以不附原始凭证的是(　　)。

A. 所有收款凭证　　B. 所有付款凭证

C. 所有转账凭证　　D. 用于结账的记账凭证

38. 某企业收到客户交来的包装物押金(支票)500 元，账务处理为(　　)。

A. 借：库存现金　500
　　贷：其他业务收入　500

B. 借：银行存款　500
　　贷：营业外收入　500

C. 借：银行存款　500
　　贷：其他业务收入　500

D. 借：银行存款　500
　　贷：其他应付款　500

39. 能够提供企业某一类经济业务增减变化总括会计信息的账簿是(　　)。

A. 明细分类账　B. 总分类账　C. 备查簿　D. 日记账

40. 盘亏的固定资产经批准后，一般应记入(　　)账户。

A. "管理费用"　B. "固定资产"　C. "营业外收入"　D. "营业外支出"

41. 下列明细分类账中，可以采用数量金额式明细分类账的是(　　)。

A. 库存商品明细分类账　　B. 应付账款明细分类账

C. 管理费用明细分类账　　D. 待摊费用明细分类账

42. 某企业以银行存款支付合同违约金 4 500 元，应借记(　　)科目。

A. "其他业务成本"　B. "管理费用"　C. "销售费用"　D. "营业外支出"

43. 经济业务发生时仅涉及会计等式右边时，必然引起右边要素中某些项目发生(　　)。

A. 不变动　B. 有增有减变动　C. 同减变动　D. 同增变动

44. 负债类账户的本期减少额和期末余额分别反映在(　　)。

A. 借方和借方　B. 贷方和贷方　C. 借方和贷方　D. 贷方和借方

45. 需要根据资产类账户与其备抵账户抵消后的净额填列的项目是(　　)。

A. "预付账款"　B. "应收账款"　C. "长期待摊费用"　D. "货币资金"

46. 年末所有损益类账户的余额为零，表明(　　)。

A. 当年利润一定是零

B. 当年利润一定是正数

C. 当年利润一定是负数

D. 损益类账户在结账时均已转入"本年利润"账户

47. 下列各项中，不会影响利润总额增减变化的是(　　)。

A. 营业外支出　　B. 所得税费用　　C. 销售费用　　D. 管理费用

48. “实存账存对比表”是一种(　　)。

A. 原始凭证　　B. 会计账簿　　C. 备查账簿　　D. 记账凭证

49. 对财产清查结果进行正确账务处理的主要目的是保证(　　)。

A. 账表相符　　B. 账证相符　　C. 账账相符　　D. 账实相符

50. 在财产清查中发现盘亏 1 台设备，其账面原值为 80 000 元，已提折旧 20 000 元，则该企业记入“待处理财产损溢”账户的金额为(　　)元。

A. 20 000　　B. 100 000　　C. 80 000　　D. 60 000

51. 科目汇总表账务处理程序是由(　　)发展而来的。

A. 日记总账账务处理程序　　B. 多栏式日记账账务处理程序

C. 记账凭证账务处理程序　　D. 汇总记账凭证账务处理程序

52. 汇总付款凭证的贷方科目可能是(　　)。

A. “库存现金”或“银行存款”　　B. “生产成本”或“制造费用”

C. “固定资产”或“无形资产”　　D. “短期借款”或“长期借款”

53. 银行存款清查中发现的未达账项应编制(　　)来检查调整后的余额是否相符。

A. 对账单　　B. 实存账存对比表

C. 盘存单　　D. 银行存款余额调节表

54. 年终决算前，企业应(　　)。

A. 对所有财产进行实地盘点　　B. 对重要财产进行局部清查

C. 对所有财产进行全面清查　　D. 对货币财产进行重点清查

55. 下列各账簿中，必须逐日、逐笔登记的明细账是(　　)。

A. 银行存款日记账　　B. 库存现金总账

C. 应付票据登记簿　　D. 应收账款明细账

56. 车间李某出差回来，报销差旅费 6 000 元，应借记(　　)科目。

A. “制造费用”　　B. “管理费用”　　C. “其他应收款”　　D. “库存现金”

57. 在同一经济业务中，如果既有收付，又有转账业务，应编制(　　)。

A. 收款凭证　　B. 付款凭证

C. 转账凭证　　D. 收款、付款和转账凭证

58. 在编制资产负债表时，把公司经理的个人财产与企业财产放在一起，这违背了(　　)。

A. 可靠性要求　　B. 相关性要求　　C. 重要性要求　　D. 会计主体假设

59. 下列各项中属于一级科目的是(　　)。

A. “未分配利润”　B. “提取盈余公积”　C. “投入资本”　　D. “材料采购”

60. 本年利润总额为 200 000 元，所得税税率为 25%，计算所得税的分录是(　　)。

A. 借：税金及附加　　50 000
　　贷：应交税费　　　50 000

B. 借：本年利润　　50 000
　　贷：所得税费用　　50 000

C. 借：应交税费　　50 000
　　贷：所得税费用　　50 000

D. 借：所得税费用　　50 000
　　贷：应交税费　　50 000

61. 对于一张原始凭证所列的支出需要由两个以上的单位共同负担时，应当提供

(　　)。

A. 原始凭证复印件

B. 分数编号法

C. 原始凭证分割单

D. 未附原始凭证的单位,在记账凭证上注明

62. 下列应确认为营业外支出的是(　　)。

A. 借款费用　　B. 离退休工资

C. 固定资产处置净损失　　D. 材料销售损失

63. 费用的发生可能表现为(　　)。

A. 现金增加　　B. 应付账款增加　　C. 银行存款增加　　D. 预收账款减少

64. 资产负债表的数据不可能根据(　　)。

A. 总账账户余额直接填列　　B. 总账账户余额分析计算填列

C. 记账凭证直接填列　　D. 明细账户余额分析计算填列

65. 应通过"待处理财产损溢"账户核算的是(　　)。

A. 应收账款收不回来　　B. 盘盈的固定资产

C. 现金短缺　　D. 未达账款

66. 科目汇总表不可能定期汇总(　　)。

A. 本期借方、贷方发生额　　B. 本期贷方发生额

C. 本期借方、贷方余额　　D. 本期借方发生额

67. 职工出差的借款单、差旅费报销单,按来源属于(　　)。

A. 自制原始凭证　　B. 外来原始凭证

C. 一次凭证　　D. 汇总凭证

68. 下列账簿登记时,需要同时使用原始凭证作为记账凭证的是(　　)。

A. 固定资产总账　　B. 现金日记账

C. 资本公积总账　　D. 库存商品明细账

69. 由企业非日常活动所发生的、会导致所有者权益减少的、与向所有者分配利润无关的经济利益的流出称为(　　)。

A. 所有者权益　　B. 费用　　C. 损失　　D. 负债

70. 账簿中书写的文字和数字一般应占格距的(　　)。

A. 3/4　　B. 1/2　　C. 2/3　　D. 1/3

71. 负债类和所有者权益类账户的期末余额一般在(　　)。

A. 借方　　B. 贷方　　C. 借方或贷方　　D. 借方和贷方

72. 固定资产转入清理时的账面余额应通过(　　)科目核算。

A. "营业外支出"　　B. "营业外收入"　　C. "固定资产"　　D. "固定资产清理"

73. 对原材料、库存商品盘点后应编制(　　)。

A. 对账单　　B. 余额调节表

C. 实存账存对比表　　D. 盘存单

74. 在资产负债表中,资产按照其流动性排列时,下列排列顺序正确的是(　　)。

A. 存货、无形资产、货币资金、交易性金融资产

B. 货币资金、交易性金融资产、存货、无形资产

C. 交易性金融资产、存货、无形资产、货币资金

D. 无形资产、货币资金、交易性金融资产、存货

75. 某会计人员在登记账簿时，将应记入原材料账户借方的 10 000 元误记入贷方，会计人员在查找该项错账时，应采用的方法是（　　）。

A. 除二法　　B. 除九法　　C. 差数法　　D. 以上都不正确

76. 根据企业材料仓库保管员填制的发料单或发料凭证汇总表，通常应编制（　　）。

A. 原始凭证　　B. 付款凭证　　C. 收款凭证　　D. 转账凭证

77. 银行存款日记账，每一账页登记完毕结转下页时，结计“过次页”的本页合计数应为（　　）的发生额合计数。

A. 本页　　B. 自本月初起至本页末止

C. 本月　　D. 自本年初起至本页末止

78. 从特定企业来看，下列各项中，属于流动负债的是（　　）。

A. 生产设备

B. 欠银行贷款 100 万元，将于 2 年后偿还

C. 库存现金

D. 欠银行贷款 30 万元，将于 5 个月后偿还

79. 应每月清点一次的财产是（　　）

A. 现金　　B. 银行存款　　C. 应付账款　　D. 应收账款

80. 在登记账簿过程中，每一账页的最后一行及下一页第一行都要办理转页手续，是为了（　　）。

A. 便于查账　　B. 防止遗漏

C. 防止隔页　　D. 保持记录的连续性

81. 借贷记账法的余额试算平衡公式是（　　）。

A. 全部科目期末借方余额合计＝部分科目期末贷方余额合计

B. 全部科目期末借方余额合计＝全部科目期末贷方余额合计

C. 全部科目本期借方发生额合计＝全部科目本期贷方发生额合计

D. 每个科目的借方发生额＝每个科目的贷方发生额

82. 下列引起所有者权益项目此增彼减的经济业务是（　　）。

A. 以银行存款支付投资者获得的利润　　B. 以短期借款直接偿还应付账款

C. 经批准将盈余公积转增资本　　D. 接受捐赠的固定资产

83. 通常，长期借款在购建的资产达到预定可使用状态后发生的费用，应作为（　　）列支。

A. 营业外支出　　B. 固定资产　　C. 在建工程　　D. 财务费用

84. 计提坏账准备的会计分录是（　　）。

A. 借：应收账款
　　贷：坏账准备

B. 借：坏账准备
　　贷：应收账款

C. 借：资产减值损失
　　贷：坏账准备

D. 借：坏账准备
　　贷：资产减值损失

85. 记账凭证账务处理程序不需要设置的记账凭证是(　　)。

A. 收款凭证　　B. 付款凭证　　C. 转账凭证　　D. 汇总记账凭证

86. 企业经营亏损,最终会导致(　　)。

A. 负债增加　　B. 负债减少

C. 所有者权益增加　　D. 所有者权益减少

87. 企业年度财务报告(决算)的保管期限为(　　)。

A. 永久　　B. 25 年　　C. 15 年　　D. 5 年

88. 下列事项中,不应通过"其他货币资金"账户进行核算的是(　　)。

A. 汇往外埠存款　　B. 开具普通支票

C. 取得银行本票　　D. 取得信用卡

89. 单位撤销、合并所进行的清查按时间分类,属于(　　)。

A. 全面清查　　B. 局部清查　　C. 定期清查　　D. 不定期清查

90. 记账是指对特定对象的经济活动采用一定的记账方法,在(　　)中进行登记。

A. 原始凭证　　B. 记账凭证　　C. 会计账簿　　D. 会计报表

二、多项选择题(下列各题有两个或两个以上正确答案,每题 1.5 分,共 10 题。不选、少选、多选或错选均不得分)

1. 经济业务的类型包括(　　)。

A. 引起资产与权益同时增加的业务

B. 引起资产内部有增有减、总额不变的业务

C. 引起资产与权益同时减少的业务

D. 引起权益内部有增有减、总额不变的业务

2. 账簿按用途分类包括(　　)。

A. 日记账　　B. 分类账　　C. 备查账　　D. 总账

3. 下列项目中,属于账户基本结构内容的有(　　)。

A. 经济业务的摘要　　B. 记账凭证的编号

C. 账户的名称　　D. 增减金额及余额

4. 使企业银行存款日记账的余额大于银行对账单余额的未达账项有(　　)。

A. 企业已付款记账而银行尚未付款记账　B. 银行已收款记账而企业尚未收款记账

C. 银行已付款记账而企业尚未付款记账　D. 企业已收款记账而银行尚未收款记账

5. 运用平行登记法登记总账和明细账时,必须做到(　　)。

A. 详简程度相同　　B. 记账方向相同　　C. 记账金额相同　　D. 记账期间相同

6. 填制和审核会计凭证的意义有(　　)。

A. 记录经济业务,提供记账依据　　B. 监督经济活动,控制经济运行

C. 明确经济责任,强化内部控制　　D. 增加企业盈利,提高企业竞争力

7. 企业会计实务中,必须采用订本式的账簿有(　　)。

A. 固定资产总账　　B. 固定资产明细账

C. 现金日记账　　D. 原材料总账

8. 下列说法正确的有(　　)。

A. 从个人取得的原始凭证,必须有填制人员的签名或盖章

B. 对于已预先印有编号的原始凭证在写坏时不需要进行任何处理，但不得撕毁

C. 外来原始凭证遗失时，只需取得原签发单位盖有公章的证明，可代作原始凭证

D. 会计凭证具有监督经济活动、控制经济运行的作用

9. 下列说法正确的有（　　）。

A. 在境外设立的中国企业向国内报送的财务报告，应当折算为人民币

B. 业务收支以外币为主的单位可以选择某种外币为记账本位币

C. 我国企业的会计核算只能以人民币为记账本位币

D. 会计核算过程中采用货币为主要计量单位

10. 在借贷记账法下，当贷记“主营业务收入”时，下列会计科目中可能成为其对应科目的有（　　）。

A. “利润分配”　　B. “应收账款”　　C. “应收票据”　　D. “银行存款”

三、判断题（每题 1 分，共 20 题，正确的打“√”，错误的打“×”。不答不得分）

1. 对于明细科目较多的会计科目，可在总分类科目下设置二级或多级明细科目。（　　）

2. 为了及时提供会计信息、保证会计信息的质量，会计报表中的项目与会计科目是完全一致的，并以会计科目的本期发生额或余额填列。（　　）

3. 借贷记账法是指以“借”“贷”为记账符号，对每一笔经济业务，都要在两个或两个以上的相互联系的账户中以借贷方相等的金额进行登记的一种记账方法。（　　）

4. 一般而言，费用（成本）类账户结构与权益类账户相同，收入（利润）类账户结构与资产类账户相同。（　　）

5. 只要实现了期初余额、本期发生额和期末余额三栏的平衡关系，就说明账户记录正确。（　　）

6. 记账凭证是登记明细分类账户的依据，原始凭证是登记总分类账户的依据。（　　）

7. 企业每项经济业务的发生都必须从外部取得原始凭证。（　　）

8. 1999 年 1 月 1 日起实施的《会计档案管理办法》规定，原始凭证、记账凭证和汇总记账凭证保管 15 年。（　　）

9. 编制会计报表是企业账务处理程序的组成部分。（　　）

10. 在证明经济业务发生，据以编制记账凭证的作用方面，自制原始凭证与外来原始凭证具有同等的效力。（　　）

11. 发料凭证汇总表是一种汇总记账凭证。（　　）

12. 在会计凭证传递的时间内，凡经办记账凭证的会计人员都有责任保管好原始凭证和记账凭证，严防在传递过程中散失。（　　）

13. 任何一项经济业务都不会破坏会计等式的平衡关系，只会引起资产和权益总额发生同增或同减的变化。（　　）

14. 出纳人员在办理收款或付款业务后，应在凭证上加盖“收讫”或“付讫”的戳记，以避免重收或重付。（　　）

15. 企业每年装订完成的会计凭证，在年度终了时可由财务部门保管 1 年，期满后原则上应移交档案部门保管。（　　）

16. 企业的利得和损失包括直接计入所有者权益的利得和损失以及直接计入当期利润

的利得和损失。 ( )

17. 凡是特定主体能够以货币表现的经济活动都是会计对象。 ( )

18. 会计部门的财产物资明细账期末余额与财产物资使用部门的财产物资明细账期末余额相核对，属于账实核对。 ( )

19. 财产清查中，对于银行存款、各种往来款项至少每月与银行或有关单位核对一次。 ( )

20. 我国境内所有单位的会计档案均不得携带出境。 ( )

四、计算分析题（每小题1分，共4道大题，20分。答错、不答均不得分）

1. 雨花公司2021年12月31日有关损益类账户本期发生额如表17所示。

表17　2021年雨花公司有关损益类账户本期发生额

单位：元

账户名称	借方发生额	贷方发生额
主营业务收入		1 750 000
其他业务收入		31 000
营业外收入		65 000
主营业务成本	985 000	
税金及附加	75 000	
销售费用	40 000	
管理费用	60 000	
财务费用	20 000	
其他业务成本	22 000	
营业外支出	28 000	
资产减值损失	23 000	

假设雨花公司利润总额与应纳税所得额一致，所得税税率为25%。

要求：

(1) 写出期末将所有损益类账户余额结转至“本年利润”科目的会计分录。

(2) 根据上述资料，计算雨花公司2021年度的营业利润。

(3) 根据上述资料，计算雨花公司2021年度的利润总额。

(4) 根据上述资料，计算雨花公司2021年度的净利润。

(5) 写出雨花公司本期计提、结转企业所得税时，应编制的会计分录。

2. 华天公司2022年4月30日银行对账单的存款余额为269 000元，4月底，华天公司与银行往来的其余资料如下：

(1) 4月30日收到购货方转账支票一张，金额为36 800元，已经送存银行，但银行尚未入账。

(2) 本公司当月的水电费用1 325元银行已代为支付，但本公司未接到通知而尚未入账。

(3) 本公司当月开出的用以支付供货方货款的转账支票，尚有 48 320 元未兑现。

(4) 本公司送存银行的某客户转账支票 12 240 元，因对方存款不足而被退票，而本公司未接到通知。

(5) 本公司委托银行代收的款项 100 000 元，银行已转入本公司的存款户，但本公司尚未收到通知入账。

假定本公司与银行的存款余额调整后核对相符。

要求：请代华天公司完成银行存款余额调节表(表 18)的编制。

表 18 银行存款余额调节表

编制单位：华天公司　　2022 年 4 月 30 日　　单位：元

项　目	金　额	项　目	金　额
企业银行存款日记账余额	171 045	银行对账单余额	269 000
加：银行已收、企业未收的款项合计	(1)	加：企业已收、银行未收的款项合计	(4)
减：银行已付、企业未付的款项合计	(2)	减：企业已付、银行未付的款项合计	48 320
调节后的余额	(3)	调节后的余额	(5)

3. 某企业 10 月份发生如下经济业务：

(1) 本企业收到长林集团投资的设备一台，其原值 1 000 000 元。

(2) 本企业从某工厂购进甲材料一批，价值 14 000 元，增值税税率为 13%，货款尚未支付。

(3) 经汇总计算，本月应付给职工的工资为 67 200 元，其中生产第一线的工人工资为 40 000元，车间管理人员的工资为 7 200 元，厂部管理人员的工资为 20 000 元。

(4) 生产车间为制造 A 产品领用材料一批，其价值为 9 400 元，厂部领用一般性耗用材料 400 元。

(5) 本企业按照规定的折旧率，计提本月固定资产的折旧费为 79 400 元，其中车间使用的固定资产应提 49 400 元，企业管理部门应提 30 000 元。

要求：根据以上经济业务编制会计分录。

4. ×公司 2022 年 9 月 30 日有关总账和明细账的余额如表 19 所示。

表 19 2022 年 9 月 30 日×公司有关总账和明细账余额

单位：元

资产账户	借或贷	余　额	负债和所有者权益账户	借或贷	余　额
库存现金	借	1 500	短期借款	贷	250 000
银行存款	借	800 000	应付票据	贷	25 500
其他货币资金	借	90 000	应付账款	贷	71 000
交易性金融资产	借	115 000	——丙公司	贷	91 000
应收票据	借	20 000	——丁公司	借	20 000
应收账款	借	75 000	预收账款	贷	14 700

续表

资产账户	借或贷	余 额	负债和所有者权益账户	借或贷	余 额
——甲公司	借	80 000	——C公司	贷	14 700
——乙公司	贷	5 000	其他应付款	贷	12 000
坏账准备	贷	2 000	应交税费	贷	28 000
预付账款	借	36 100	长期借款	贷	506 000
——A公司	借	31 000	应付债券	贷	563 700
——B公司	借	5 100	其中一年到期的应付债券	贷	23 000
其他应收款	借	8 500	实收资本	贷	4 040 000
原材料	借	774 400	盈余公积	贷	158 100
生产成本	借	265 400	利润分配	贷	1 900
库存商品	借	193 200	——未分配利润	贷	1 900
固定资产	借	2 888 000	本年利润	贷	36 700
累计折旧	贷	4 900			
在建工程	借	447 400			
资产合计		5 707 600	负债和所有者权益合计		5 707 600

要求：根据上述资料，计算9月30日资产负债表的下列报表项目金额。

(1) 货币资金(　　)元。

(2) 应收账款(　　)元。

(3) 预收账款(　　)元。

(4) 应付债券(　　)元。

(5) 未分配利润(　　)元。

综合模拟试卷六

一、**单项选择题**(下列各题只有一个正确答案,每题0.5分,共90题。不选、错选均不得分)

1. 现代会计形成的重要标志是(　　)。

A. 出现了借贷记账法　　B. 成本会计形成

C. “会计原则”形成　　D. 传统会计分化为财务会计与管理会计

2. 下列各项中,属于非流动负债的是(　　)。

A. 预收账款　　B. 应收账款　　C. 应收票据　　D. 应付债券

3. 科目发生额试算平衡方法是根据(　　)来确定的。

A. 平行登记原则　　B. 借贷记账法的记账规则

C. 资产=负债+所有者权益　　D. 收入-费用=利润

4. 下列不能作为会计核算原始凭证的是(　　)。

A. 发货票　　B. 合同书　　C. 入库单　　D. 领料单

5. 会计账簿可按不同的标准进行分类,下列属于按用途划分的账簿类别是(　　)。

A. 数量金额式明细账　　B. 活页账

C. 订本账　　D. 序时账

6. 资产负债表中,“应收账款”项目根据(　　)填列。

A. 应收账款总分类账户所属各分类明细账户期末贷方余额合计数

B. 应收账款总分类账户的期末余额

C. 应收账款总分类账户所属明细分类账户期末借方余额合计数

D. 应收账款和预收账款总分类账户所属明细账户期末借方余额合计数减去“坏账准备”账户中有关应收账款计提的坏账准备期末余额后的金额

7. 企业编制的某年度12月份利润表中“本期金额”一栏反映了(　　)。

A. 第4季度利润或亏损的形成情况　　B. 12月份利润或亏损的形成情况

C. 12月31日利润或亏损的形成情况　　D. 1～12月累计利润或亏损的形成情况

8. 由企业日常活动所发生的、会导致所有者权益减少的、与向所有者分配利润无关的经济利益的总流出称为(　　)。

A. 所有者权益　　B. 费用　　C. 损失　　D. 负债

9. 引起负债内部一增一减的经济业务是(　　)。

A. 以银行存款偿还短期借款　　B. 以银行借款直接偿还所欠货款

C. 以银行存款偿还所欠货款　　D. 决定向投资者分配利润

10. 会计科目按其所提供信息的详细程度及其统驭关系不同,分为(　　)。

A. 一级科目和二级科目　　B. 一级科目和明细科目

C. 总账科目和二级科目　　D. 二级科目和三级科目

11. 企业收回以前的销货款存入银行,这笔业务的发生导致(　　)。

A. 资产总额不变　　B. 资产总额不变,负债增加

C. 资产总额减少　　　　　　　　　D. 资产与负债同时增加

12. 下列关于原始凭证填制的说法，错误的是（　　）。

A. 对外开出的原始凭证必须加盖本单位公章

B. 凭证填写的手续必须完备，符合内部填制要求

C. 原始凭证在填写的时候可以将错误凭证撕毁，重新编制一张

D. 需要填一式数联的凭证，各联内容应当相同

13. 下列关于账户及其基本结构的表述，不正确的是（　　）。

A. 账户是根据会计科目设置的，具有一定格式和结构

B. 设置账户是会计核算的重要方法之一

C. 每一账户的核算内容都具有独立性和排他性

D. 实际工作中，对会计科目和账户应严格区分，不能相互通用

14. 汇总记账凭证账务处理程序的特点是根据记账凭证编制（　　）。

A. 汇总记账凭证　B. 日记账　　　C. 明细分类账　　D. 总分类账

15. 在一定时期内连续记录若干项同类经济业务的会计凭证是（　　）。

A. 记账凭证　　B. 一次凭证　　　C. 原始凭证　　　D. 累计凭证

16. 记账凭证的填制是由（　　）完成的。

A. 主管人员　　B. 出纳人员　　　C. 会计人员　　　D. 经办人员

17. 年末结转后，"利润分配"科目的贷方余额表述（　　）。

A. 历年累计净利润　　　　　　　B. 历年累计未分配利润

C. 历年累计未弥补亏损　　　　　D. 历年累计利润总额

18. 下列各项中，不属于收入要素内容的是（　　）。

A. 固定资产处置净收益　　　　　B. 提供劳务取得的收入

C. 销售商品取得的收入　　　　　D. 出租固定资产取得的收入

19. 下列项目对企业利润总额没有影响的是（　　）。

A. "投资收益"　B. "营业外支出"　C. "资产减值损失"　D. "所得税费用"

20. 复式记账法是以（　　）为记账基础的一种记账方法。

A. 试算平衡　　　　　　　　　　B. 资产和权益平衡关系

C. 会计科目　　　　　　　　　　D. 经济业务

21. 在原始凭证上书写阿拉伯数字时，错误的做法是（　　）。

A. 金额数字前书写货币币种符号

B. 币种符号与金额数字之间要留有空白

C. 币种符号与金额数字之间不得留有空白

D. 数字前写有币种符号的，数字后不再写货币单位

22. 下列关于日记账的说法中，不正确的是（　　）。

A. 现金日记账和银行存款日记账由出纳人员负责登记

B. 现金日记账和银行存款日记账，应该定期与会计人员登记的现金总账和银行存款总账核对

C. 银行存款日记账应该定期或者不定期与开户银行提供的对账单进行核对，每月至少核对三次

D. 现金日记账应逐日逐笔登记

23. 按现行的会计制度规定，下列项目中属于会计科目的是(　　)。

A. “利润分配”　B. “投入资本”　C. “应付购货款”　D. “现金”

24. 下列明细分类账中，一般不宜采用三栏式账页格式的是(　　)。

A. 应收账款明细账　B. 实收资本明细账

C. 原材料明细账　D. 应付账款明细账

25. 在入账前发现记账凭证有文字或数字的错误，应采用(　　)。

A. 重新填制的方法　B. 平行登记法

C. 红字更正法　D. 划线更正法

26. 下列项目中，属于账证核对内容的是(　　)。

A. 总分类账簿与所属明细分类账簿核对

B. 原始凭证与记账凭证核对

C. 会计账簿与记账凭证核对

D. 银行存款日记账与银行对账单核对

27. 界定从事会计工作和提供会计信息的空间范围的会计基本前提是(　　)。

A. 会计职能　B. 会计主体　C. 会计内容　D. 会计对账

28. “财务费用”科目按其反映经济内容不同，属于(　　)类科目。

A. 资产　B. 所有者权益　C. 成本　D. 损益

29. 不能转入“本年利润”账户的是(　　)账户。

A. “生产成本”　B. “主营业务成本”　C. “主营业务收入”　D. “销售费用”

30. 下列必须由会计人员完成的是(　　)。

A. 记账凭证的填制　B. 原始凭证的填制

C. 销售合同的签订　D. 生产计划的批准

31. 月末企业实际可以动用的银行存款数是(　　)。

A. 银行对账单上的余额

B. 银行存款日记账上的余额

C. 银行存款余额调节表中调节后的余额

D. 银行存款余额调节表中调节前的余额

32. 其他单位如果因特殊原因需要使用原始凭证时，经本单位负责人批准，(　　)。

A. 可以查阅或复制　B. 可以借阅

C. 不可以查阅或复制　D. 只可以查阅不能复制

33. 会计核算方法体系的核心是(　　)。

A. 登记会计账簿　B. 复式记账

C. 填制和审核会计凭证　D. 编制会计报表

34. 下列不能与“应付职工薪酬”成为对应科目的是(　　)。

A. “生产成本”　B. “销售费用”　C. “其他应付款”　D. “应收账款”

35. 我国《企业会计准则》规定，企业的会计核算应当以(　　)为基础。

A. 权责发生制　B. 实地盘存制　C. 永续盘存制　D. 收付实现制

36. 企业的以下经济业务中，会引起资产与负债同时增加的业务是(　　)。

A. 企业接受投资人的投资款　　B. 企业从银行取得短期借款
C. 企业用银行存款偿还应付货款　　D. 企业从银行提取现金

37. 会计分期是把企业持续经营过程划分为若干个起讫日期较短的会计期间，其起讫日期通常为(　　)。
A. 一个会计日度　　B. 一个会计月度
C. 一个会计季度　　D. 一个会计年度

38. 下列说法正确的是(　　)。
A. 生产成本均可以直接计入产品成本
B. 制造费用属于期间费用
C. 狭义的收入指的是营业收入，狭义的费用指的是营业成本
D. 费用表现为企业资产的减少或负债的增加，最终导致企业所有者权益的减少

39. 下列账户中，平时有余额、年终结转后无余额的账户是(　　)。
A. "实收资本"　　B. "应付账款"　　C. "本年利润"　　D. "管理费用"

40. 下列核算组织程序中，最基本的核算组织程序是(　　)。
A. 记账凭证核算组织程序　　B. 汇总记账凭证核算组织程序
C. 科目汇总表核算组织程序　　D. 多栏式日记账核算组织程序

41. 收款凭证主要用于记录的经济业务是(　　)。
A. 应收账款增加　　B. 应收票据增加
C. 银行存款增加　　D. 其他应收款增加

42. 销售产品发生的消费税应记入(　　)科目的借方。
A. "本年利润"　　B. "应交税费"　　C. "税金及附加"　　D. "利润分配"

43. (　　)是对会计对象的基本分类。
A. 会计科目　　B. 会计信息质量要求
C. 会计要素　　D. 会计方法

44. 一个企业的资产总额与权益总额(　　)。
A. 不会相等　　B. 只有在期末时相等
C. 必然相等　　D. 有时相等

45. 某公司出纳小郑将公司现金交存开户银行，应编制(　　)。
A. 现金收款凭证　　B. 现金付款凭证
C. 银行存款收款凭证　　D. 银行存款付款凭证

46. 会计人员在进行会计核算的同时，对特定主体经济活动的合法性、合理性进行审查称为(　　)。
A. 会计监督职能　　B. 会计核算职能　　C. 会计分析职能　　D. 会计控制职能

47. 平时在填制记账凭证时，应尽量使账户的对应关系保持"一借一贷"是(　　)的要求。
A. 科目汇总表核算形式　　B. 多栏式日记账核算形式
C. 记账凭证核算形式　　D. 汇总记账凭证核算形式

48. 已经登记入账的记账凭证，在当年内发现有误，可以用红字填写一张与原内容相同的记账凭证，在摘要栏注明(　　)，以冲销原错误的记账凭证。

A. 经济业务的内容　　　　B. 注销某月某日某号凭证
C. 对方单位　　　　　　　D. 订正某月某日某号凭证

49. 将每一相关的业务登记在一行，从而可依据每一行各个栏目的登记是否齐全来判断该项业务的进展情况的明细分类账格式属于(　　)。
A. 多栏式　　B. 横线登记式　　C. 三栏式　　D. 数量金额式

50. 计提车间管理人员的工资应记入(　　)的贷方。
A. “制造费用”　　B. “应付职工薪酬”　　C. “生产成本”　　D. “管理费用”

51. 在下列各个会计报表中，属于企业对外提供的动态报表是(　　)。
A. 资产负债表　　　　B. 生产成本计算表
C. 现金流量分析表　　D. 利润表

52. 关于会计主体的概念，下列各项说法不正确的是(　　)。
A. 可以是独立法人，也可以是非法人
B. 可以是一个企业，也可以是企业内部的某一个单位
C. 可以是一个单一的企业，也可以是由几个企业组成的企业集团
D. 会计主体所核算的生产经营活动也包括其他企业或投资者个人的其他生产经营活动

53. 下列不属于直接计入当期利润的利得和损失的是(　　)。
A. 出租固定资产获得的收益　　B. 处置固定资产的净损失
C. 自然灾害发生的损失　　　　D. 企业对外捐赠支出

54. 某企业应付账款总分类账户期初余额为贷方 10 000 元，明细账分别为甲、乙、丙三厂。其中，甲厂贷方 4 000 元，乙厂贷方 3 500 元，本期又向丙厂购入原材料一批，货款 2 000 元，款未付。则应付账款账户丙厂明细账户的期末余额为(　　)元。
A. 借方 2 500　　B. 贷方 4 500　　C. 贷方 2 000　　D. 借方 4 500

55. 在我国，单位一般只对(　　)的核算采用卡片账形式。
A. 库存商品　　B. 固定资产　　C. 应收账款　　D. 库存现金

56. 在财产清查中发现库存材料实存数小于账面数，其原因为自然损耗所致，经批准后，会计人员应列作(　　)处理。
A. 增加营业外收入　　B. 增加管理费用
C. 增加营业外支出　　D. 减少管理费用

57. 复合会计分录至少涉及(　　)个会计科目。
A. 一　　B. 两　　C. 三　　D. 四

58. 企业财产清查后，据以填制待处理财产盘盈、盘亏记账凭证的原始凭证是(　　)。
A. 发出材料汇总表　　B. 盘存单
C. 实存账存对比表　　D. 收料单

59. 某企业在遭受洪灾后，对其受损的财产物资进行的清查，属于(　　)。
A. 局部清查和定期清查　　B. 全面清查和定期清查
C. 局部清查和不定期清查　D. 全面清查和不定期清查

60. 下列属于记账凭证账务处理程序优点的是(　　)。
A. 减轻了登记总分类账的工作量　　B. 总分类账反映较详细

C. 有利于会计核算的日常分工　　　D. 便于核对账目和进行试算平衡

61. 会计核算上所使用的一系列的会计处理方法和原则都是建立在(　　)前提的基础上。

A. 会计主体　　B. 持续经营　　C. 会计分期　　D. 货币计量

62. 某公司2021年年初资产总额5 000 000元,负债总额2 000 000元,当年接受投资者投资500 000元,从银行借款1 000 000元。该公司2021年年末所有者权益应为(　　)元。

A. 2 500 000　　B. 1 500 000　　C. 3 500 000　　D. 5 000 000

63. 通用记账凭证是用于记录企业(　　)经济业务的记账凭证。

A. 现金　　B. 银行存款　　C. 某种　　D. 所有

64. 在各种不同账务处理程序中,不能作为登记总账依据的是(　　)。

A. 汇总记账凭证　　B. 科目汇总表　　C. 记账凭证　　D. 汇总原始凭证

65. "生产成本"账户的期末余额应归属于(　　)类会计要素。

A. 资产　　B. 负债　　C. 利润　　D. 所有者权益

66. 本年利润明细账一般采用的账页格式为(　　)。

A. 数量金额式　　B. 三栏式　　C. 两栏式　　D. 多栏式

67. 对实物资产进行清查盘点时,(　　)必须在场。

A. 会计主管　　B. 实物保管员　　C. 单位领导　　D. 记账人员

68. 下列不属于账账核对的是(　　)。

A. 总分类账簿与所属明细分类账簿之间的核对

B. 总分类账簿与序时账簿之间的核对

C. 会计账簿与原始凭证之间的核对

D. 明细分类账簿之间的核对

69. 根据明细分类账目设置的,用来对会计要素具体内容进行明细核算的账户称为(　　)。

A. 综合账户　　B. 明细账户　　C. 总账账户　　D. 备查账户

70. 损益类账户的期末余额一般(　　)。

A. 无法确定方向　　B. 在借方　　C. 在贷方　　D. 无余额

71. 确认办公用楼租金60万元,用银行存款支付10万元,50万元未付。按照权责发生制和收付实现制分别确认费用(　　)。

A. 10万元,60万元　　B. 60万元,0万元

C. 60万元,50万元　　D. 60万元,10万元

72. "预付账款"科目的期末余额等于(　　)。

A. 期初余额+本期借方发生额-本期贷方发生额

B. 期初余额+本期借方发生额+本期贷方发生额

C. 期初余额-本期借方发生额+本期贷方发生额

D. 期初余额-本期借方发生额-本期贷方发生额

73. (　　)是记录经济业务完成情况、明确经济责任,并据以登记账簿的书面证明,是登记账簿的依据。

A. 原始凭证　B. 记账凭证　C. 会计凭证　D. 会计账簿

74. 记账后在当年内发现记账凭证的会计科目错误，从而引起记账错误，应采用(　　)更正。

A. 平行登记法　B. 划线更正法　C. 补充登记法　D. 红字更正法

75. “应交税费——应交增值税”明细账应采用的格式是(　　)。

A. 贷方多栏式　B. 借方多栏式　C. 三栏式　D. 借方贷方多栏式

76. 下列做法中，不符合会计账簿记账规则的是(　　)。

A. 不得使用圆珠笔登账

B. 按账簿页次顺序连续登记，不得跳行隔页

C. 登记后在记账凭证上注明已经登账的符号

D. 账簿中书写的文字和数字一般应占格距的 2/3

77. 收款凭证左上角借方科目应填列的会计科目是(　　)。

A. “主营业务收入”　B. “银行存款”

C. “银行存款”或“库存现金”　D. “库存现金”

78. 审核凭证的金额与所附原始凭证的金额是否一致，属于审核记账凭证的(　　)。

A. 内容是否真实　B. 科目是否正确　C. 金额是否正确　D. 项目是否齐全

79. 在账簿的三个基本栏目下分别设数量、单价、金额小栏的账簿称为(　　)。

A. 横线登记式账簿　B. 三栏式账簿

C. 数量金额式账簿　D. 多栏式账簿

80. 企业常用的收款凭证、付款凭证和转账凭证都属于(　　)。

A. 复式记账凭证　B. 单式记账凭证　C. 一次凭证　D. 通用凭证

81. 下列不属于会计核算环节的是(　　)。

A. 确认　B. 计量　C. 报告　D. 算账

82. 下列关于会计分录的表述中，不正确的是(　　)。

A. 复合会计分录包括一借多贷、一贷多借

B. 会计分录按涉及科目多少，可以分为简单会计分录和复合会计分录

C. 复合会计分录是指涉及三个以上(含三个)对应科目所组成的会计分录

D. 会计实际工作中，最常用的会计分录为一借一贷、一贷多借分录

83. 接受外单位投资机器设备一台，应填制(　　)。

A. 收款凭证　B. 付款凭证　C. 转账凭证　D. 汇总凭证

84. 会计凭证按其(　　)的不同，分为原始凭证和记账凭证。

A. 来源　B. 记账凭证

C. 填制的手续　D. 填制的程序和用途

85. 下列项目清查时应采用实地盘点法的是(　　)。

A. 应收账款　B. 应付账款　C. 固定资产　D. 银行存款

86. 下列账户中，属于所有者权益类账户的是(　　)。

A. “本年利润”　B. “主营业务收入”　C. “短期投资”　D. “应付账款”

87. 会计报表在会计核算中处于重要地位，是会计核算的(　　)。

A. 中间环节　B. 首要环节　C. 基础环节　D. 最终环节

88. 利润表是反映一定会计期间(　　)的报表。
A. 财务状况　B. 经营成果　C. 现金流量　D. 偿债能力

89. 在货币计量前提下,我国企业的会计核算可以选用一种外币作为记账本位币,但其编制的财务会计报告应折算为(　　)反映。
A. 人民币　B. 某种外币　C. 记账本位币　D. 功能货币

90. 资产负债表的右方是按(　　)先后顺序排列的。
A. 时间　B. 流动性　C. 求偿权　D. 变现能力

二、多项选择题(下列各题有两个或两个以上正确答案,每题1.5分,共10题。不选、少选、多选或错选均不得分)

1. 下列会计处理符合权责发生制的有(　　)。
A. 企业2月份签了一份7月份的销售合同,并将这笔销售收入计入2月份的收入
B. 对固定资产计提折旧
C. 年末,企业将全年的电费一次性计入12月份的费用
D. 长期待摊费用的会计处理

2. 以下关于会计账簿启用的说法中,正确的有(　　)。
A. 启用会计账簿时,应当在账簿封面上写明单位名称和账簿名称
B. 启用会计账簿时,无须在账簿扉页上附启用表
C. 启用订本式账簿应当从第一页到最后一页顺序编定页数,不得跳页、缺号
D. 使用活页式账页应当按账户顺序编号,并须定期装订成册,装订后再按实际使用的账页顺序编定页码,另加目录,记明每个账户的名称和页次

3. 不需在资产负债表上单独列示的资产减值准备有(　　)。
A. 无形资产减值准备　B. 固定资产减值准备
C. 存货跌价准备　D. 坏账准备

4. 用公式表示试算平衡关系,正确的有(　　)。
A. 全部账户本期借方发生额合计=全部账户本期贷方发生额合计
B. 全部账户期末借方余额合计=全部账户期末贷方余额合计
C. 负债类账户借方发生额合计=负债类账户贷方发生额合计
D. 资产类账户借方发生额合计=资产类账户贷方发生额合计

5. 下列存货盘亏损失,报经批准后,不能列入"营业外支出"账户的有(　　)。
A. 残料　B. 保险公司赔偿部分
C. 管理不善所造成的损耗　D. 自然损耗

6. X企业2018年首次计提坏账准备,年末应收账款为400万元,坏账准备的提取比例为5%,则下列各项中正确的有(　　)。
A. 这种方法是余额百分比法　B. 应计提的坏账准备为20 000元
C. 应确认资产减值损失20 000元　D. 应收账款账面价值减少了20 000元

7. Y企业于2019年1月1日取得银行借款100 000元,期限9个月,年利率6%,该借款到期后按期如数偿还,利息分月预提,按季支付,则(　　)。
A. 1月1日取得借款时,确认短期借款100 000元
B. 1月末计提利息时,确认财务费用500元

C. 3 月末支付本季度利息时，贷记“银行存款”科目 1 500 元

D. 6 月末支付本季度利息时，贷记“银行存款”科目 1 500 元

8. 下列明细账中，既可逐笔登记，也可定期汇总登记的有（ ）。

A. “应收账款” B. “管理费用” C. “固定资产” D. “库存商品”

9. 年终结账后，余额为零的账户有（ ）。

A. “本年利润” B. “财务费用” C. “销售费用” D. “管理费用”

10. 下列费用中，应计入产品成本的有（ ）。

A. 直接用于产品生产，构成产品实体的辅助材料

B. 直接从事产品生产的工人的非获利性福利

C. 车间管理人员的工资及福利费

D. 直接从事产品生产的工人的工资

三、判断题（每题 1 分，共 20 题，正确的打“√”，错误的打“×”。不答不得分）

1. 凡是特定主体以货币形式表示的经济活动，都是会计核算和监督的内容，也就是会计的对象。（ ）

2. 购入交易性金融资产时支付的交易费用应该计入交易性金融资产的成本中。（ ）

3. 成本是指企业为生产产品、提供劳务而发生的各种耗费，是按一定的产品或劳务对象所归集的费用，是对象化了的费用。（ ）

4. “主营业务成本”账户的借方登记从“库存商品”等账户结转的本期已销售产品的生产成本，以及企业在产品销售过程中发生的各种销售费用。（ ）

5. 企业年终结账时，有余额的账户，应将其余额直接记入次年新账余额栏内，不需要编制记账凭证。（ ）

6. 企业计算应向投资者分配的现金股利，不会引起留存收益总额的变动。（ ）

7. “税金及附加”账户属于损益类账户，用来核算企业销售过程中，应缴纳的各种税金及附加，包括消费税、营业税、增值税、教育费附加等。（ ）

8. 企业已完成销售手续但购买方在月末尚未提取的商品，仍应作为企业的库存商品核算。（ ）

9. 企业只能使用国家统一的会计制度规定的会计科目，不得自行增减或合并。（ ）

10. 用补充登记法进行错账更正时，应按正确金额与错误金额之差，用蓝字编制一张借贷方向、账户名称及对应关系与原错误凭证相同的记账凭证，并用蓝字登记入账，以补记少记的金额。（ ）

11. 对未达账项应编制银行存款余额调节表进行调整，并据以编制记账凭证登记入账。（ ）

12. 企业从外单位取得的原始凭证遗失且无法取得证明的，可由当事人写明详细情况，由会计机构负责人、会计主管人员和单位负责人批准后代作原始凭证。（ ）

13. 目前我国主要采用的是复式记账法，但对于个别企业、组织也可以采用单式记账法进行会计核算。（ ）

14. 预收账款不多的企业，可不设置“预收账款”账户，将预收的货款直接记入“应付账款”科目的贷方。（ ）

15. 凡是现金或银行存款增加的经济业务必须填制收款凭证。（ ）

16. 企业必须对外提供资产负债表、利润表和现金流量表，但会计报表附注不属于企业对外提供的资料。 (　　)

17. 记账凭证可以根据每一张原始凭证填制，或者根据若干张同类原始凭证汇总编制，也可以根据原始凭证汇总表填制。 (　　)

18. 企业采用永续盘存制对存货进行核算时，在期末必须对存货进行实地盘点，否则无法确定本期发出存货的成本。 (　　)

19. 会计分期是指将一个会计主体持续经营的生产经营活动划分为一个个连续的、长短相同的期间，以便与公历年度保持一致。 (　　)

20. 由企业拥有或控制是指企业享有某项资源的所有权，没有所有权就谈不上控制权。 (　　)

四、计算分析题(每小题 1 分，共 4 道大题，20 分。答错、不答均不得分)

1. 华天公司 2021 年 12 月 31 日的有关账户余额资料如表 20、表 21 所示。

表 20　2021 年华天公司总分类账户余额

单位：元

账户名称	借方余额	贷方余额
库存现金	1 895	
银行存款	129 800	
应收账款	4 000	
坏账准备		200
原材料	72 500	
库存商品	62 000	
生产成本	18 000	
固定资产	358 700	
累计折旧		24 700
无形资产	20 000	
累计摊销		3 500
预收账款		8 500
短期借款		27 500
应付账款		23 000
预付账款	5 000	
长期借款		200 000
实收资本		350 000
盈余公积		18 095
利润分配		16 400
合计	671 895	671 895

表 21　2021 年华天公司明细分类账户余额

单位:元

账户名称	余额方向	金额
应收账款	借	4 000
——A 公司	借	5 500
——B 公司	贷	1 500
预收账款	贷	8 500
——C 公司	贷	10 000
——D 公司	借	1 500
预付账款	借	5 000
——E 公司	借	6 200
——F 公司	贷	1 200
应付账款	贷	23 000
——G 公司	贷	23 000

补充资料:长期借款中将于一年内到期归还的长期借款为 60 000 元。

要求:根据上述资料,计算该公司 2021 年 12 月 31 日资产负债表的下列项目的金额。

(1) 应收账款(　　)元。

(2) 资产合计(　　)元。

(3) 应付账款(　　)元。

(4) 预收账款(　　)元。

(5) 流动负债合计(　　)元。

2. 常红公司某年 6 月发生经济业务如下:

(1) 出纳员向银行提取现金 30 000 元,准备发放工资。

(2) 以现金发放本月工资 30 000 元。

(3) 购入材料一批,金额 3 000 元,材料已验收入库,货款尚未支付。

(4) 购买汽车一辆,买价 60 000 元,款项已通过银行存款支付。

(5) 向银行申请 2 年借款 100 000 元,借款已划入企业银行存款账户。

要求:根据上述资料,编制相关会计分录。

3. 某公司为增值税一般纳税企业,假设 2021 年 12 月发生如下经济业务:

(1) 12 月 1 日,向工商银行借入期限为 3 年的借款 60 000 元,年利率 6%,借款到期还本付息,借入的款项存入银行。

(2) 12 月 8 日,开出转账支票一张,向甲公司预付货款 50 000 元。

(3) 12 月 12 日,收到甲公司货物结算单,其中材料价款 40 000 元,增值税额 5 200 元,材料已验收入库,货款已于本月 8 日预付,多余款项尚未退回。

(4) 12 月 23 日,向预付货款的乙公司销售 A 产品 200 件,单位售价 100 元;B 产品 300 件,单位售价 100 元,增值税税率 13%,其余款项尚未收回;公司另用银行存款为对方代垫运费 500 元。

(5) 12 月 24 日,接到银行通知,本季度企业存款利息收入 300 元已划入企业账户(假设以前月份没有预提)。

要求:根据上述经济业务,编制该公司 12 月份的会计分录。

4. 海天公司 2022 年 8 月最后三天的银行存款日记账的有关记录如下:

(1) 8 月 29 日,销售商品,收到#98 转账支票一张,金额为 25 000 元。

(2) 8 月 29 日,开出#78 现金支票一张,金额为 800 元。

(3) 8 月 30 日,收到 A 公司交来的#365 转账支票一张,金额为 4 800 元。

(4) 8 月 30 日,开出#105 转账支票以支付货款,金额为 11 700 元。

(5) 8 月 31 日,开出#106 转账支票支付明年报刊订阅费,金额为 700 元。

(6) 月末余额为 147 800 元。

海天公司 2022 年 8 月最后三天的银行对账单的有关记录如下:

(1) 8 月 29 日,支付#78 现金支票,金额为 800 元。

(2) 8 月 30 日,收到#98 转账支票,金额为 25 000 元。

(3) 8 月 30 日,收到托收的货款,金额为 35 000 元。

(4) 8 月 30 日,支付#105 转账支票,金额为 11 700 元。

(5) 8 月 31 日,结转银行结算手续费 100 元。

(6) 月末余额为 178 600 元。

要求:完成下列海天公司银行存款余额调节表(表 22)的编制。

表 22 银行存款余额调节表

编制单位:海天公司　　　　2022 年 8 月 31 日　　　　单位:元

项　目	金　额	项　目	金　额
企业银行存款日记账余额	147 800	银行对账单余额	178 600
加:银行已收、企业未收的款项合计	35 000	加:企业已收、银行未收的款项合计	(3)
减:银行已付、企业未付的款项合计	(1)	减:企业已付、银行未付的款项合计	(4)
调节后的余额	(2)	调节后的余额	(5)

参考答案及解析

项目一　认知会计

一、单项选择题

1.【答案】B

【解析】会计以货币作为主要的计量单位，除此之外还有劳动计量和实物计量。

2.【答案】C

【解析】略。

3.【答案】C

【解析】会计的基本职能包括会计核算和会计监督。除这两个基本职能以外，会计还具有预测经济前景、参与经济决策、评价经营业绩等职能。

4.【答案】A

【解析】参见会计核算职能的定义。

5.【答案】C

【解析】会计是以货币为主要计量单位。会计拥有一系列专门方法，包括会计核算方法、会计分析方法和会计检查方法。会计的本质是管理活动。

6.【答案】C

【解析】企业能以货币表现的经济活动才能确认为会计对象。

7.【答案】A

【解析】略。

8.【答案】C

【解析】参见会计核算的具体内容。

9.【答案】C

【解析】会计监督职能是指会计人员在进行会计核算的同时，对特定主体经济活动的合法性、合理性进行审查。

10.【答案】B

【解析】会计主体与法律主体（法人）并非对等的概念，法人可作为会计主体，但会计主体不一定是法人。例如：独资企业、合伙企业和企业集团等。

11.【答案】B

【解析】企业对于它所拥有的机器设备、厂房等固定资产，只有在持续经营的前提下，才可以在机器设备的使用年限内，按照其价值和使用情况，确定采用某一折旧方法计提折旧。会计核算上所使用的一系列的会计处理方法和原则都是建立在持续经营前提的基础上。

12.【答案】C

【解析】参见会计基本假设的应用。

13.【答案】C

【解析】目前，我国政府与非营利组织会计一般采用收付实现制。

14.【答案】A

【解析】参见权责发生制的应用。权责发生制是指收入和费用的确认应当以收入、费用的实际发生作为确认的标准，所以 12 月份应确认的费用为 200＋800＝1 000(元)。

15.【答案】D

【解析】参见收付实现制的应用。收付实现制是以现金收到或付出为标准，所以 6 月份应确认的费用为 1 800＋3 900＋30 000＝35 700(元)。

二、多项选择题

1.【答案】ABC

【解析】会计方法是反映和监督会计对象，完成会计凭证的手段，是从事会计工作所使用的各种技术方法，一般包括会计核算方法、会计分析方法、会计检查方法。

2.【答案】ABCD

【解析】会计的基本职能包括会计核算和会计监督，除基本职能外还具有预测经济前景、参与经济决策、评价经营业绩等职能。

3.【答案】AB

【解析】事中监督是指对正在发生的经济活动过程及其核算资料进行审查。

4.【答案】BD

【解析】会计监督职能是指会计人员在进行会计核算的同时，对特定主体经济活动的合法性、合理性进行审查。会计监督对企业的经济活动的全过程进行监督，包括事前、事中和事后的监督。

5.【答案】ABCD

【解析】略。

6.【答案】ABCD

【解析】略。

7.【答案】ABCD

【解析】会计核算方法包括设置账户、复式记账、填制和审核凭证、登记会计账簿、成本核算、财产清查、编制会计报表。

8.【答案】ABC

【解析】略。

9.【答案】AB

【解析】发放工资薪酬属于资金的运用。

10.【答案】ABCD

【解析】会计核算的具体内容包括:① 款项和有价证券的收付;② 财物的收发、增减和使用;③ 债权债务的发生和结算;④ 资本的增减;⑤ 收入、支出、费用、成本的计算;⑥ 财务成果的计算和处理。

11.【答案】ABCD

【解析】财务成果的计算和处理一般包括利润的计算、所得税费用的计算、利润分配和亏损弥补等。

12.【答案】ABCD

【解析】会计基本假设包括会计主体、持续经营、会计分期和货币计量。

13.【答案】ABCD

【解析】会计核算的环节是确认、计量、记录和报告。

14.【答案】BD

【解析】持续经营可使会计原则建立在非清算基础之上。会计主体界定了提供会计信息的空间范围。

15.【答案】BC

【解析】参见权责发生制原则。权责发生制要求凡是当期已经实现的收入和已经发生或应负担的费用,无论款项是否支付,都应当作为当期的收入和费用确认。

三、判断题

1.【答案】×

【解析】会计核算是指会计以货币为主要计量单位,通过确认、计量、记录和报告等环节,反映特定会计主体的经济活动,向有关各方提供会计信息。会计核算是会计的首要职能。

2.【答案】×

【解析】会计的监督职能是指会计人员在进行会计核算的同时,对特定会计主体经济活动的合法性、合理性等进行审查。

3.【答案】√

【解析】略。

4.【答案】√

【解析】略。

5.【答案】×

【解析】款项和有价证券是企业流动性最强的资产。

6.【答案】√

【解析】略。

7.【答案】√

【解析】略。

8.【答案】×

【解析】会计中期,是指短于一个完整的会计年度的报告期间,一般指月度、季度、半年度等。

9.【答案】×

【解析】由于会计分期,才产生了本期与非本期的差别,从而形成了权责发生制和收付实现制的区别,进而出现了应收、应付、预收、预付、折旧、摊销等会计处理方法。

10.【答案】×

【解析】权责发生制主要是从时间上规定会计确认的基础。

11.【答案】×

【解析】我国事业单位除经营业务采用权责发生制外,其他业务均采用收付实现制。

12.【答案】×

【解析】按照收付实现制的要求,凡是本期实际收到的款项的收入和付出款项的费用,不论是否归属于本期,都应当作为本期的收入和费用处理。按照权责发生制的要求,凡是本期实现的收入和发生的费用,不论款项是否实际收到或实际付出,都作为本期的收入和费用入账。

13.【答案】√

【解析】略。

14.【答案】×

【解析】银行汇票、银行本票和信用证存款都属于款项,有价证券包括国库券、股票、企业债券等。

15.【答案】√

【解析】略。

四、计算分析题

(1) 权责发生制下6月份的收入＝35 000＋200 000＝235 000(元)。

(2) 权责发生制下6月份的费用＝100 000＋13 000＝113 000(元)。

(3) 收付实现制下6月份的收入＝50 000＋200 000＝250 000(元)。

(4) 收付实现制下6月份的费用＝100 000＋90 000＋39 000＝229 000(元)。

项目二　认知会计要素与会计等式

一、单项选择题

1.【答案】A

【解析】流动负债是指预计在一个正常营业周期一年以上的债务,包括短期借款、应付票据、应付及预收款项等。

2.【答案】C

【解析】流动资产是指预计在一个正常营业周期中变现、出售或耗用,或者主要为交易目的而持有,或者预计在资产负债表日起一年内(含一年)变现的资产,以及自资产负债表起一年内交换其他资产或清偿负债的能力不受限制的现金或现金等价物,包括货币资金、交易性金融资产、应收及预付款项、存货等。

3.【答案】C

【解析】投资人投入的资金称为所有者权益,债权人投入的资金称为负债。资金投入企业后,形成企业的资产,资产＝负债＋所有者权益。

4.【答案】D

【解析】反映财务状况的会计要素包括资产、负债和所有者权益;反映经营成果的会计要素包括收入、费用和利润。

5.【答案】D

【解析】所有者权益包括实收资本(或股本)、资本公积、盈余公积和未分配利润,盈余公积和未分配利润又统称为留存收益。所以,也可以表述为所有者权益包括实收资本(或股本)、资本公积和留存收益等。

6.【答案】D

【解析】收入是指企业在销售商品、提供劳务及让渡资产使用权等日常活动中形成的经济利益的总流入。所有者权益增加不一定表明企业获得了收入。狭义的收入指的是企业的营业收入,不包括营业外收入。

7.【答案】B

【解析】因为等式中的资产、负债、所有者权益针对的是同一时点,否则等式不成立,所以选项B不正确。因为期初所有者权益＋本期增加的所有者权益－本期减少的所有者权益＝期末所有者权益,而期末资产＝期末负债＋期末所有者权益,所以选项C正确。

8.【答案】A

【解析】"资产＝负债＋所有者权益"是会计的基本等式。

二、多项选择题

1.【答案】BD

【解析】财务费用和管理费用计入当期损益。

2.【答案】AB

【解析】反映资金运动静态表现的会计要素指的是反映财务状况的会计要素,包括资产、负债、所有者权益;反映经营成果的会计要素反映的是资金运动的动态过程,包括收入、费用和利润。

3.【答案】BC

【解析】费用是指企业日常经营活动中发生的、会导致所有者权益减少的、与向所有者分配利润无关的,或者主要为交易目的而持有,或者自资产负债表日起一年内(含一年)到期应予以清偿,或者企业无权自主地将清偿推迟至资产负债表日以后的经济利益的总流出。

4.【答案】BC

【解析】选项A的表述不正确,资产不是由现在的交易或事项所形成的。选项D不正确,例如无形资产属于资产,但没有具体的实物形态。

5.【答案】ABC

【解析】所有者权益是反映企业财务状况的要素。

6.【答案】ABD

【解析】收入增加,在其他条件不变的情况下,所有者权益也会增加。

7.【答案】ABC

【解析】可变现净值是指在正常生产经营过程中,以预计售价减去进一步加工成本和预计销售费用以及相关税费后的净值。

8.【答案】CD

【解析】资产、负债和所有者权益为静态会计要素,收入、费用和利润为动态会计要素。

9.【答案】ABCD

【解析】参见会计等式。

10.【答案】AB

【解析】“资产增加，负债减少，所有者权益不变”结果导致资产大于权益，会计等式被破坏，显然，不可能发生这样的业务，所以选项A是答案。“资产不变，负债增加，所有者权益增加”结果导致资产小于权益，会计等式被破坏，显然，也不可能发生这样的业务，所以选项B是答案。选项C和选项D不会破坏会计等式，所以其业务会发生，故不是答案。

11.【答案】CD

【解析】会计等式是反映会计要素之间数量上恒等关系的一系列等式，选项C是反映财务状况的会计等式，选项D是反映经营成果的会计等式。

三、判断题

1.【答案】√

【解析】略。

2.【答案】×

【解析】资产是指由企业过去的交易或事项形成的、由企业拥有或控制的、预期会给企业带来经济利益的资源。

3.【答案】×

【解析】负债必须是现时义务，将来可能承担的义务不是负债。

4.【答案】×

【解析】支出是企业发生的各项开支以及在正常生产经营活动以外的开支和损失。费用是企业在日常活动中发生的、会导致所有者权益减少的、与向所有者分配利润无关的经济利益的总流出。

5.【答案】×

【解析】营业外收入不属于企业日常活动中形成的，所以不属于收入。

6.【答案】√

【解析】略。

7.【答案】×

【解析】资产是指由企业过去的交易或事项形成的、由企业拥有或控制的、预期会给企业带来经济利益的资源，所以如果企业能拥有其实质的控制权，也可以确认为企业的资产，所以本题的表述不正确。

8.【答案】√

【解析】略。

9.【答案】√

【解析】略。

10.【答案】√

【解析】略。

项目三 认知会计记账原理

一、单项选择题

1.【答案】A

【解析】企业应该在合法性原则的基础上，根据企业自身的特点，设置符合企业实际情况的会计科目，这是会计科目设置原则中实用性的要求。

2.【答案】C

【解析】“其他业务成本”科目属于损益类科目。

3.【答案】C

【解析】“制造费用”科目属于成本类科目。

4.【答案】C

【解析】略。

5.【答案】C

【解析】“预收账款”科目属于负债类科目，其他三项都属于资产类科目。

6.【答案】A

【解析】“预付账款”科目属于资产类科目，会导致经济利益流入企业。

7.【答案】D

【解析】略。

8.【答案】C

【解析】“应交增值税”是“应交税费”的二级明细科目。

9.【答案】C

【解析】期末余额＝期初余额＋本期发生额＝期初余额＋(本期增加发生额－本期减少发生额)，本期增加发生额＝期末余额－期初余额＋本期减少发生额＝5 000－900＋600＝4 700(元)。

10.【答案】B

【解析】按照总分类科目分类登记经济业务事项的是总分类账户，简称总账。

11.【答案】D

【解析】3 500－1 000＋1 300＝3 800(元)。

12.【答案】C

【解析】试算平衡了，不一定说明账户记录绝对正确，因为有些错误不会影响借贷双方的平衡关系。例如：漏记某项经济业务；重记某项经济业务；对相互对应的账户都以大于或小于正确金额的数字进行记账(借贷错误巧合，正好抵销)；对应账户的同方向串户(同方向记错账户);记错方向,借、贷相反等。

13.【答案】B

【解析】对于负债类、所有者权益类和收入类账户,借方登记减少额,贷方登记增加额。

14.【答案】C

【解析】单式记账法没有一套完整的账户体系,不能全面、系统地反映各项会计要素的增减变动和经济业务的来龙去脉。

15.【答案】A

【解析】资产类账户的期末余额一般在借方,和增加发生额的方向一致。

16.【答案】D

【解析】损益类账户期末结转后无余额,对于资产类、负债类、所有者权益类账户期末一般是有余额的。

17.【答案】D

【解析】"所得税费用"账户属于费用类账户,所得税费用的增加记入借方。应交所得税通过"应交税费——应交所得税"科目核算,增加记入贷方。

18.【答案】A

【解析】资产类账户的增加额记借方,减少额记贷方,期末余额在借方。

19.【答案】C

【解析】参见"资产=负债+所有者权益"这个会计恒等式。本期等式右边的增加额=20-5=15(万元),会计恒等式左边的资产也应该增加15万元,所以期末资产总额=100+15=115(万元)。

20.【答案】A

【解析】资产和费用的增加记入借方,负债、收入、所有者权益的增加记入贷方。

21.【答案】A

【解析】"应收账款"账户属于资产类账户,资产类账户的期末余额一般在借方,期末余额计算公式为:期末借方余额=期初借方余额+本期借方发生额-本期贷方发生额。本题中,期末借方余额=35 400+26 300 -17 900=43 800(元)。

22.【答案】B

【解析】"原材料"账户是资产类账户,它的余额只能在借方。

二、多项选择题

1.【答案】ABCD

【解析】略。

2.【答案】BD

【解析】总分类科目是一级会计科目;总分类科目是对会计要素具体内容进行总括分类的科目。

3.【答案】AC

【解析】"主营业务成本"和"销售费用"科目都是损益类科目。

4.【答案】ABD

【解析】"材料成本差异"科目是资产类科目。

5.【答案】CD

【解析】总分类科目概括地反映会计对象的具体内容,明细分类科目详细地反映会计对象的具体内容。总分类科目对明细分类科目具有统驭和控制作用,而明细分类科目是对总分类科目的补充和说明。

6.【答案】ABD

【解析】略。

7.【答案】AD

【解析】四个金额要素中,属于余额的是期初余额和期末余额,属于本期发生额的是本期增加发生额和本期减少发生额。

8.【答案】BC

【解析】期末余额=期初余额+本期增加发生额-本期减少发生额。

9.【答案】ACD

【解析】账户是根据会计科目设置的,具有一定格式和结构。

10.【答案】BC

【解析】资产类和费用类账户增加额记借方,减少额记贷方,而负债类和收入类账户的增加额记贷方,减少额记借方。

11.【答案】BCD

【解析】会计分录是指对某项经济业务事项标明其应借、应贷账户及其金额的记录。选项A是账户应该具备的内容。

12.【答案】ABD

【解析】"记错方向,把借方记入贷方"会导致贷方两次记入数据,而借方没有记入数据,贷方余额大于借方余额,影响借贷双方的平衡关系。

13.【答案】ABCD

【解析】略。

14.【答案】ACD

【解析】"应收账款"账户属于资产类账户,期末余额在借方。

15.【答案】BC

【解析】借方登记:资产的增加额、负债的减少额、所有者权益的减少额、收入的减少额、费用的增加额;贷方登记:资产的减少额、负债的增加额、所有者权益的增加额、收入的增加额、费用的减少额。

16.【答案】AB

【解析】所谓的试算平衡指的是根据资产与权益的恒等关系以及借贷记账法的记账规则,通过对所有账户的发生额和余额的汇总计算和比较,来检查所有账户记录是否正确的过程,包括发生额试算平衡法和余额试算平衡法两种方法。试算平衡的方法涉及三个平衡关系等式:全部账户本期借方发生额合计=全部账户本期贷方发生额合计;全部账户的借方期初余额合计=全部账户的贷方期初余额合计;全部账户的借方期末余额合计=全部账户的贷方期末余额合计。

17.【答案】AD

【解析】借方登记:资产的增加额、负债的减少额、所有者权益的减少额、收入的减少额、费用的增加额;贷方登记:资产的减少额、负债的增加额、所有者权益的增加额、收入的增加额、费用的减少额。

18.【答案】ABC

【解析】记账手续简单是单式记账法的优点。

三、判断题

1.【答案】×

【解析】明细分类科目是对总分类科目作进一步分类、提供更详细更具体的会计信息的科目。

2.【答案】×

【解析】二级科目属于明细分类科目。

3.【答案】×

【解析】主营业务成本属于损益类科目。

4.【答案】√

【解析】略。

5.【答案】×

【解析】总分类科目对明细分类科目起着统驭控制的作用,明细分类科目对总分类科目起着补充说明的作用。

6.【答案】×

【解析】合法性原则要求企业所使用的会计科目符合国家统一会计制度的规定;相关性原则要求设置的会计科目应该为提供有关各方所需用的会计信息服务,满足企业有关方面对其财务报告的要求。

7.【答案】×

【解析】账户基本结构的内容包括:账户名称、所记录经济业务的日期、所依据的记账凭证编号、经济业务摘要、增减金额、余额。

8.【答案】√

【解析】

9.【答案】√

【解析】

10.【答案】√

【解析】略。

11.【答案】√

【解析】略。

12.【答案】×

【解析】试算平衡了,不一定说明账户记录绝对正确,因为有些错误不会影响借贷双方的平衡关系。

13.【答案】×

【解析】复式记账法是指对于发生的每一项经济业务都要以相等的金额同时在相互联系的两个或两个以上的账户中进行登记的一种记账方法。

14.【答案】√

【解析】略。

15.【答案】×

【解析】发生额试算平衡法以“有借必有贷,借贷必相等”为依据,检验本期发生额记录是否正确的方法。

16.【答案】×

【解析】运用复式记账法记录经济业务,可以反映每项经济业务的来龙去脉,也可以检查每笔业务是否合理、合法。

17.【答案】×

【解析】会计等式必然恒等。

18.【答案】√

【解析】略。

四、计算分析题

(1) 400 000+700 000-200 000=900 000(元)。

(2) 500 000+250 000-600 000=150 000(元)。

(3) 210 000-450 000+550 000=310 000(元)。

(4) 300 000+500 000-320 000=480 000(元)。

(5) 180 000+350 000-120 000=410 000(元)。

项目四　认知企业主要经济业务与账务处理

一、单项选择题

1.【答案】A

【解析】“应付账款”账户期末余额＝30 000＋22 600－20 000＝32 600(元)。

2.【答案】B

【解析】“本年利润”账户在结转前为贷方余额65 550元，表示本年度产生的是净利润，因此应转入“利润分配”账户贷方。

3.【答案】B

【解析】略。

4.【答案】C

【解析】略。

5.【答案】C

【解析】因生产经营需要借入的长期借款利息应记入“财务费用”账户，该借款属于到期一次还本付息，应记入“长期借款——应计利息”账户。

6.【答案】B

【解析】小规模纳税人发生对外销售业务时，确认增值税，记入“应交税费——应交增值税”账户贷方。

7.【答案】B

【解析】“本年利润”账户的借方余额表示1～12月的净亏损。

8.【答案】D

【解析】“本年利润”账户属于所有者权益类。

9.【答案】D

【解析】“生产成本”账户期末结转后可能有余额。

10.【答案】D

【解析】生产设备的折旧费应记入“制造费用”账户，计入产品成本。厂房的折旧费应记入“管理费用”账户，短期借款利息应记入“财务费用”账户，产品宣传广告费应记入“销售费用”账户，不计入产品成本。

11.【答案】D

【解析】产品成本包括：直接材料、直接人工、制造费用。

12.【答案】B

【解析】净利润＝200×(1－25%)＝150(万元)。

13.【答案】C

【解析】原材料已验收入库，所以借记“原材料”账户，款项未付，所以贷记“应付账款”账户。

14.【答案】C

【解析】外购设备的增值税可以抵扣，因此记入“应交税费——应交增值税(进项税额)”账户。

15.【答案】D

【解析】完工产品成本＝期初在产品成本＋本期生产费用－期末在产品成本＝2 000＋(40 000＋8 000＋ 4 000＋4 000)－4 400＝53 600(元)。

16.【答案】A

【解析】A材料的采购成本＝买价＋采购费用＝75 000＋1 500÷(3 000＋2 000)×3 000＝75 900(元)。

17.【答案】C

【解析】出售材料的成本应记入“其他业务成本”账户。

18.【答案】C

【解析】“生产成本”账户期末余额表示在产品成本。

19.【答案】C

【解析】外购设备的增值税可以抵扣，不计入成本。

20.【答案】D

【解析】利润总额－所得税费用＝净利润

21.【答案】D

【解析】“生产成本”账户期末可能有余额，在借方，表示在产品成本。

22.【答案】C

【解析】不存在纳税调整事项时，应缴纳所得税＝税前会计利润×所得税税率＝2 000×25%＝500(万元)。

23.【答案】A

【解析】出售无形资产的净收益应记入“营业外收入”账户。

24.【答案】A

【解析】业务招待费记入“管理费用”账户，选项B、C、D均记入“制造费用”账户。

25.【答案】D

【解析】小规模纳税人适用的增值税税率为3%。

26.【答案】D

【解析】制造费用是指企业制造部门为生产产品和提供劳务而发生的间接费用。

27.【答案】B

【解析】选项B车间管理人员工资记入“制造费

用”账户，计入产品成本；企业管理人员工资记入“管理费用”账户，在建工程人员工资记入“在建工程”账户，不计入产品成本。选项A赊购商品会导致资产和负债同时增加。选项C期间费用不计入产品成本，而应计入当期损益。选项D银行汇票存款属于其他货币资金，银行承兑汇票属于商业汇票的一种，应通过“应收(付)票据”账户核算。

28.【答案】B

【解析】企业接受投资，如果实际收到的投资超出其在企业注册资本中所占的份额，则应将超出部分确认为资本公积。

29.【答案】C

【解析】“预收账款”账户期末可能出现贷方余额，表示负债性质；出现借方余额，表示应收账款性质。

二、多项选择题

1.【答案】AD

【解析】销售材料的收入和成本，应确认为其他业务收入和其他业务成本。

2.【答案】ACD

【解析】业务招待费通过“管理费用”账户核算。

3.【答案】AC

【解析】略。

4.【答案】AC

【解析】为购置生产线取得的长期借款，在生产线达到预定使用状态之前的利息费用应计入固定资产成本，借记“在建工程”账户；在生产线达到预定使用状态之后的利息费用应借记“财务费用”账户。到期一次还本付息的借款，其计提的利息应贷记“长期借款——应计利息”账户。

5.【答案】AB

【解析】损益类科目期末都应转入“本年利润”账户，“生产成本”账户是成本类科目，“预付账款”账户是资产类账户。

6.【答案】AD

【解析】行政管理人员工资应记入“管理费用”账户，车间生产人员福利费应记入“生产成本”账户。

7.【答案】AB

【解析】应纳所得税额应记入“所得税费用”账户的借方，应纳税所得额是税前会计利润加减纳税调整事项以后的结果。

8.【答案】ABC

【解析】房屋属于固定资产。

9.【答案】ABC

【解析】“生产成本”账户期末余额表示在产品成本，期初在产品成本＋本期生产费用＝本期完工产品成本＋期末在产品成本。

10.【答案】BC

【解析】略。

11.【答案】BCD

【解析】购入生产用的固定资产取得增值税专用发票，可以抵扣增值税，因而增值税不计入固定资产成本。

12.【答案】AB

【解析】预付报纸杂志费和财产保险费时分录为：

借：预付账款	60 000	
贷：银行存款		60 000

每月摊销时分录为：

借：管理费用	5 000	
贷：预付账款		5 000

13.【答案】ACD

【解析】该笔业务分录为：

借：原材料	6 000	
贷：银行存款		3 000
应付账款		3 000

14.【答案】BC

【解析】“利润分配——未分配利润”账户借方登记全年分配的利润数、转入的亏损数。

15.【答案】AB

【解析】发现盘亏固定资产时分录为：

借：待处理财产损溢	50 000	
累计折旧	50 000	
贷：固定资产		100 000

批准处理盘亏时分录为：

借：其他应收款	10 000	
营业外支出——盘亏损失	40 000	
贷：待处理财产损溢		50 000

16.【答案】ABD

【解析】领用材料的会计分录借方按照材料的不同用途来区分，为生产产品领用的记入“生产成本”账户，车间一般耗用的记入“制造费用”账户，行政管理部门领用的记入“管理费用”账户。

17.【答案】AC

【解析】该批材料的总成本＝10 000＋400×(1－

7%)＝10 372(元)。

该批材料的单位成本＝10 372÷8＝1 296.5(元/吨)。

该笔业务分录为:

借:原材料——丙材料　　10 372

　应交税费——应交增值税(进项税额)

　　　　　　　　　　　　　1 328

　贷:银行存款　　　　　　11 700

18.【答案】BCD

【解析】转让设备属于固定资产的出售,应通过"固定资产清理"账户核算。

(1) 转入清理时:

借:固定资产清理　　　500 000

　累计折旧　　　　　100 000

　贷:固定资产　　　　　600 000

(2) 确认出售价款时:

借:应收账款　　　　　560 000

　贷:固定资产清理　　　560 000

(3) 发生清理费用时:

借:固定资产清理　　　20 000

　贷:银行存款　　　　　20 000

(4) 结转净损益时:

借:固定资产清理　　　40 000

　贷:资产处置损益　　　40 000

19.【答案】ABD

【解析】产品生产成本包括直接材料、直接人工、制造费用。而管理费用、财务费用、销售费用为期间费用,直接计入当期损益。

20.【答案】ABD

【解析】该项业务的会计分录为:

借:银行存款　　　　4 000 000

　无形资产　　　　2 000 000

　贷:实收资本　　　　　5 000 000

　　资本公积　　　　　1 000 000

三、判断题

1.【答案】√

【解析】略。

2.【答案】×

【解析】"本年利润"账户属于所有者权益类,年末结转入"利润分配"账户后无余额。

3.【答案】×

【解析】商誉不属于企业无形资产。

4.【答案】√

【解析】略。

5.【答案】√

【解析】略。

6.【答案】√

【解析】略。

7.【答案】×

【解析】发出存货的成本计价方法有先进先出法、个别计价法、加权平均法、移动加权平均法,没有后进先出法。

8.【答案】√

【解析】略。

9.【答案】√

【解析】略。

10.【答案】×

【解析】"主营业务成本"账户属于损益类账户。

11.【答案】√

【解析】略。

12.【答案】×

【解析】"利润分配"账户中的"利润分配——未分配利润"账户期末会有余额。

13.【答案】√

【解析】略。

14.【答案】√

【解析】略。

15.【答案】×

【解析】直接人工就是指直接从事产品生产人员的工资和其他薪酬。

16.【答案】√

【解析】略。

17.【答案】√

【解析】略。

18.【答案】×

【解析】"资产减值损失"账户是损益类账户。

19.【答案】×

【解析】发票账单尚未到达的入库材料,月末应按照暂估价值先入账,但在下月初做相反的会计分录予以冲回,收到发票账单后再按实际金额记账。

20.【答案】×

【解析】固定资产应当按月计提折旧,当月增加的固定资产,当月不计提折旧,从下月起计提折旧;当月减少的固定资产,当月仍计提折旧,从下月起不计提折旧。

四、计算分析题

1.【答案】

(1) 借:固定资产　　1 000 000
　　贷:实收资本——甲企业 1 000 000

(2) 借:银行存款　　1 000 000
　　贷:实收资本——乙企业
　　　　1 000 000

(3) 借:银行存款　　1 000 000
　　贷:实收资本——丙企业
　　　　1 000 000

(4) 借:银行存款　　1 300 000
　　贷:实收资本——丁企业
　　　　1 000 000
　　　资本公积——资本溢价
　　　　300 000

(5) 所有者权益增加了 1 300 000 元。

2.【答案】

(1) 2016 年 1 月 1 日借入:

借:银行存款　　3 000 000
　贷:长期借款——本金　　3 000 000

(2) 2016 年 3 月 31 日计提利息:

应计利息＝3 000 000×6%÷12×3＝45 000(元)。

借:财务费用　　45 000
　贷:长期借款——应计利息　　45 000

(3) 2018 年 12 月 31 日还本付息:

借:长期借款——本金　　3 000 000
　　　　——应计利息　　495 000
　财务费用　　45 000
　贷:银行存款　　3 540 000

(4) 2019 年 1 月 1 日借入:

借:银行存款　　120 000
　贷:短期借款　　120 000

(5) 2019 年 3 月 31 日还本付息:

借:财务费用　　500
　应付利息　　1 000
　短期借款　　120 000
　贷:银行存款　　121 500

3.【答案】

(1) 入账价值＝50 000＋1 000＝51 000(元)。

(2) 借:固定资产　　51 000
　　应交税费——应交增值税(进项税额)
　　　　6 500
　　贷:银行存款　　57 500

(3) 9 月份折旧额＝51 000×(1－5%)÷10÷12＝403.75(元)。

(4) 借:制造费用　　403.75
　　贷:累计折旧　　403.75

(5) 9 月份折旧额＝51 000×(1－5%)÷100 000×1 500＝726.75(元)。

4.【答案】

(1) 借:原材料　　400 000
　　应交税费——应交增值税(进项税额)
　　　　52 000
　　贷:应付账款　　452 000

(2) 借:应付账款　　468 000
　　贷:银行存款　　468 000

(3) 借:生产成本　　220 000
　　制造费用　　30 000
　　管理费用　　20 000
　　贷:原材料　　270 000

(4) 借:银行存款　　22 600
　　贷:其他业务收入　　20 000
　　　应交税费——应交增值税(销项税额)
　　　　2 600

(5) 月末结存材料的实际成本
＝100 000＋400 000－(220 000＋30 000＋20 000)－17 000＝213 000(元)。

5.【答案】

(1) 借:生产成本——甲产品
　　　　20 000
　　　　——乙产品
　　　　10 500
　　贷:原材料——A 材料　　22 500
　　　　　——B 材料　　8 000

(2) 借:其他应收款——王某　　2 000
　　贷:库存现金　　2 000

(3) 借:生产成本——甲产品　　12 000
　　　　——乙产品　　8 000
　　制造费用　　3 500
　　管理费用　　6 000
　　贷:应付职工薪酬——工资 29 500

(4) 借:生产成本——甲产品　　3 000
　　　　——乙产品
　　　　2 000
　　制造费用　　875

管理费用　1 500
贷:应付职工薪酬——社会保险费
7 375
(5) 借:管理费用　1 800
库存现金　200
贷:其他应收款——王某　2 000

6.【答案】
(1) 借:银行存款　450
贷:预收账款　450
(2) 借:银行存款　115
预收账款　450
贷:主营业务收入　500
应交税费——应交增值税(销项税额)
65
借:主营业务成本　300
贷:库存商品　300
(3) 借:应付职工薪酬——工资　650
贷:银行存款　650
(4) 借:销售费用　3
贷:银行存款　3

7.【答案】
(1) 借:银行存款　50 000
贷:营业外收入　50 000
(2) 借:营业外支出　30 000
贷:银行存款　30 000
(3) 借:固定资产清理　10 000
累计折旧　90 000
贷:固定资产　100 000
(4) 借:固定资产清理　5 000
贷:银行存款　5 000
借:银行存款　12 000
贷:固定资产清理　12 000
(5) 借:资产处置损益　3 000
贷:资产处置损益　3 000

8.【答案】
(1) 借:主营业务收入　1 115 000
其他业务收入　50 000
投资收益　30 000
营业外收入　80 000
贷:本年利润　1 275 000
借:本年利润　785 000
贷:主营业务成本　600 000
其他业务成本　25 000
税金及附加　10 000
管理费用　50 000
销售费用　70 000
财务费用　10 000
营业外支出　20 000
(2) 利润总额＝1 275 000－785 000＝490 000(元);应交所得税＝490 000×25％＝122 500(元)。
借:所得税费用　122 500
贷:应交税费——应交所得税　122 500
借:本年利润　122 500
贷:所得税费用　122 500
(3) 净利润＝490 000－122 500＝367 500(元)。
借:本年利润　367 500
贷:利润分配——未分配利润
367 500
(4) 借:利润分配——提取法定盈余公积
36 750
——提取任意盈余公积
18 375
贷:盈余公积——法定盈余公积
36 750
——任意盈余公积
18 375
(5) 借:利润分配——应付现金股利
150 000
贷:应付股利　150 000

9.【答案】
(1) 借:生产成本　6 000
贷:原材料　6 000
(2) 借:生产成本　15 000
制造费用　6 000
贷:应付职工薪酬　21 000
(3) 借:制造费用　1 000
贷:累计折旧　1 000
(4) 借:生产成本　7 000
贷:制作费用　7 000
(5) 借:库存商品　18 000
贷:生产成本　18 000

10.【答案】
(1) 借:生产成本——A产品
60 000
——B产品
40 000

制造费用　　3 200
贷:原材料　　103 200
(2) 借:管理费用　　9 800
贷:银行存款　　9 800
(3) 借:制造费用　　800
贷:银行存款　　800
(4) 制造费用总额=3 200+4 000+10 000+800=18 000(元);制造费用分配率=18 000÷(7 500+5 000)=1.44(元/工时);A产品应负担的制造费用=1.44×7 500=10 800(元);B产品应负担的制造费用=1.44×5 000=7 200(元)。
借:生产成本——A产品　　10 800
——B产品　　7 200
贷:制造费用　　18 000
(5) A完工产品总成本=60 000+16 000+10 800=86 800(元);A完工产品单位成本=86 800÷1 000=86.8(元)
借:库存商品　　86 800
贷:生产成本——A产品　　86 800

11.【答案】
(1) 12 000;(2) 5 500;(3) 4 500;(4) 17 500;(5) 2 000。

12.【答案】
(1) 借:库存现金　　652 000
贷:银行存款　　652 000
(2) 借:应付职工薪酬　　652 000
贷:库存现金　　652 000
(3) 借:应付职工薪酬　　28 000
贷:其他应收款——代垫医药费　　2 000
其他应付款——代扣房租　　26 000
(4) 借:生产成本　　560 000
贷:应付职工薪酬　　560 000
(5) 借:制造费用　　50 000
贷:应付职工薪酬　　50 000

13.【答案】
(1) 借:原材料　　12 000
贷:应付票据　　12 000
(2) 借:原材料　　20 000
贷:在途物资　　20 000
(3) 借:应付账款　　60 000
贷:实收资本　　60 000
(4) 借:实收资本　　26 000
贷:银行存款　　26 000
(5) 期末所有者权益=84 000(元)

14.【答案】
(1) 借:应收账款——乙企业　　565 000
贷:主营业务收入　　500 000
应交税费——应交增值税(销项税额)　　65 000
借:主营业务成本　　280 000
贷:库存商品　　280 000
(2) 借:坏账准备　　200 000
贷:应收账款　　200 000
(3) 借:银行存款　　300 000
贷:应收账款　　300 000
(4) 12月份应计提的坏账准备金额=200+56.5−20−30−170−(25−20)=31.5(万元)
(5) 借:资产减值损失　　315 000
贷:坏账准备　　315 000

15.【答案】
(1) 借:应收账款　　2 260 000
贷:主营业务收入　　2 000 000
应交税费——应交增值税(销项税额)　　260 000
借:主营业务成本　　1 500 000
贷:库存商品　　1 500 000
(2) 借:银行存款　　904 000
贷:其他业务收入　　800 000
应交税费——应交增值税(销项税额)　　104 000
借:其他业务成本　　590 000
贷:原材料　　590 000
(3) 借:固定资产清理　　220 000
累计折旧　　80 000
贷:固定资产　　300 000
借:银行存款　　200 000
贷:固定资产清理　　200 000
借:资产处置损益　　20 000
贷:固定资产清理　　20 000
(4) 借:应收账款　　7 684 000
贷:主营业务收入　　6 800 000
应交税费——应交增值税(销项税额)　　884 000

借:主营业务成本　　4 800 000
　　贷:库存商品　　　4 800 000
(5) 借:销售费用　　100 000
　　贷:银行存款　　　100 000

16.【答案】
(1) 借:销售费用　　800
　　贷:库存现金　　　800
(2) 借:管理费用　　7 200
　　贷:银行存款　　　7 200
(3) 借:管理费用　　3 500
　　贷:应交税费——应交土地使用税
　　　　　　　　　　3 500
(4) 借:银行存款　　3 000
　　贷:财务费用　　　3 000
(5) 借:管理费用　　2 000
　　贷:累计折旧　　　2 000

项目五　认知会计凭证

一、单项选择题

1.【答案】D

【解析】累计凭证是在一定时期内多次记录发生的同类型经济业务的原始凭证。

2.【答案】A

【解析】付款凭证是根据有关库存现金和银行存款支付业务而填制的原始凭证,贷方只能是库存现金或银行存款,所以选“多借一贷”。

3.【答案】D

【解析】收料单是根据仓库保管人员收取材料后填写的原始凭证,是仅适用于本单位的原始凭证,所以是自制的。

4.【答案】A

【解析】会计凭证是登记账簿的依据,记账凭证是登记账簿的直接依据。

5.【答案】D

【解析】限额领料单、实存账存对比表、材料入库单既要反映数量又要反映金额,只有工资分配汇总表仅反映金额。

6.【答案】A

【解析】记账凭证是会计人员根据审核无误的原始凭证按照经济业务事项的内容加以归类,并据以确定会计分录后所填制的会计凭证。

7.【答案】C

【解析】壹拾月前要加零。

8.【答案】A

【解析】会计科目使用是否正确是记账凭证审核的内容。

9.【答案】D

【解析】根据发料凭证汇总表编制的是转账凭证,再采用分数编号法。

10.【答案】C

【解析】记账凭证是会计人员根据审核无误的原始凭证所填制的会计凭证。

11.【答案】B

【解析】限额领料单是典型的累计凭证。

12.【答案】C

【解析】送存银行即为银行存款增加,所以是收款凭证。

13.【答案】D

【解析】凭证的日期是填制日期而非发生经济业务的日期。

14.【答案】D

【解析】原始凭证金额有错误只能重开。自制原始凭证也要签章。账簿记录金额错误,需根据具体情况区别对待。

15.【答案】C

【解析】报销差旅费填制转账凭证,收回现金填制收款凭证。

16.【答案】B

【解析】单式记账凭证是指每一张记账凭证只填列经济业务事项所涉及的一个会计科目及其金额的记账凭证。

17.【答案】A

【解析】原始凭证汇总表是指对一定时期内反映经济业务内容相同的若干张原始凭证,按照一定标准综合填制的原始凭证。

18.【答案】C

【解析】1 518.53 的大写为壹仟伍佰壹拾捌元伍角叁分,由于到分为止,不能写“整”字。

19.【答案】D

【解析】交易或事项的数量、单位和金额,这是原始凭证的填制内容。

20.【答案】D

【解析】尚未入账,可以重新填制。

21.【答案】A

【解析】已经登记入账的记账凭证发生错误,可以用红字填写一张与原内容相同的记账凭证,在摘要栏注明注销某月某日某号凭证,以冲销原错误的记账凭证。

22.【答案】B

【解析】各种原始凭证,除由经办业务的有关部门审核以外,最后都要由会计部门进行审核。

23.【答案】D

【解析】结账和更正错误的记账凭证可以不附原始凭证。

24.【答案】C

【解析】会计机构和会计人员对不真实、不合法的原始凭证,会计机构和会计人员有权不予接受,并向单位负责人报告。

25.【答案】A

【解析】原始凭证按填制手续和内容分为一次凭证、累计凭证、汇总凭证。银行结算凭证属于一次凭证。

26.【答案】C

【解析】出纳人员在办理收款或付款业务后,应在原始凭证上加盖"收讫"或"付讫"的戳记,以避免重收重付。

二、多项选择题

1.【答案】ABC

【解析】财务部门编制的开支计划不能证明经济业务已经发生或完成。

2.【答案】AC

【解析】收款凭证是根据有关库存现金和银行存款收入业务而填制的原始凭证,所以借方可以是"库存现金"科目,也可以是"银行存款"科目。

3.【答案】AD

【解析】除结账和更正错误的记账凭证可以不附原始凭证外,其他记账凭证必须附有原始凭证。

4.【答案】CD

【解析】对于已预先印有编号的原始凭证在写错时,应加盖"作废"戳记,妥善保管,不得撕毁。从外单位取得的原始凭证遗失时,应取得原签发单位盖有公章的证明,并注明原始凭证的号码、金额、内容等,由经办单位会计机构负责人、会计主管人员和单位负责人批准后,才能代作原始凭证。

5.【答案】AD

【解析】涉及现金和银行存款之间相互划转的收付业务,为避免重复记账,只填付款凭证。

6.【答案】ABCD

【解析】收、付款凭证是根据收付业务的原始凭证填制的,是出纳人员收付款项的依据,也能作为登记日记账、总账、明细账的依据。

7.【答案】BCD

【解析】增值税专用发票是外来凭证。

8.【答案】ABD

【解析】单式记账凭证仍然是依据复式记账法编制的。

9.【答案】AB

【解析】会计凭证传递时应注意三个方面:传递程序、传递时间、传递过程。

10.【答案】ABCD

【解析】自制原始凭证要由经办单位领导人或其指定的人员签名或盖章。购买实物的原始凭证,必须有验收证明。不得以虚假的交易或事项为依据填制原始凭证。原始凭证应在交易或事项发生或完成后及时填制。

11.【答案】ABD

【解析】原始凭证与记账凭证都要填制凭证名称及编号、填制凭证日期、有关人员签章。接受单位名称是原始凭证需要填制的。

12.【答案】ABCD

【解析】记账凭证的填制除必须做到记录真实、内容完整、填制及时、书写清楚外,还必须符合以下要求:必须连续编号;如有空行,应当在空行处划线注销;发生错误应该按规定的方法更正;除另有规定外,应该有附件并注明附件张数。

13.【答案】CD

【解析】不同类型业务的原始凭证不能合并编制一张记账凭证。从银行提取库存现金时只填制银行存款付款凭证。

14.【答案】ABC

【解析】编制报表的依据是会计账簿。

15.【答案】AD

【解析】限额领料单是累计凭证,汇总付款凭证是记账凭证。

16.【答案】ABCD

【解析】原始凭证的审核内容包括真实性、合法性、合理性、完整性、正确性、及时性。

17.【答案】ABCD

【解析】应在记账凭证上签名或盖章的有会计主管人员、记账人员、审核人员、制单人员。

18.【答案】BCD

【解析】记账凭证可以根据每一张原始凭证填制,或根据若干张同类原始凭证汇总编制,也可以根据原始凭证汇总表填制。

19.【答案】CD

【解析】制造费用分配表是自制原始凭证、一次凭证。

20.【答案】ACD

【解析】对账单不是原始凭证，不能作为编制记账凭证的依据。

三、判断题

1.【答案】×

【解析】转账支票是原始凭证，如果原始凭证金额有错误，应由出具单位重开，不得更正。

2.【答案】√

【解析】略。

3.【答案】√

【解析】略。

4.【答案】√

【解析】略。

5.【答案】×

【解析】发料凭证汇总表是汇总原始凭证，而不是记账凭证。

6.【答案】√

【解析】略。

7.【答案】×

【解析】企业的各种会计凭证都不得涂改、刮擦和变造，如果发生错误，应采用正确的方法更正。

8.【答案】×

【解析】虽然自制原始凭证的名称、用途、格式不同，但仍是原始凭证，所以仍要对其真实性、合法性进行审核。

9.【答案】√

【解析】略。

10.【答案】×

【解析】从外部取得的原始凭证，必须盖有填制单位的公章；从个人取得的原始凭证，必须有填制人员的签名或盖章。

11.【答案】×

【解析】付款凭证在库存现金或银行存款减少时填制。

12.【答案】×

【解析】购货合同不是原始凭证。

13.【答案】√

【解析】略。

14.【答案】×

【解析】记账凭证是登记账簿的直接依据，原始凭证则不能作为登记账簿的直接依据。

15.【答案】√

【解析】略。

16.【答案】×

【解析】会计凭证上填写的人民币字样或符号“¥”与汉字大写金额数字或阿拉伯金额之间不得留有空白。

17.【答案】√

【解析】略。

18.【答案】√

【解析】略。

项目六　认知会计账簿

一、单项选择题

1.【答案】D

【解析】会计账簿暂由本单位财务会计部门保管1年，期满后，由会计部门编造清册移交档案部门保管。

2.【答案】C

【解析】原材料明细账一般采用数量金额式账页格式。

3.【答案】B

【解析】临时租入的固定资产不是企业的资产，不在分类账和日记账中反映，只在备查账簿中登记。

4.【答案】C

【解析】贷方多栏式账页适用于收入类账户。

5.【答案】D

【解析】日记账一般采用订本式账簿。

6.【答案】C

【解析】对每一项经济业务，一方面要记入有关总分类账户，另一方面要在所属的明细分类账账户中进行明细分类核算。由于是同一项业务，所以登记时依据的是同一会计凭证。

7.【答案】A

【解析】账簿按用途不同划分为序时账簿、分类账簿和备查账簿。

8.【答案】C

【解析】按照明细分类账户分类登记经济业务事项的是明细分类账簿，简称明细账。

9.【答案】C

【解析】多栏式明细账适用于收入、成本、费用类明细账户。

10.【答案】C

【解析】账证核对的内容是账簿和凭证之间的核对。

11.【答案】B

【解析】记账凭证是登记各种账簿的直接依据之一。银行存款日记账的依据有库存现金付款凭证和银行存款付款凭证。总分类账户发生额及余额试算平衡中本期借方发生额合计等于本期贷方发生额合计,说明账户发生额记录基本没有错。

12.【答案】D

【解析】日记账是按照经济业务发生或完成时间先后顺序逐日、逐笔进行登记的账簿。

13.【答案】D

【解析】订本式账簿适用于总账和日记账。

14.【答案】B

【解析】应收应付账款明细账与对方单位账户记录核对属于账实核对。有些变动比较小的账簿不必每年更换。除结账和更正错账外,红色墨水笔还可以用在不设借贷等栏的多栏式账页中登记减少数,在三栏式账户的余额栏前,如未印明余额方向的,在余额栏内登记负数余额。

15.【答案】A

【解析】既适用于金额核算,又适用于数量核算的是数量金额式,所以应选库存商品明细账。

16.【答案】A

【解析】在启用之前就已将账页装订在一起,并对账页进行了连续编号的账簿称为订本式账簿。

17.【答案】D

【解析】卡片账适用于固定资产明细账。

18.【答案】C

【解析】横线登记式就是将每一相关的业务登记在一起,从而可依据每一行各个栏目的登记是否齐全来判断该项业务的进展情况的明细分类账格式。

19.【答案】D

【解析】明细分类账一般采用活页式账页格式。

20.【答案】D

【解析】账簿记录与原始凭证核对属于账证核对。

21.【答案】B

【解析】补充登记法的适用范围是记账后记账凭证所记的会计账户无误而所记金额小于应记金额。

22.【答案】B

【解析】涉及库存现金和银行存款之间相互划转的收、付款业务,为避免重复,只填付款凭证,不填收款凭证。

23.【答案】C

【解析】每一账页登记完毕结转下页时,应当结出本页合计数及余额,写在本页最后一行和下页第一行有关栏内,并在摘要栏内注明"过次页"和"承前页"字样,这是为了保持账簿记录的连续性。

24.【答案】A

【解析】由于凭证错误导致账簿错误,而且只是多记金额,应采用红字更正法,红字冲销多记的180元。

25.【答案】C

【解析】变动小的部分明细账,如固定资产明细账或固定资产卡片账及备查账可以连续使用。

二、多项选择题

1.【答案】BD

【解析】平行式明细账即横线登记式,适用于材料采购、应收票据、一次性备用金业务。日记账除了可以采用三栏式外,还可以采用多栏式。

2.【答案】AD

【解析】多栏式明细账一般适用于收入、成本、费用类明细账户。因记账凭证错误而造成的账簿记录错误,可以采用红字更正法或补充登记法进行更正。

3.【答案】CD

【解析】错账更正的方法有红字更正法、补充登记法。

4.【答案】CD

【解析】备查账簿是对某些在序时账簿和分类账簿等主要账簿中不予登记或登记不够详细的经济业务事项进行补充登记时使用的账簿,例如:租入固定资产登记簿、应收应付票据登记簿。

5.【答案】AC

【解析】现金日记账的收入栏应根据现金收款凭证、银行存款付款凭证登记。

6.【答案】CD

【解析】记账凭证科目无误、金额错误,可以采用红字更正法和补充登记法。

7.【答案】BD

【解析】结账工作包括将本期发生的经济业务事项

全部登记入账;根据权责发生制的要求,调整有关账项,合理确定本期应计的收入和应计的费用;将损益类账户转入“本年利润”账户,结平所有损益类账户;结算出资产、负债和所有者权益账户的本期发生额和余额,并结转下期。

8.【答案】ABCD

【解析】总账应采用订本式账簿。有些账簿可以不开设明细账。明细账提供详细、具体的核算指标。总账提供总括核算指标。

9.【答案】AC

【解析】“库存商品”“原材料”账户既要反映金额指标,又要反映数量指标。

10.【答案】ABD

【解析】应收账款明细账应采用活页式账簿。

11.【答案】BCD

【解析】对账包括账证核对、账账核对、账实核对,而账簿记录与报表核对属于账表核对,不是对账的内容。

12.【答案】ABC

【解析】数量金额式是在收入、发出、结存栏下分设数量、单价、金额三个小栏。

13.【答案】BCD

【解析】选项 A 的正确表示应该是:总账账户的期初余额=所属明细账账户期初余额合计。

三、判断题

1.【答案】√

【解析】略。

2.【答案】×

【解析】补充登记法的适用范围是记账后记账凭证所记的会计科目无误而所记金额小于应记金额。

3.【答案】√

【解析】略。

4.【答案】×

【解析】活页账在账簿登记完毕之后,账页需要装订起来。

5.【答案】√

【解析】略。

6.【答案】√

【解析】略。

7.【答案】×

【解析】记账时应使用蓝黑墨水笔或碳素墨水笔书写,不得使用圆珠笔(银行的复写账簿除外)或铅笔书写。

8.【答案】√

【解析】

9.【答案】√

【解析】略。

10.【答案】×

【解析】在我国,单位一般只对固定资产明细核算采用卡片账。

11.【答案】√

【解析】略。

12.【答案】×

【解析】新旧账簿有关账户之间的结转余额,不需要编制记账凭证。

13.【答案】×

【解析】只进行金额核算的明细分类账户可以采用两栏式、三栏式、多栏式等。

14.【答案】×

【解析】对需要结计本年累计发生额的账户,结计“过次页”的本页合计数应为年初起至本页末止的累计数。

15.【答案】×

【解析】会计部门的财产物资明细账期末余额与财产物资使用部门的财产物资明细账余额相核对,属于账账核对。

16.【答案】√

【解析】略。

17.【答案】√

【解析】略。

18.【答案】×

【解析】在平行登记法下,总分类账和明细分类账要在同期内登记,不是同时间。

四、计算分析题

1.【答案】

(1) 82 500-39 500=43 000(元)。

(2) 39 500(元)。

(3) 82 500+34 000=116 500(元)。

(4) 116 500-60 000=56 500(元)。

(5) 39 500+34 000=73 500(元)。

2.【答案】

(1) 借:预付账款　　40 000
　　贷:银行存款　　40 000

(2) 借:在建工程　　60 000
　　贷:银行存款　　60 000

(3) 借:应付职工薪酬　　7 000

贷:库存现金 7 000

(4) 借:制造费用 4 500

贷:累计折旧 4 500

(5) 借:应付职工薪酬 65 000

贷:库存现金 65 000

项目七 认知财产清查

一、单项选择题

1.【答案】A

【解析】财产物资的核算一般都采用永续盘存制。

2.【答案】A

【解析】财产清查结果的处理是为及时调整账簿记录,保证账实相符。

3.【答案】A

【解析】固定资产采用的清查方法是实地盘点法。

4.【答案】C

【解析】对财产经管人员经管的那部分财产进行的清查属于局部清查和不定期清查。

5.【答案】D

【解析】“待处理财产损溢”账户的贷方余额表示尚待处理的净溢余,即待处理的盘盈数大于待处理的盘亏数。

6.【答案】B

【解析】固定资产市场价格为 80 000 元,六成新,入账价值即为 48 000 元。

7.【答案】B

【解析】库存现金清查的方法是实地盘点法。

8.【答案】A

【解析】技术推算法主要适用于大量成堆、价廉笨重且不能逐项清点的物资。

9.【答案】B

【解析】采用实地盘存制,平时账簿记录中不能反映减少数。

10.【答案】C

【解析】单位撤销、分立、合并或改变隶属关系时应采用全面清查。

11.【答案】B

【解析】企业与银行账实不符的原因主要有两个:一是一方或双方存在记账错误,二是存在未达账项。如果记账无误,就是存在未达账项。

12.【答案】B

【解析】批准后,无法查明原因的长款记入“营业外收入”账户贷方。

13.【答案】B

【解析】80 000－20 000＝60 000(元)。

14.【答案】B

【解析】调节后的余额是企业可动用的银行存款实有数,即 160 000 元。

15.【答案】B

【解析】发现即为批准前,所以借记“待处理财产损溢”账户。

16.【答案】C

【解析】固定资产盘亏的净损失记入“营业外支出”账户的借方。

17.【答案】D

【解析】对实物资产进行清查盘点时,实物保管员必须在场。

18.【答案】B

【解析】固定资产盘盈数记入“以前年度损益调整”账户贷方。

19.【答案】A

【解析】现金每日清点一次。银行存款和银行借款每月至少同银行核对一次。贵重物资每月盘点清查一次。债权债务每年至少核对一至两次。

20.【答案】A

【解析】盘存单是实物财产盘点结果的书面证明。

21.【答案】B

【解析】未达账项只有在企业收到有关结算凭证后才能进行账务处理。

22.【答案】C

【解析】财产清查是指通过对货币资金、实物资产和往来款项的盘点或核对,确定其实存数,查明账存数与实存数是否相符的一种专门方法。

23.【答案】C

【解析】年终决算前,单位撤销、分立、合并或改变隶属关系时进行全面清查。

24.【答案】B

【解析】往来款项采用的是发函询证核对法。

25.【答案】C

【解析】未达账项应编制银行存款余额调节表,检查调整后的余额是否相等。

26.【答案】C

【解析】存货盘亏属于非常损失,记入“营业外支出”账户借方。

27.【答案】C

【解析】实存账存对比表是调整账簿记录的原始

凭证。

二、多项选择题

1.【答案】ABCD

【解析】财产清查按时间不同分为定期清查和不定期清查，定期清查可以是全面清查，也可以是局部清查；不定期清查可以是全面清查，也可以是局部清查。

2.【答案】ACD

【解析】在库存现金、存货、固定资产盘亏的清查结果处理时都要涉及“待处理财产损溢”账户。

3.【答案】ABD

【解析】企业与银行账实不符的原因主要有两个：一是一方或双方存在记账错误，二是存在未达账项。

4.【答案】ABCD

【解析】技术推算法主要适用于大量成堆、价廉笨重且不能逐项清点的物资。

5.【答案】AB

【解析】调节后的相等金额是企业可动用的银行存款实有数，但不能作为记账的原始依据，只有在企业收到有关结算凭证后才能进行账务处理。

6.【答案】AD

【解析】企业已付、银行未付会导致企业银行存款日记账余额小于银行对账单余额，银行已收、企业未收会导致企业银行存款日记账余额小于银行对账单余额。

7.【答案】AB

【解析】年终决算时的清查属于全面清查，而且由于是年终，所以还属于定期清查。

8.【答案】AC

【解析】企业改变隶属关系、清查核资属于全面清查。

9.【答案】AD

【解析】财产物资的盘存制度有实地盘存制和永续盘存制。

10.【答案】ABD

【解析】银行存款清查采用对账单法。

11.【答案】AC

【解析】实物资产常用的清查方法是实地盘点法和技术推算法。

12.【答案】AC

【解析】应收账款无法收回作为坏账处理。账外固定资产记入“以前年度损益调整”账户。

13.【答案】ABCD

【解析】对于银行存款，账实不符的原因主要有两个：一是一方成双方存在记账错误，二是存在未达账项。对于存货，账实不符的原因有管理不善、计量收发不准等。

14.【答案】ABC

【解析】永续盘存制是对各项财产物资的增加或减少，都必须根据会计凭证逐笔或逐日在有关账簿中进行连续登记，并随时结算出账面结存数的方法。

15.【答案】BC

【解析】调节后的余额＝企业银行存款日记账余额＋银行已收而企业未收款项－银行已付而企业未付款项。

三、判断题

1.【答案】×

【解析】永续盘存制能随时反映存货收入、发出和结存动态。

2.【答案】×

【解析】永续盘存制也要进行盘点，目的是进行账实核对。

3.【答案】×

【解析】银行已付、企业未付会导致企业银行存款日记账余额大于银行对账单余额。

4.【答案】×

【解析】未达账项是指企业和银行之间，由于凭证传递上的时间差，造成一方已经登记入账，而另一方尚未登记入账的款项。

5.【答案】×

【解析】对于等待批准处理的财产盘盈、盘亏，会计年终前应处理完毕。

6.【答案】×

【解析】清查小组清查时，出纳人员必须在场。

7.【答案】√

【解析】略。

8.【答案】×

【解析】账面数大于实有数，即为盘亏。

9.【答案】×

【解析】先确定期末库存存货成本，后确定本期发出存货成本的方法，称为实地盘存制。

10.【答案】×

【解析】企业与银行账实不符的原因主要有两个：一是一方或双方存在记账错误，二是存在未达账项。

11.【答案】×

【解析】转销已批准处理的财产盘盈数登记在“待处理财产损溢”账户的借方。

12.【答案】×

【解析】定期财产清查一般在结账前进行。

13.【答案】×

【解析】实地盘存制是以耗计存或以销计存，一般适用于一些价值低、品种杂、进出频繁的商品或材料物资。

14.【答案】√

【解析】略。

15.【答案】√

【解析】略。

16.【答案】×

【解析】对仓库中所有的存货进行的盘点属于局部清查。

17.【答案】×

【解析】经批准转销固定资产盘亏净损失时，账务处理应借记“营业外支出”账户，贷记“待处理财产损溢”账户。

18.【答案】√

【解析】略。

四、计算分析题

1.【答案】

(1) 借：库存现金　　20 000
　　贷：待处理财产损溢　　20 000
　借：待处理财产损溢　　20 000
　　贷：其他应付款　　12 000
　　　　营业外收入　　80 000

(2) 借：待处理财产损溢　　30 000
　　　　累计折旧　　50 000
　　贷：固定资产　　80 000
　借：营业外支出　　30 000
　　贷：待处理财产损溢　　30 000

(3) 借：待处理财产损溢　　52
　　贷：库存现金　　52
　借：其他应收款　　52
　　贷：待处理财产损溢　　52

(4) 借：库存商品　　2 000
　　贷：待处理财产损溢　　2 000
　借：待处理待产损溢　　2 000
　　贷：管理费用　　2 000

(5) 借：待处理财产损溢　　10 000
　　贷：原材料　　10 000
　借：其他应收款　　5 000
　　　　管理费用　　2 000
　　　　营业外支出　　3 000
　　贷：待处理财产损溢　　10 000

2.【答案】

(1) 12 000；(2) 70 000＋12 000－5 000＝77 000；(3) 5 850；(4) 2 000；(5) 73 150＋5 850－2 000＝77 000。

项目八　认知财务会计报告

一、单项选择题

1.【答案】A

【解析】利润表是以“收入－费用＝利润”这一会计等式作为编制依据的。

2.【答案】C

【解析】资产负债表中的“货币资金”项目，需要根据“库存现金”“银行存款”“其他货币资金”三个总账科目的期末余额的合计数填列。

3.【答案】B

【解析】“预收账款”项目根据“预收账款”和“应收账款”科目所属各明细科目的期末贷方余额合计数填列。因此，“应收账款”科目所属明细科目如有贷方余额，应在资产负债表的“预收账款”项目中反映。

4.【答案】C

【解析】利润总额＝营业利润＋营业外收入－营业外支出；净利润＝利润总额－所得税费用。因此，所得税费用不会引起利润总额的增减变化。

5.【答案】B

【解析】我国的资产负债表采用账户式。

6.【答案】D

【解析】以营业利润为基础，加上营业外收入，减去营业外支出，计算得出利润总额。

7.【答案】C

【解析】“资产＝负债＋所有者权益”会计等式是编制资产负债表的依据。

8.【答案】D

【解析】资产＝负债＋所有者权益＝7 455＋3 000＝10 455(万元)；资产合计＝流动资产合计＋非流动资产合计＝10 455＝4 899＋流动资产合计；流动资产合计＝10 455－4 899＝5 556(万元)。

9.【答案】B

【解析】存货项目＝100 000＋50 000＋120 000－10 000＝260 000(元)。

10.【答案】D

【解析】在建工程属于非流动资产。

11.【答案】A

【解析】反映企业某一特定日期财务状况的会计报表是资产负债表。

12.【答案】B

【解析】合法实用不属于财务会计报告的编制要求。

13.【答案】C

【解析】参见会计报表的概念。

14.【答案】D

【解析】参见财务会计报告的编制要求。

15.【答案】D

【解析】在资产负债表中,资产按照其流动性大小排列:流动性大的资产如“货币资金”“交易性金融资产”等项目排在前面,流动性小的资产如“存货”“无形资产”等项目排在后面。

二、多项选择题

1.【答案】BC

【解析】利润表中的“营业成本”项目是当期“主营业务成本”科目的发生额与“其他业务成本”科目的发生额之和。

2.【答案】AC

【解析】货币资金项目需根据“库存现金”“银行存款”“其他货币资金”三个总账科目的期末余额的合计数填列。“存货”项目,应根据“材料采购”“原材料”“周转材料”“委托加工物资”“在途物资”“库存商品”“生产成本”等科目的期末余额合计,减去“存货跌价准备”科目期末余额后的金额填列。

3.【答案】ABCD

【解析】“存货”项目,应根据“材料采购”“原材料”“周转材料”“委托加工物资”“在途物资”“库存商品”“生产成本”“材料成本差异”等科目的期末余额合计,减去“存货跌价准备”科目期末余额后的金额填列。

4.【答案】AD

【解析】资产负债表中“应收账款”项目应根据“应收账款”和“预收账款”科目所属明细科目的期末借方余额合计数填列。

5.【答案】ACD

【解析】营业利润＝营业收入－营业成本－税金及附加－销售费用－管理费用－财务费用－资产减值损失±公允价值变动收益±投资收益。

6.【答案】ABCD

【解析】略。

7.【答案】CD

【解析】参见利润表的意义。

8.【答案】ABCD

【解析】企业财务会计报表按其编报的时间不同,分为月度、季度、半年度、年度报表。

9.【答案】ACD

【解析】期末损益类科目的余额应转入“本年利润”科目。

10.【答案】CD

【解析】“预付款项”项目根据“应付账款”和“预付账款”科目所属明细科目的期末借方余额合计数填列。

三、判断题

1.【答案】×

【解析】利润表是反映企业一定会计期间经营成果的财务报表。

2.【答案】×

【解析】资产负债表中资产类至少包括流动资产项目、长期投资项目、固定资产项目和无形资产及其他资产项目。

3.【答案】×

【解析】利润表中收入类项目大多是根据收入类账户期末结转前贷方发生额减去借方发生额后的差额填列,若差额为负数,则以“－”号填列。

4.【答案】×

【解析】营业成本还包括企业的其他经营业务的其他业务成本,但是不包括各项销售费用。

5.【答案】√

【解析】略。

6.【答案】√

【解析】略。

7.【答案】×

【解析】资产负债表是总括反映企业特定日期资产、负债和所有者权益情况的静态报表,通过它可以了解企业的资产构成、资金的来源构成和企业债务的偿还能力。

8.【答案】×

【解析】“货币资金”项目是根据“库存现金”“银行

存款”“其他货币资金”科目期末余额的合计数填列。

9.【答案】×

【解析】营业利润＝营业收入－营业成本－税金及附加－销售费用－管理费用－财务费用－资产减值损失±公允价值变动收益±投资收益；利润总额＝营业利润＋营业外收入－营业外支出；净利润＝利润总额－所得税费用。

10.【答案】×

【解析】季度、月度财务会计报告至少应该包括资产负债表、利润表和附注。

11.【答案】√

【解析】略。

12.【答案】×

【解析】“制造费用”账户属于成本类账户，不需要结转到“本年利润”账户。

13.【答案】√

【解析】略。

14.【答案】×

【解析】根据损益类科目的定义进行判断。

15.【答案】×

【解析】营业利润是以营业收入为基础的，减去营业成本、营业税金及附加、销售费用、管理费用、财务费用、资产减值损失，加上公允价值变动收益(或减去公允价值变动损失)，加上投资收益(或减去投资损失)。

四、计算分析题

1. (1) 货币资金＝7 000＋160 000＝167 000(元)。

(2) 存货＝20 000＋60 000＋40 000＋30 000＝150 000(元)。

(3) 固定资产＝440 000－40 000＝400 000(元)。

(4) 应付账款＝60 000＋25 000＝85 000(元)。

(5) 未分配利润＝30 000＋5 000＝35 000(元)。

2. (1) 营业收入＝130 000＋10 000＝140 000(元)。

(2) 营业成本＝90 000＋3 000＝93 000(元)。

(3) 营业利润＝140 000－93 000－3 600－5 000－3 000－1 000－4 200＋9 000＋5 000＝44 200(元)。

(4) 利润总额＝44 200＋4 000－3 700＝44 500(元)。

(5) 净利润＝44 500－44 500×25%＝33 375(元)。

项目九　认知账务处理程序

一、单项选择题

1.【答案】A

【解析】设计账务处理程序是会计制度产设计的一项重要内容。

2.【答案】B

【解析】科目汇总表账务处理程序的优点是减轻登记总账的工作量并起到试算平衡作用。

3.【答案】C

【解析】汇总记账凭证账务处理程序与科目汇总表账务处理程序的优点中都有简化了登记总账的工作量。

4.【答案】D

【解析】科目汇总表的编制方法是，根据一定时期内全部记账凭证，按照会计科目进行归类，定期汇总计算出每一账户的本期借方发生额和本期贷方发生额，填写在科目汇总表的相关栏内。

5.【答案】B

【解析】记账凭证汇总表核算形式是根据科目汇总表登记总分类账的。

6.【答案】C

【解析】登记总分类账的依据有记账凭证、汇总记账凭证、科目汇总表。

7.【答案】B

【解析】汇总转账凭证按每一贷方科目分别设置汇总记账凭证。

8.【答案】C

【解析】科目汇总表账务处理程序下填制转账凭证应尽可能编制为一借一贷的形式。

9.【答案】C

【解析】汇总记账凭证账务处理程序的特点是根据汇总记账凭证登记总账。

10.【答案】C

【解析】汇总记账凭证是根据记账凭证编制的。

11.【答案】B

【解析】科目汇总表账务处理程序登记总账的直接依据是科目汇总表。

12.【答案】B

【解析】账务处理程序是由凭证组织、账簿组织和报表组织构成，其核心是账簿组织。

13.【答案】D

【解析】会计报表是根据总分类账和明细分类账

等会计资料编制的。

14.【答案】C

【解析】记账凭证账务处理程序适用于规模小、业务量不多的单位。

15.【答案】A

【解析】汇总记账凭证账务处理程序的缺点是不利于会计核算的日常分工；当转账凭证较多时，编制汇总转账凭证的工作量较大。

16.【答案】B

【解析】记账凭证账务处理程序是最基本的账务处理程序。

17.【答案】C

【解析】科目汇总表账务处理程序的缺点是不能反映账户之间的对应关系，不便于查对账目。

18.【答案】D

【解析】汇总转账凭证编制的依据是转账凭证。

二、多项选择题

1.【答案】CD

【解析】在汇总记账凭证账务处理程序下，月末应与总账核对的内容有明细账和现金、银行存款日记账。

2.【答案】ABD

【解析】账簿组织包括账簿的种类、格式及账簿之间的关系。

3.【答案】BC

【解析】适用于规模大、经济业务量较多企业的账务处理程序有汇总记账凭证账务处理程序、科目汇总表账务处理程序。

4.【答案】BD

【解析】汇总记账凭证账务处理程序的优点有：便于了解账户之间的对应关系；便于了解经济业务的来龙去脉；便于查对账目；减轻登记总账的工作量。

5.【答案】ABD

【解析】三种常见的账务处理程序都要填制或取得原始凭证、编制记账凭证、登记日记账、登记明细账、登记总账、编制会计报表。

6.【答案】ABD

【解析】常见的账务处理程序主要有记账凭证账务处理程序、汇总记账凭证账务处理程序、科目汇总表账务处理程序。

7.【答案】ACD

【解析】发出材料汇总表是原始凭证，不能根据记账凭证来编制。

8.【答案】ABCD

【解析】选择合适账务处理程序的意义：有利于提高会计信息的质量；有利于增强会计信息的可靠性；有利于保证会计信息的及时性；有利于会计工作程序的规范化。

9.【答案】ABC

【解析】记账凭证汇总表即科目汇总表，科目汇总表是一种记账凭证，能起到试算平衡的作用，也可以简化登记总账的工作量。

10.【答案】ACD

【解析】在各种会计核算形式下，明细分类账可以根据原始凭证、原始凭证汇总表、记账凭证来登记。

11.【答案】ACD

【解析】在科目汇总表财务处理程序下，记账凭证可用来登记库存现金日记账、银行存款日记账、明细分类账、科目汇总表。

12.【答案】BCD

【解析】账务处理程序是会计凭证、会计账簿、会计报表相结合的方式。

三、判断题

1.【答案】×

【解析】科目汇总表账务处理程序适用于经济业务量较多的单位。

2.【答案】√

【解析】略。

3.【答案】√

【解析】略。

4.【答案】×

【解析】原始凭证不可以作为登记各种账簿的直接依据。

5.【答案】×

【解析】同一企业不可以同时采用几种不同的账务处理程序。

6.【答案】×

【解析】各种会计核算形式的共同点之一是编制会计报表的方法相同。

7.【答案】×

【解析】汇总记账凭证账务处理程序的优点在于保持账户之间的对应关系。

8.【答案】×

【解析】各种账务处理程序的不同之处在于登记总

账的直接依据不同。

9.【答案】×

【解析】科目汇总表账务处理程序与汇总记账凭证账务处理程序的适用范围相似。

10.【答案】×

【解析】汇总转账凭证按每一科目贷方设置，并按其对应的借方账户归类汇总。

11.【答案】×

【解析】记账程序只是账务处理程序内容之一。

12.【答案】√

【解析】略。

13.【答案】×

【解析】会计报表是根据总分类账、明细分类账定期编制的。

14.【答案】√

【解析】略。

15.【答案】√

【解析】略。

16.【答案】√

【解析】略。

17.【答案】√

【解析】略。

18.【答案】√

【解析】略。

四、计算分析题

【答案】

(1) 5 000＋30 000＋60 000＝95 000；

(2) 5 000＋60 000＝65 000；

(3) 30 000＋3 000＝33 000；

(4) 25 000＋3 000＝28 000；

(5) 4。

综合模拟试卷一

一、单项选择题

1.【答案】C

【解析】购货发票属于外来原始凭证。

2.【答案】B

【解析】累计凭证根据连续反映某一时期、不断重复发生而分次进行的特定业务编制的原始凭证。

3.【答案】A

【解析】明细分类账适合采用活页式账簿形式。

4.【答案】B

【解析】结计本年累计发生额的账户，自年初起至本页末止累计数，结计“过次页”的合计数。

5.【答案】A

【解析】会计科目设置应当符合国家统一的会计制度的规定，企业应当满足相关各方的信息需求，应符合单位自身特点，满足单位实际需要。

6.【答案】D

【解析】会计科目按其提供信息的详细程度及其统驭关系不同，分为总分类科目和明细分类科目。

7.【答案】C

【解析】已实现销售的发出商品所有权已发生转移了，不能再作为库存商品了。

8.【答案】C

【解析】资产负债表是反映企业在某一特定日期财务状况的报表。

9.【答案】D

【解析】资产负债表中资产按流动性从大到小按以下顺序排列：货币资金、交易性金融资产、存货、无形资产。

10.【答案】A

【解析】收到应收账款存入银行，资产内部有增有减。从银行取得借款存入银行、收到投资者以固定资产进行的投资属于资产与权益同增。以银行存款偿还应付账款属于资产与权益同减。

11.【答案】B

【解析】资产＝6－2＋1.5－1.5＝4(万元)。

12.【答案】C

【解析】盘盈固定资产，一般应记入“以前年度损益调整”账户。

13.【答案】C

【解析】全面清查的几种情况主要包括：年终决算前；单位合并、撤销以及改变隶属关系前；中外合资、国内联营前；企业股份制改制前；开展全面的资产评估、清产核资时；单位主要领导调离工作前等。其余均应进行局部清查。

14.【答案】D

【解析】收付实现制下 6 月确认的费用＝1 800＋3 900＋3 000＝8 700(元)。

15.【答案】D

【解析】会计主体界定了从事会计工作和提供会计信息的空间范围。

16.【答案】B

【解析】持续经营是指企业资产以历史成本计价而不以现行成本或清算价格计价。

17.【答案】A

【解析】会计核算职能是指会计以货币为主要计量单位，通过确认、计量、记录、报告等环节，对特定主体的经济活动进行记账、算账、报账，为各有关方面提供会计信息的功能。

18.【答案】C

【解析】账户的金额要素有期初余额、本期增加发生额、本期减少发生额、期末余额。

19.【答案】B

【解析】企业当月增加的固定资产，从下个月开始计提折旧。

20.【答案】B

【解析】会计账簿主体编制财务会计报表主要依据的是分类账。

21.【答案】B

【解析】利润表中的全部指标均依据发生额来填列。

22.【答案】D

【解析】企业以银行存款偿还所欠购货款，资产项目和负债项目同减。

23.【答案】B

【解析】损益类科目期末结转时余额应转入“本年利润”科目。

24.【答案】A

【解析】经营租出固定资产的折旧记入“其他业务成本”科目，应编制的会计分录是借记“其他业务成本”科目，贷记“累计折旧”科目。

25.【答案】D

【解析】委托加工材料登记簿属于备查账簿。

26.【答案】B

【解析】日记账登记的特点是逐日、逐笔登记。

27.【答案】B

【解析】存在对应关系的科目称为对应科目。

28.【答案】B

【解析】企业现金出纳人员发生变动时，应对其保管的现金进行清查是局部清查和不定期清查。

29.【答案】C

【解析】结账应在一定时期终了时。

30.【答案】C

【解析】财务成果计算时才会涉及“本年利润”科目。

31.【答案】D

【解析】当年形成的会计档案在会计年度终了后，可暂由本单位财务部门保管1年，期满后，原则上移交档案保管部门保管。

32.【答案】B

【解析】记账凭证账务处理程序、汇总记账凭证账务处理程序和科目汇总表账务处理程序登记总分类账的方法不同。

33.【答案】D

【解析】汇总付款凭证按现金、银行存款账户的贷方设置，并按其对应的借方账户归类汇总。汇总收款凭证按现金、银行存款账户的借方设置，并按其对应的贷方账户归类汇总。汇总转账凭证按每一账户的贷方设置，并按其对应的借方账户归类汇总。

34.【答案】C

【解析】期末，损益类账户转入“本年利润”账户的借方。

35.【答案】A

【解析】会计目标是向财务会计报告使用者提供与企业财务状况、经营成果和现金流量等有关的会计信息。

36.【答案】D

【解析】汇总记账凭证账务处理程序便于了解账户之间的对应关系。

37.【答案】B

【解析】汇总记账凭证账务处理程序既能汇总登记总分类账、减轻总账登记工作，又能明确反映账户对应关系，便于查账、对账的账务处理程序。

38.【答案】B

【解析】存货是实物资产清查对象。

39.【答案】B

【解析】财产清查的主要目的是检查账实是否相符。

40.【答案】A

【解析】营业外收入不属于收入。

41.【答案】C

【解析】企业从银行借入3年期借款应编制的会计分录为：

借：银行存款

　　贷：长期借款

42.【答案】C

【解析】账页是账簿用来记录经济业务事项的载体。

43.【答案】B

【解析】补充登记法需填制蓝字记账凭证。

44.【答案】B

【解析】设备的取得成本为 205 000 元。

45.【答案】C

【解析】这笔工资属于应付而未付的工资,应记入“其他应付款”科目。

46.【答案】B

【解析】甲银行将短期贷款 20 万元转为对乙公司的投资属于负债减少,所有者权益增加。

47.【答案】B

【解析】用银行存款购买原材料,现金存入银行是资产内部一增一减。借入短期借款存入银行是资产与负债同增;用银行存款偿还购买原材料所欠的货款是资产与负债同减。

48.【答案】A

【解析】企业财务会计报告包括会计报表、附注、财务状况说明书。

49.【答案】A

【解析】工程物资是非流动资产,不用于计算存货项目。

50.【答案】D

【解析】汇总原始凭证与累计原始凭证的主要区别是填制手续和方法不同。

51.【答案】D

【解析】原始凭证按填制程序及内容分为一次凭证、累计凭证等。

52.【答案】B

【解析】会计是以货币为主要计量单位。

53.【答案】C

【解析】会计核算和监督的内容是特定主体的资金运动。

54.【答案】D

【解析】备查账不是依据记账凭证登记的。

55.【答案】A

【解析】序时账簿和总分类账簿必须采用订本式。

56.【答案】B

【解析】科目汇总表账务处理程序步骤是根据各种记账凭证编制科目汇总表。

57.【答案】D

【解析】常用账务处理程序包括:记账凭证账务处理程序、科目汇总表账务处理程序、汇总记账凭证账务处理程序。

58.【答案】D

【解析】记账凭证是根据审核无误的原始凭证按照经济业务事项的内容加以归类整理,并据以编制会计分录后填制的会计凭证。

59.【答案】A

【解析】借款单是一种自制的原始凭证。

60.【答案】A

【解析】全面清查的几种情况主要包括:年终决算前;单位合并、撤销及改变隶属关系前;中外合资、国内联营前;企业股份制改制前;开展全面的资产评估、清产核资时;单位主要领导调离工作前等。

61.【答案】B

【解析】现金盘点后的结果与现金日记账核对的情况,填制库存现金盘点报告表。

62.【答案】D

【解析】资产与权益平衡关系:资产=权益。

63.【答案】C

【解析】银行存款购买材料属于资产内部有增有减。结转完工产品成本、收回客户所欠的货款都属于资产内部有增有减。

64.【答案】C

【解析】所得税费用影响净利润额。

65.【答案】C

【解析】利润表主要根据损益类各账户的本期发生额编制。

66.【答案】A

【解析】经营租入的固定资产不拥有或控制其所有权,只有使用权,所以不是企业的资产。

67.【答案】A

【解析】企业从应付职工工资中代扣的职工房租的会计分录为:

借:应付职工薪酬

　　贷:其他应付款

68.【答案】C

【解析】原始凭证的保管期限是 15 年。

69.【答案】D

【解析】会计循环是指按照一定的步骤反复运行的会计程序。

70.【答案】C

【解析】基于会计分期假设运用的特殊会计方法包括应收、应付和预收、预付等。

71.【答案】A

【解析】企业出售一辆自用高级小轿车,取得出售价款时应编制的会计分录为：

借：银行存款

　　贷：固定资产清理

72.【答案】C

【解析】银行汇票存款属于“其他货币资金”科目的核算内容。

73.【答案】C

【解析】在货币计量前提下，我国企业的会计核算可以选用一种外币作为记账本位币，但其编制的财务会计报告应折算为人民币反映。

74.【答案】B

【解析】收付实现制下以款项实际支出作为当期费用。

75.【答案】B

【解析】三大期间费用为：销售费用、管理费用、财务费用。

76.【答案】D

【解析】负债按照预计期限内需要偿还的未来净现金流出量的折现金额计量，所采用的计量属性是现值。

77.【答案】D

【解析】资产＝负债＋所有者权益＝60＋(150＋20)＝230(万元)。

78.【答案】D

【解析】在借贷记账法下，余额试算平衡法平衡公式为：全部总分类科目借方期末余额合计＝全部总分类科目贷方期末余额合计。

79.【答案】D

【解析】原始凭证金额错误只能重开。

80.【答案】A

【解析】合理性是审核原始凭证所记录的经济业务是否符合企业生产经营活动的需要、是否符合有关的计划和预算的目的。

81.【答案】B

【解析】特种日记账是专门用来记录某一特定项目经济业务发生情况的日记账。

82.【答案】A

【解析】结账时，12月末结出全年累计发生额后应当划通栏双红线。

83.【答案】A

【解析】记账凭证账务处理程序的缺点是登记总账的工作量大。

84.【答案】B

【解析】在汇总记账凭证账务处理程序下，汇总转账凭证应当按贷方科目进行设置，借方汇总。

85.【答案】A

【解析】对实物资产进行清查盘点时，实物保管员必须在场。

86.【答案】D

【解析】实地盘存制下企业通过实地盘点法先确定期末存货的数量，然后倒挤出本期发出存货的数量。

87.【答案】C

【解析】资产负债表中确认的资产是企业拥有或控制的资产。企业不可以提前结账。半年度财务报告包括会计报表附注及财务情况说明书。

88.【答案】D

【解析】正常营业周期通常短于一年，但是，也存在正常营业周期长于一年的情况。当正常营业周期不能确定时，应当以一年(12个月)作为正常营业周期。

89.【答案】C

【解析】“利润分配”账户的年末余额如果在借方，表示历年累计未弥补的亏损。

90.【答案】A

【解析】企业生产车间的设备计提折旧时应编制的会计分录为：

借：制造费用

　　贷：累计折旧

二、多项选择题

1.【答案】ABCD

【解析】会计账簿与账户关系：账户存在于账簿之中，账簿中的每一账页就是账户的存在形式和载体；没有账簿，账户就无法存在；账簿只是一个外在形式，账户才是其真实内容；账簿与账户的关系是形式和内容的关系。

2.【答案】ABD

【解析】各种账务处理程序的基本相同点：填制记账凭证的依据相同；登记明细账的依据和方法相同；编制会计报表的依据和方法相同。

3.【答案】BCD

【解析】会计分录的内容包括会计科目名称，金额，应借、应贷方向。

4.【答案】BC

【解析】“资产＝负债＋所有者权益”是复式记账的理论依据基础，是设置账户、试算平衡和编制资产负债表的理论依据。

5.【答案】ABCD

【解析】财务会计报告使用者包括投资者、债权人、政府及相关机构、单位管理人员。

6.【答案】BCD

【解析】交易性金融资产是流动资产。

7.【答案】ABCD

【解析】可以用红色墨水笔记账的情况：按照红字冲账的记账凭证，冲销错误记录；在不设借贷等栏的多栏式账页中，登记减少数；在三栏式账户的余额栏前，如未印明余额方向的，在余额栏内登记负数余额；根据国家统一的会计制度的规定可以使用红字登记的其他会计记录。

8.【答案】ACD

【解析】原始凭证书写时应注意的事项包括：不得使用未经国务院公布的简化汉字；小写金额用阿拉伯数字逐个书写，不可以写连笔字；金额数字一律填写到角、分，无角、分的，写“00”或符号“一”，有角无分的，分位写“0”，不得用符号“一”；在金额前要填写人民币符号“￥”，人民币符号“￥”与阿拉伯数字之间不得留有空白。

9.【答案】ABC

【解析】可能引起企业银行存款日记账和银行对账单余额不一致的原因是企业或银行存在错账、漏账、未达账项。

10.【答案】ACD

【解析】损益类科目应在年末将余额转入“本年利润”科目。

三、判断题

1.【答案】×

【解析】法律主体一定是会计主体，会计主体不一定是法律主体。

2.【答案】×

【解析】为了保证会计信息的可比性，总分类科目一般由国家统一的会计制度统一设置。

3.【答案】√

【解析】略。

4.【答案】×

【解析】企业在与外单位发生的任何经济业务中，取得的合法、合理的书面证明是原始凭证。

5.【答案】√

【解析】略。

6.【答案】√

【解析】略。

7.【答案】×

【解析】年度终了，“利润分配”账户除“未分配利润”明细账外，该账户其他明细账无余额。

8.【答案】√

【解析】略。

9.【答案】×

【解析】实质重于形式原则要求企业应当按照交易或事项的经济实质进行确认、计量和报告。

10.【答案】×

【解析】企业收到投资者出资额超过其在注册资本中所占份额的部分，应当计入资本公积。

11.【答案】×

【解析】“税金及附加”科目主要核算企业经营活动发生的消费税等相关税费，不包括增值税。

12.【答案】√

【解析】略。

13.【答案】√

【解析】略。

14.【答案】×

【解析】登记账簿应用蓝黑墨水笔或碳素墨水笔书写，不得使用圆珠笔(银行复写账簿除外)或铅笔书写。

15.【答案】×

【解析】记账凭证账务处理程序是会计核算中最基本的账务处理程序，其他账务处理程序都是在这种账务处理程序的基础上发展、演变形成的。

16.【答案】×

【解析】根据总账与明细账的平行登记要求，每项经济业务必须同期间登记明细账和总账。

17.【答案】×

【解析】从外单位取得的原始凭证遗失时，必须取得原签发单位盖有公章的证明，并注明原始凭证的号码、金额、内容等，由经办单位会计机构负责人、会计主管人员和单位负责人批准后，才能代作原始凭证。

18.【答案】×

【解析】资产类科目结构与费用类科目结构相似，区别在于费用类科目期末无余额。

19.【答案】×

【解析】实际没发生的业务不能确认为企业的负债。

20.【答案】√

【解析】略。

四、计算分析题

1.【答案】

(1) 6 800;(2) 1 930;(3) 97 670;(4) 1 000;(5) 97 670。

2.【答案】

(1) 借:库存现金 2 000
　　贷:银行存款 2 000

(2) 借:制造费用 440
　　贷:库存现金 440

(3) 借:银行存款 80 000
　　贷:应收账款 80 000

(4) 借:应收账款 113 000
　　贷:主营业务收入 100 000
　　　应交税费——应交增值税(销项税额) 13 000

(5) 借:银行存款 150 000
　　贷:应收账款 150 000

3.【答案】

(1) 920 000;(2) 540 000;(3) 364 000;(4) 375 000;(5) 281 250。

4.【答案】

(1) 借:银行存款 600 000
　　贷:短期借款 600 000

(2) 借:应收账款 904 000
　　贷:主营业务收入 800 000
　　　应交税费——应交增值税(销项税额) 104 000
　借:主营业务成本 600 000
　　贷:库存商品 600 000

(3) 借:原材料 400 000
　　应交税费——应交增值税(进项税额) 52 000
　　贷:应付账款 452 000

(4) 借:管理费用 4 000
　　制造费用 20 000
　　贷:累计折旧 24 000

(5) 借:资产减值准备 344 000
　　贷:坏账准备 344 000

综合模拟试卷二

一、单项选择题

1.【答案】B

【解析】原始凭证的审核内容包括:审核原始凭证的真实性(对于外来原始凭证必须要有填制单位的公章和人员签章),审核原始凭证的合法性(符合有关的审核程序),审核原始凭证的合理性(符合有关的计划和预算),审核原始凭证的正确性,审核原始凭证的及时性。原始凭证不涉及会计科目的使用。

2.【答案】A

【解析】负债是指企业由过去的交易或者事项形成的、预期会导致经济利益流出企业的现时义务。

3.【答案】A

【解析】7 800+18 000−6 200=19 600(元)。

4.【答案】D

【解析】红字更正法通常适用于两种情况:第一种情况,记账后在当年内发现记账凭证所记的会计科目错误;第二种情况,会计科目无误而所记金额大于应记金额。

5.【答案】B

【解析】记账凭证账务处理程序适用于规模较小、经济业务量较少的单位。

6.【答案】D

【解析】试算平衡指的是根据“资产=负债+所有者权益”的恒等关系以及借贷记账法的记账规则,检查和验证所有账户记录是否正确的一种方法。

7.【答案】B

【解析】企业一般以永续盘存制作为财产物资的盘存制度。

8.【答案】D

【解析】“利润分配——未分配利润”科目的余额在借方表示未弥补的亏损,在贷方表示未分配的利润。

9.【答案】D

【解析】总分类科目又称总账科目,是对会计要素具体内容进行总括分类、提供总括信息的会计科目。

10.【答案】A

【解析】记账凭证应根据审核无误的原始凭证编制。

11.【答案】A

【解析】账簿按用途分,可分为序时账簿、分类账簿和备查账簿。

12.【答案】B

【解析】借贷记账法下,试算平衡不能检查出所有记账错误。在借贷记账法下，资产增加记借方，负债减少记借方。在借贷记账法下，"借""贷"指的是记账符号，增、减方向取决于会计科目的结构和性质。

13.【答案】A

【解析】填制和审核凭证是会计核算的最初环节，登记账簿是会计核算的中心环节，编制和报送会计报表是会计核算的最终环节。

14.【答案】D

【解析】经济业务主要有以下四种类型：资产内部有增有减；权益内部有增有减；资产增加，权益增加；资产减少，权益减少。

15.【答案】A

【解析】实存账存对比表又称盘盈或盘亏报告表，用以确认财产物资盘盈或盘亏的数额，是调整账面数字的原始凭证。

16.【答案】B

【解析】发放专设销售机构人员工资应编制的分录为：

借：销售费用

　　贷：应付职工薪酬——工资

17.【答案】C

【解析】汇总记账凭证账务处理程序的主要缺点是不利于会计核算的日常分工，并且当转账凭证较多时，编制汇总记账凭证的工作量较大。

18.【答案】A

【解析】现金日记账、银行存款日记账的保管期限为25年。

19.【答案】D

【解析】选项A会导致资产与负债同增；选项B会导致资产与负债同减；选项C会导致资产与负债同增；选项D会导致资产内部有增有减。

20.【答案】B

【解析】企业对于它所有的机器设备、厂房等固定资产，只有在持续经营的前提下，才可以在机器设备的使用年限内，按照其价值和使用情况，确定采用某一折旧方法计提折旧。如果没有持续经营这一基本前提，从理论上说，机器设备等固定资产的价值只能采用实现可变现价值来予以计量。

21.【答案】A

【解析】原始凭证又称单据，是在经济业务发生或者完成时取得或填制的，用以记录或证明经济业务的发生或者完成情况的原始凭据。

22.【答案】C

【解析】企业在对会计要素进行计量时，一般应当采用历史成本。在某些情况下，为了提高会计信息质量，实现财务报告目标，《企业会计准则》允许采用重置成本、可变现净值、现值、公允价值计量的，应当保证所确定的会计要素金额能够取得并可靠计量，如果这些金额无法取得或者可靠地计量，则不允许采用其他计量属性。

23.【答案】A

【解析】在借贷记账法下，资产类科目的期末余额＝期初余额＋借方发生额－贷方发生额。

24.【答案】D

【解析】该设备入账价值＝40 000＋1 200＋600＝41 800(元)。

25.【答案】A

【解析】根据原始凭证或汇总原始凭证编制的是记账凭证。

26.【答案】B

【解析】编制财务报表的直接依据是会计账簿。

27.【答案】B

【解析】原材料明细账采用数量金额式。

28.【答案】D

【解析】账实核对包括：现金日记账账面余额与现金实际库存数的核对；银行存款日记账账面余额与银行对账单的核对；财产物资明细账账面余额与财产物资实存数额的核对；应收、应付账款明细账账面余额与债务、债权单位核对。

29.【答案】C

【解析】汇总凭证是根据一定时期内反映相同经济业务的多张原始凭证，按一定标准综合后一次填制完成的原始凭证。

30.【答案】C

【解析】银行已付、企业未付应在企业日记账上减。

31.【答案】A

【解析】在资产负债表项目填制中，应收账款、长期借款、存货需通过计算填列。

32.【答案】D

【解析】企业从应付职工工资中代扣的职工房租的会计分录为：

借：应付职工薪酬

　　贷：其他应付款

33.【答案】C

【解析】持续经营是指在可预见的未来，会计主体不会破产清算，所持有的资产将正常营运，所负有的债务将正常偿还。

34.【答案】B

【解析】限额领料单是累计凭证。

35.【答案】D

【解析】库存现金清查中，对无法查明原因的长款，经批准应计入“营业外收入”。

36.【答案】D

【解析】资产负债表是反映企业某一特定日期财务状况的会计报表。

37.【答案】D

【解析】在我国，一般只对固定资产明细账的核算采用卡片账形式。

38.【答案】D

【解析】登记总分类账的依据有记账凭证、汇总记账凭证、科目汇总表。

39.【答案】A

【解析】对外会计报表包括资产负债表、利润表、现金流量表其中，资产负债表是静态报表，利润表、现金流量表是动态报表。

40.【答案】A

【解析】记账凭证账务处理程序直接根据记账凭证逐笔登记总分类账。

41.【答案】B

【解析】货币计量假设为会计核算提供了必要手段。

42.【答案】A

【解析】“预付款项”项目的期末余额＝预付账款明细账期末借方余额＋应付账款明细账的期末借方余额。

43.【答案】C

【解析】财务费用用来核算企业为筹集生产经营所需资金而发生的费用，包括利息支出、手续费、汇兑损益等。

44.【答案】C

【解析】复合会计分录指一借多贷、一贷多借、多借多贷。

45.【答案】A

【解析】全面清查的几种情况主要包括：年终决算前；单位合并、撤销以及改变隶属关系前；中外合资、国内联营前；企业股份制改制前；开展全面的资产评估、清产核资时；单位主要领导调离工作前等。

46.【答案】C

【解析】会计分期是指将一个会计主体持续的生产经营活动划分为若干相等的会计期间，以便分期结算账目和编制财务会计报告。

47.【答案】D

【解析】“公允价值变动损益”属于损益类科目。

48.【答案】C

【解析】会计分录是对某项经济业务事项按照复式记账的要求，标明应借、应贷科目名称及其金额的记录。

49.【答案】C

【解析】记账凭证可以根据每一张原始凭证填制，或根据若干张同类原始凭证汇总填制，也可以根据原始凭证汇总表填制，但不得将不同内容和类别的原始凭证汇总填制在一张记账凭证上。

50.【答案】B

【解析】“应交税费——应交增值税”的明细账采用多栏式，而且是借贷方多栏式。

51.【答案】A

【解析】参见财产清查结果的账务处理。

52.【答案】D

【解析】在资产负债表中，资产是按照流动性大小排列的。

53.【答案】A

【解析】反映财务状况的等式就是“资产＝负债＋所有者权益”。

54.【答案】B

【解析】短期借款是企业向银行或其他金融机构等外单位借入的、还款期限在一年或一年以下的各种借款。

55.【答案】C

【解析】平行登记是指对发生的每一笔经济业务，都要以会计凭证为依据，一方面要登记有关的总分类账，另一方面要登记该总分类账所属的各有关明细分类账户的方法。

56.【答案】C

【解析】通用凭证指的是由有关部门统一印制、在一定范围内使用的具有统一格式和使用方法的原始凭证。例如，某省(市)印制的在该省(市)通用的发货票、由人民银行制作的在全国通用的银行转账结算凭证、由国家税务局统一印制的全国通用的增值税专用发票等。

57.【答案】A

【解析】对订本式账簿,不得任意撕毁账页,对活页式账簿,也不得任意抽换账页。如在登记过程中不慎出现空页,应该按照相应的方法将此页注销。

58.【答案】C

【解析】属于计量收发差错和管理不善等原因造成的存货短缺,应先扣除残料价值、可以收回的保险赔偿和过失人赔偿,将净损失计入管理费用,过失人赔偿的计入其他应收款。属于自然灾害等非常原因造成的存货毁损,应先扣除处置收入(如残料价值)、可以收回的保险赔偿和过失人赔偿,将净损失计入营业外支出。

59.【答案】D

【解析】财务会计报告编制的要求中,编报及时是指企业财务会计报告所提供的信息资料应具有时效性。

60.【答案】B

【解析】该笔经济业务应编制的会计分录为:

借:应收账款　　113 000

　贷:主营业务收入　　100 000

　　应交税费——应交增值税(销项税额)　　13 000

61.【答案】C

【解析】企业取得材料入库时经过“原材料”科目核算。

62.【答案】C

【解析】广告费记入“销售费用”科目。

63.【答案】D

【解析】预付账款是债权,其余都是债务。

64.【答案】B

【解析】非流动负债包括长期借款、应付债券、长期应付款。

65.【答案】D

【解析】制造费用期末结转入生产成本账户,结转后无余额。

66.【答案】B

【解析】记账凭证填制完毕加计合计数以后,如有空行应划线注销。

67.【答案】D

【解析】总账、日记账必须使用订本式账簿。

68.【答案】A

【解析】局部清查包括:现金应每日清点一次;银行存款每月至少同银行核对一次;债权债务每年至少核对一至两次;各项存货应有计划、有重点地抽查;贵重物品每月清查一次。

69.【答案】D

【解析】账户式资产负债表的格式,左方为资产项目,右方为权益项目。

70.【答案】C

【解析】未分配利润 = -50 + 200 - 20 - 50 = 80(万元)。

71.【答案】D

【解析】盈余公积转增了实收资本,所有者权益内部一增一减。

72.【答案】C

【解析】账实核对包括:现金日记账账面余额与现金实际库存数的核对;银行存款日记账账面余额与银行对账单的核对;财产物资明细账账面余额与财产物资实存数额的核对;应收、应付账款明细账账面余额与债务、债权单位核对。

73.【答案】C

【解析】结转期间费用账户的分录时,借记“本年利润”科目,贷记“期间费用”科目。

74.【答案】C

【解析】选项C会给企业带来经济利益的流入,选项A、B、D不会带来企业经济利益的流入。

75.【答案】B

【解析】资产 = 负债 + 所有者权益,所以在负债没有转为投入资本之前,所有者权益 = 200 - 40 = 160(万元),在负债转为投入资本之后,所有者权益 = 160 + 20 = 180(万元)。

76.【答案】B

【解析】付款凭证左上角的“贷方科目”可能登记的科目是“银行存款”“库存现金”。

77.【答案】C

【解析】年终结账,将余额结转下年时不需要编制记账凭证,只要将上年科目的余额直接结转下年即可。

78.【答案】B

【解析】本单位银行存款调节后的余额 = 本企业银行存款余额 + 银行已收企业未收 - 银行已付企业未付。

79.【答案】B

【解析】利润表按其报送的对象不同,属于对外会计报表。

80.【答案】D

【解析】企业计提坏账准备时，借记“资产减值损失”科目，贷记“坏账准备”科目。

81.【答案】A

【解析】资产总额＝5＋(12.6－4.8)＋8.9－9.3＝12.4(万元)。

82.【答案】B

【解析】略。

83.【答案】C

【解析】选项C应交增值税是明细科目。

84.【答案】A

【解析】资产＝负债＋所有者权益，反映了企业在任一时点的财务状况。收入－费用＝利润，反映了企业在一定时期的经营成果。资产＝负债＋所有者权益＋收入－费用，反映了企业财务状况和经营成果之间的关系。

85.【答案】B

【解析】自制原始凭证包括收料单、领料单、限额领料单、产品入库单、产品出库单、借款单、工资发放明细表、折旧计算表、开工单、成本计算单、本单位开具的销售发票等。

86.【答案】D

【解析】年终结账时，将所有总账账户结出全年发生额和年末余额，在摘要栏内注明“本年合计”字样，并在合计数下通栏划双红线。

87.【答案】D

【解析】企业银行存款日记账余额与企业的银行账户里的余额出现不一致时，需要编制“银行存款余额调节表”，但不需要根据“银行存款余额调节表”作任何账务处理，企业应在收到有关结算凭证后再进行有关账务处理。

88.【答案】A

【解析】“实收资本(或股本)”是指所有者投入的构成企业注册资本或股本部分的金额。

89.【答案】D

【解析】略。

90.【答案】D

【解析】日记账应做到日清月结。

二、多项选择题

1.【答案】ACD

【解析】编制报表以账簿记录为依据。

2.【答案】ACD

【解析】长期负债包括：长期借款、应付债券、长期应付款。

3.【答案】ABD

【解析】记账凭证审核的内容：内容是否真实；项目是否齐全；科目是否正确；金额是否正确；书写是否正确。

4.【答案】AD

【解析】选项A、D只反映金额指标，选项B、C既反映数量指标，又反映金额指标。

5.【答案】AD

【解析】公益性捐赠支出、非常损失记入“营业外支出”科目。借款利息记入“财务费用”科目。广告费记入“销售费用”科目。

6.【答案】BCD

【解析】账簿按照账页格式分为两栏式账簿、三栏式账簿、多栏式账簿、数量金额式账簿。

7.【答案】ABC

【解析】财产清查是指通过对货币资金、实物资产和往来款项的盘点或核对，确定其实存数，查明账存数与实存数是否相符的一种专门方法。

8.【答案】AB

【解析】“待处理财产损溢”账户的贷方反映的是发生的盘盈数和批准处理的盘亏毁损数。

9.【答案】ABCD

【解析】会计主体可以是一个企业，也可以是企业内部的某个单位或企业中的一个特定部分；可以是单一的一个企业，也可以是几个企业组成的企业集团。

10.【答案】ACD

【解析】略。

三、判断题

1.【答案】√

【解析】略。

2.【答案】√

【解析】略。

3.【答案】×

【解析】货币资金包括：库存现金、银行存款和其他货币资金，而转账凭证只登记与库存现金和银行存款收付无关的经济业务。

4.【答案】√

【解析】略。

5.【答案】×

【解析】短期借款的利息不通过“短期借款”科目核

算，而是通过“财务费用”科目核算。

6.【答案】×

【解析】期间费用包括销售费用、管理费用、财务费用。

7.【答案】√

【解析】略。

8.【答案】×

【解析】资产负债表的“期末余额”栏各项目有些是根据总账或有关明细账的本期发生额直接填列的。

9.【答案】√

【解析】略。

10.【答案】×

【解析】债权债务明细账一般采用三栏式。

11.【答案】×

【解析】预付账款是资产。

12.【答案】×

【解析】采购材料发生的运输途中合理损耗应计入材料采购成本。

13.【答案】×

【解析】原始凭证对经济业务的发生和完成有证明效力。

14.【答案】×

【解析】年度终了，日记账、总账和大多数明细账必须更换新账。

15.【答案】√

【解析】略。

16.【答案】×

【解析】永续盘存制和实地盘存制都要进行实地盘点，只是盘点的目的不同。

17.【答案】√

【解析】略。

18.【答案】×

【解析】银行汇票和银行本票，应通过“其他货币资金”账户核算。

19.【答案】×

【解析】当月增加的固定资产，下月计提折旧；当月减少的固定资产，当月计提折旧。

20.【答案】√

【解析】略。

四、计算分析题

1.【答案】

(1) 借：其他货币资金　30 000 000

　贷：银行存款　30 000 000

(2) 借：交易性金融资产——成本　1 600 000

　贷：其他货币资金　1 600 000

(3) 借：投资收益　3 500

　贷：其他货币资金　3 500

(4) 借：其他货币资金　2 194 800

　贷：交易性金融资产——成本　1 600 000

　　投资收益　594 800

(5) 投资收益＝594 800－3 500＝591 300(元)。

2.【答案】

(1) 5 372 500；(2) 3 091 500；(3) 2 171 000；(4) 2 161 000；(5) 1 620 750。

3.【答案】

(1) 93 500；(2) 166 500；(3) 98 000；(4) 24 540；(5) 222 540。

4.【答案】

(1) 440 000；(2) 40 000；(3) 700 000；(4) 450 000；(5) 880 000。

综合模拟试卷三

一、单项选择题

1.【答案】B

【解析】实物资产清查时应采用实地盘点法。

2.【答案】D

【解析】库存现金清查的方法是实地盘点法。

3.【答案】B

【解析】预收账款、长期借款属于负债，银行存款属于资产。

4.【答案】B

【解析】筹建期间发生的开办费应记入“管理费用”科目。

5.【答案】C

【解析】车间领用原材料，应根据领料单填制转账凭证。

6.【答案】B

【解析】账簿记录与原始凭证核对属于账证核对。

7.【答案】B

【解析】账簿按账页格式不同，可分为两栏式账簿、三栏式账簿、多栏式账簿和数量金额式账簿。

8.【答案】B

【解析】明细账一般采用活页式账簿。

9.【答案】C

【解析】当企业不设置“预付账款”科目时，预付货款时应通过“应付账款”科目的借方核算。

10.【答案】B

【解析】记账凭证审核内容：科目是否正确；金额是否正确；项目是否齐全；书写是否正确；内容是否真实。

11.【答案】D

【解析】“制造费用”科目结转入“生产成本”科目。

12.【答案】D

【解析】在借贷记账法下，科目的贷方用来登记收入的增加或费用(成本)的减少。

13.【答案】A

【解析】1 518.53 的大写金额数字为壹仟伍佰壹拾捌元伍角叁分。

14.【答案】A

【解析】序时账适用于三栏式银行存款日记账。

15.【答案】D

【解析】货币是会计主要的计量单位。

16.【答案】C

【解析】银行存款余额调节表不是原始凭证。

17.【答案】C

【解析】记账凭证上的填写日期应当是编制记账凭证的日期。

18.【答案】C

【解析】复式记账法有增减记账法、收付记账法、借贷记账法，主要是借贷记账法。

19.【答案】A

【解析】账簿记录是会计报表编制的依据。

20.【答案】A

【解析】银行存款余额调节表调节后的余额为企业可以动用的银行存款实有数额。

21.【答案】C

【解析】“制造费用”科目结转入“生产成本”科目。

22.【答案】A

【解析】计提固定资产折旧借记“制造费用”科目和“管理费用”科目，贷记“累计折旧”科目。

23.【答案】B

【解析】会计档案的保管期限从会计年度终了后第一天算起。

24.【答案】A

【解析】这笔经济业务使权益方的短期借款减少了 30 000 元，而长期借款则增加了 30 000 元，实际上是企业以举借一笔新债用来偿还一部分旧债。负债方一个项目增加，另一个项目减少，增减金额相等，权益总额不变，因此，资产总额仍然等于负债及所有者权益总额。

25.【答案】C

【解析】现值通常用于非流动资产可收回金额和以摊余成本计量的金融资产价值的确定。

26.【答案】D

【解析】该批材料的入账价值＝200 000＋2 000＝202 000(元)。

27.【答案】D

【解析】固定资产项目的期末数＝200－80－30＝90(万元)。

28.【答案】B

【解析】净利润＝利润总额－所得税费用。

29.【答案】C

【解析】计提职工住房公积金属于应付职工薪酬。

30.【答案】C

【解析】科目汇总表的汇总范围是全部科目的本期借方发生额、贷方发生额合计数。

31.【答案】B

【解析】将库存现金存入银行，需编制库存现金付款凭证，作为登记银行存款日记账的依据。

32.【答案】B

【解析】经济业务发生仅涉及资产要素时，资产内部有增有减。

33.【答案】D

【解析】银行存款清查中发现的未达账项，应当编制银行存款余额调节表。

34.【答案】D

【解析】记账凭证按填列方式不同，可以分为单式凭证和复式凭证。

35.【答案】C

【解析】“管理费用”账户期末结转后应无余额。

36.【答案】D

【解析】账户的余额按照表示的时间不同，分为期初余额和期末余额。

37.【答案】C

【解析】某企业收到职工缴纳的罚款应编制的会计分录为：

借：营业外收入

　　贷：库存现金

38.【答案】D

【解析】总账、日记账必须采用订本式账簿。

39.【答案】A

【解析】利润表主要根据损益类各账户的本期发生额编制。

40.【答案】B

【解析】在不设借贷等栏的多栏式账页中，用红字表示减少数。

41.【答案】D

【解析】负债和所有者权益项目一般按求偿权先后顺序排列。

42.【答案】A

【解析】主营业务利润由营业收入减去营业成本。

43.【答案】A

【解析】选项 A 是原始凭证的基本要素。

44.【答案】A

【解析】谨慎性原则要求合理核算可能发生的费用和损失。

45.【答案】A

【解析】增值税应通过“应交税费”科目核算。

46.【答案】D

【解析】该笔业务编制的会计分录为：

借：原材料　　50 000

　应交税费——应交增值税（进项税额）

　　6 500

　贷：银行存款　　40 000

　　应付账款　　16 500

47.【答案】D

【解析】账户的关系：期末余额＝期初余额＋本期增加发生额－本期减少发生额。

48.【答案】B

【解析】计划成本法下，发生节约差异时，借记“材料采购”科目，贷记“材料成本差异”科目。

49.【答案】B

【解析】计提教育费附加时，借记“税金及附加”科目，贷记“应交税费——应交教育费附加”科目。

50.【答案】A

【解析】总分类账户对明细分类账户起统驭控制作用。

51.【答案】A

【解析】经济业务发生后，一般尽量不要编制的会计分录是多借多贷。

52.【答案】B

【解析】在我国，会计期间分为年度、半年度、季度和月度，它们均按公历起讫日期确定。

53.【答案】A

【解析】重要性、相关性、可比性都属于新准则规定的信息质量要求，而明晰性不包含在其中。

54.【答案】C

【解析】成本类会计科目包括“制造费用”“生产成本”“劳务成本”。

55.【答案】B

【解析】资产类账户的余额一般在借方。

56.【答案】B

【解析】“利润分配——未分配利润”账户余额在借方，表明是亏损，在编制报表时，报表中无法用红字，只能是蓝字，因此亏损的在报表中以负数列示。

57.【答案】C

【解析】材料的采购成本包括材料的买价、材料的运杂费、入库前的挑选整理费等。

58.【答案】A

【解析】财产清查时，实存小于账存为盘亏。

59.【答案】D

【解析】企业发放生产工人工资时应编制的会计分录为：

借：应付职工薪酬

　贷：库存现金

60.【答案】B

【解析】存货收发计价方法有先进先出法、月末一次加权平均法、个别计价法、移动加权平均法。

61.【答案】B

【解析】会计分期假设，就是将一个会计主体持续经营的生产经营活动划分为若干个相等的期间。

62.【答案】B

【解析】制造费用账户用来归集和分配企业生产车间为生产产品而发生的间接费用。

63.【答案】C

【解析】对于大量成堆、价廉笨重且不能逐项清点的物资采用技术推算法。

64.【答案】C

【解析】在实际工作中，企业一般以永续盘存制作为财产的盘存制度。

65.【答案】B

【解析】影响固定资产折旧数额大小的因素有：计提折旧基数；折旧年限；折旧方法；固定资产预计净残值。

66.【答案】B

【解析】会计核算应当以权责发生制为基础。

67.【答案】A

【解析】向国家缴纳所得税应编制的会计分录为：
借：应交税费——应交所得税
　贷：银行存款

68.【答案】D

【解析】收入可能引起所有者权益增加，表现为资产的增加或负债的减少，或两者兼而有之。

69.【答案】B

【解析】将于一年内到期的长期借款在资产负债表中应列示为流动负债。

70.【答案】B

【解析】“永续盘存制”又称“账面盘点制”，是指企业设置各种有数量有金额的存货明细账，根据有关出入库凭证，逐日、逐笔登记材料、产品、商品等的收发领退数量和金额，随时结出账面结存数量和金额。采用永续盘存制，可以随时掌握各种存货的收发、结存情况，有利于存货的各项管理。

71.【答案】B

【解析】会计监督职能又称会计控制职能。

72.【答案】B

【解析】新准则将一贯性原则的要求列入可比性原则当中，故该企业材料发出的计价方法在一个年度内随意变更，违背了可比性原则，因为这样不便于企业前后各期的比较。

73.【答案】D

【解析】“待处理财产损溢”账户借方登记财产盘亏和毁损数的账面价值，贷方登记盘盈财产的账面价值，未转销的借方余额表示尚待批准的财产盘盈数小于尚待批准处理的财产盘亏和毁损数的差额。

74.【答案】B

【解析】流动资产是指预计在一年或一个正常营业周期内变现或被耗用的资产。

75.【答案】D

【解析】收取包装物押金应编制的会计分录为：
借：银行存款
　贷：其他应付款

76.【答案】A

【解析】资产负债表既是财务状况报表，又是月报表。

77.【答案】A

【解析】资产与负债同增会导致资产与权益等式两边总额等额增加，等式两边金额相等。

78.【答案】D

【解析】根据发生额试算平衡法，全部账户本期借方发生额合计＝全部账户本期贷方发生额合计，120－104＝16(万元)。

79.【答案】D

【解析】行政管理人员的工资记入“管理费用”科目。借款的利息记入“财务费用”科目。非常损失记入“营业外支出”科目。

80.【答案】B

【解析】备抵法就是指企业按期估计可能产生的坏账损失，并列入当期费用，形成企业的坏账准备，待实际发生坏账损失时，再冲销坏账准备和应收账款的处理方法。

81.【答案】A

【解析】会计核算过程中，会计处理方法前后各期应当一致，不得随意变更。

82.【答案】B

【解析】会计分期是建立在持续经营基础上的。

83.【答案】B

【解析】厂部管理人员的工资记入“管理费用”科目；销售机构人员的工资记入“销售费用”科目；医疗福利部门人员的工资记入“管理费用”科目，不计入产品成本。车间管理人员的工资记入“制造费用”科目，计入产品成本。

84.【答案】B

【解析】固定资产的入账价值为 80 000×60%＝48 000(元)。

85.【答案】C

【解析】库存现金盘点时发现短缺时，借记“待处理财产损溢”，贷记“库存现金”。

86.【答案】C

【解析】企业期末资产总额＝100 000－10 000＋30 000＝120 000(元)。

87.【答案】A

【解析】收到银行本票，借记“其他货币资金”。

88.【答案】D

【解析】该业务应编制的会计分录为：
借：在途物资　3 200
　应交税费——应交增值税(进项税额)　390
　贷：应付票据　3 590

89.【答案】C

【解析】现金支票通过银行存款核算；银行汇票、银行本票通过其他货币资金核算。

90.【答案】A

【解析】固定资产处置后发生的净收益或净损失，应计入当期损益。

二、多项选择题

1.【答案】ABC

【解析】明细分类账的记账依据有原始凭证、记账凭证、原始凭证汇总表。记账凭证汇总表(科目汇总表)只能登记总账。

2.【答案】BCD

该项经济业务应编制的会计分录为：

【解析】借：银行存款　1 200 000

　　贷：实收资本　1 000 000

　　　　资本公积　200 000

3.【答案】ABCD

【解析】会计基本假设包括会计主体、货币计量、会计分期、持续经营。

4.【答案】BCD

【解析】列作管理费用核算的税金有土地使用税、印花税、房产税、车船税。

5.【答案】BCD

【解析】应收账款明细账一般采用活页式账簿。

6.【答案】BD

【解析】材料采购、预付账款属于资产。

7.【答案】AD

【解析】会计监督职能是指会计人员在会计核算过程中，对经济活动的合法性、合理性进行审查。

8.【答案】ABCD

【解析】费用的特征：费用是企业在日常活动中发生的；费用可能表现为资产的减少或者负债的增加；费用可能同时表现为资产的减少和负债的增加；费用会导致所有者权益的减少；与向所有者分配利润无关。

9.【答案】ABC

【解析】借贷记账法下，经济业务可以概括为：权益内部有增有减，总额不变；资产与权益同时增加，总额增加；资产内部有增有减，总额不变；资产与权益同时减少，总额减少。

10.【答案】ABCD

【解析】发现财产被盗、与其他企业合并、财产保管人员变动、自然灾害造成部分财产损失是不定期清查的范围。

三、判断题

1.【答案】×

【解析】职工预借差旅费应借记“其他应收款”科目。

2.【答案】×

【解析】资产负债表是总括反映企业特定日期资产、负债和所有者权益情况的静态报表，通过它可以了解企业的资产构成、资金的来源构成和企业债务的偿还能力。

3.【答案】×

【解析】转账支票大小写金额填错，只能重填。

4.【答案】√

【解析】略。

5.【答案】×

【解析】会计部门的财产物资明细账期末余额与财产物资使用部门的财产物资明细账期末余额相核对，属于账账核对。

6.【答案】√

【解析】略。

7.【答案】×

【解析】负债是指企业过去的交易或者事项形成的、预期会导致经济利益流出企业的现时义务。

8.【答案】√

【解析】略。

9.【答案】×

【解析】技术推算法是指利用技术方法推算财产物资实存数的方法。

10.【答案】×

【解析】费用的明细账采用多栏式。

11.【答案】×

【解析】银行存款余额调节表不能调整账簿记录，不是原始凭证。

12.【答案】×

【解析】财务成果表现为盈利或亏损。

13.【答案】√

【解析】略。

14.【答案】×

【解析】账户分为左右两方，哪方登记增加、减少取决于会计科目的性质和结构。

15.【答案】×

【解析】二级科目(子目)属于明细分类科目。

16.【答案】×

【解析】收入是指企业在日常活动中所形成的、会导致所有者权益增加的、与所有者投入资本无关的经济利益的总流入。

17.【答案】×

【解析】我国《企业会计准则》规定，会计核算应当采用借贷记账法，借贷记账法属于复式记账法的一种。

18.【答案】×

【解析】自制原始凭证必须由单位经办人员自行填制。

19.【答案】×

【解析】三栏式账簿是指具有借方、贷方、余额三栏格式的账簿。

20.【答案】×

【解析】全面清查的几种情况主要包括：年终决算前；单位合并、撤销以及改变隶属关系前；中外合资、国内联营前；企业股份制改制前；开展全面的资产评估、清产核资时；单位主要领导调离工作前等。因此，只有第一种情况是在年终进行。

四、计算分析题

1.【答案】

(1) 借：固定资产 560

应交税费——应交增值税(进项税额) 71.5

贷：银行存款 631.5

(2) (560－20)÷10÷12＝4.5(万元)。

借：管理费用 4.5

贷：累计折旧 4.5

(3) 借：在建工程 600

应交税费——应交增值税(进项税额) 78

贷：银行存款 678

(4) 借：在建工程 3

贷：银行存款 3

借：固定资产 603

贷：在建工程 603

(5) (603－3)÷50 000×720＝8.64(万元)。

借：制造费用 8.64

贷：累计折旧 8.64

2.【答案】

(1) 制造费用分配率＝100 000÷(5 000＋3 000)＝12.5(元/小时)；

A产品应分配的制造费用＝5 000×12.5＝62 500(元)。

(2) B产品应分配的制造费用＝3 000×12.5＝37 500(元)。

(3) A产品当月生产成本＝600 000＋100 000＋62 500＝762 500(元)。

(4) B产品当月生产成本＝300 000＋60 000＋37 500＝397 500(元)。

(5) 借：库存商品——A产品 762 500

——B产品 397 500

贷：生产成本——A产品 762 500

——B产品 397 500

3.【答案】

(1) 15 000＋23 000＝38 000(元)。

(2) 46 700＋95 000＋60 000－2 100＝199 600(元)。

(3) 75 000＋3 000＝78 000(元)。

(4) 160 000＋78 000＋(5 500＋40 000)＋14 500＋30 000＝328 000(元)。

(5) 1 500 000＋110 000＋48 100＋1 900＋36 700＝1 696 700(元)。

4.【答案】

(1) 22 000；(2) 119 700；(3) 47 600；(4) 4 500；(5) 119 700。

综合模拟试卷四

一、单项选择题

1.【答案】D

【解析】记账凭证上会计科目记错，导致账簿错误，应采用红字更正法。

2.【答案】A

【解析】按填制手续和内容不同，原始凭证分为一次凭证、累计凭证、汇总凭证。

3.【答案】A

【解析】按记载经济业务内容不同，记账凭证分为收款凭证、付款凭证、转账凭证。

4.【答案】A

【解析】各种账务处理程序之间的主要区别是登记总账的依据和方法不同。

5.【答案】B

【解析】转账支票支付前欠货款，记入“银行存款”

科目的贷方。

6.【答案】D

【解析】应收账款＝60＋60×13％＋2＝69.8(元)。

7.【答案】B

【解析】会计要素是对会计对象进行的基本分类。

8.【答案】B

【解析】为了便于填制汇总转账凭证，平时填制转账凭证时，应尽可能使账户的对应关系保持为“一借一贷”或“一贷多借”。

9.【答案】B

【解析】记账凭证账务处理程序的优点是记账程序简单明了、易于理解；可以较详细地反映经济业务的发生情况。

10.【答案】A

【解析】账户是根据会计科目设置的，具有一定格式和结构，用于分类反映会计要素增减变动情况及其结果的载体。

11.【答案】C

【解析】会计报表编制的根据是账簿记录。

12.【答案】A

【解析】当年形成的会计档案在会计年度终了后，可暂由本单位会计机构保管1年后移交到会计档案管理机构。

13.【答案】B

【解析】除结账和更正错误的记账凭证可以不附原始凭证外，其他记账凭证必须附有原始凭证。

14.【答案】C

【解析】会计凭证是记录经济业务事项发生或完成情况的书面证明，也是登记账簿的依据。

15.【答案】C

【解析】年末结转后，“利润分配”科目的贷方余额表示历年累计未分配的利润。

16.【答案】B

【解析】收入要素包括主营业务收入和其他业务收入，不包括营业外收入。

17.【答案】A

【解析】开出商业汇票，应贷记“应付票据”科目。

18.【答案】B

【解析】现金日记账的登记依据应为收款、付款记账凭证。

19.【答案】C

【解析】选项A影响净利润，选项B、D影响利润总额。

20.【答案】D

【解析】实存账存对比表是用以调整财产物资账簿记录的重要原始凭证，也是分析产生差异的原因、明确经济责任的依据。

21.【答案】A

【解析】计提利息，应记入“财务费用”科目借方、“应付利息”科目贷方。

22.【答案】A

【解析】“生产成本”账户的借方余额表示在产品的成本。

23.【答案】D

【解析】库存现金日记账账面数与库存现金实有数的核对属于账实核对。

24.【答案】D

【解析】日记账一般采用订本式。

25.【答案】B

【解析】租入固定资产应在备查账簿中登记。

26.【答案】B

【解析】“预收账款”科目按其所归属的会计要素不同归类，属于负债类科目。

27.【答案】B

【解析】已经登记入账的记账凭证，在当年内发现有误，可以用红字填写一张与原内容相同的记账凭证，在摘要栏注明“注销某月某日某号凭证”，以冲销原错误的记账凭证。

28.【答案】B

【解析】序时账簿是按照经济业务发生或完成时间的先后顺序逐日、逐笔进行登记的账簿。

29.【答案】B

【解析】复式记账法是以资产与权益平衡关系作为记账基础，对于每一笔经济业务，都要以相等的金额，在两个或两个以上相互联系的账户中进行登记，系统地反映资金运动变化结果的一种记账方法。

30.【答案】D

【解析】变动小的部分明细账，如固定资产明细账或固定资产卡片及备查账簿可以连续使用。

31.【答案】B

【解析】“存货”项目期末余额＝“材料采购”科目期末余额＋“原材料”科目期末余额＋“库存商品”科目期末余额＋“生产成本”科目期末余额＋“周转材料”科目期末余额＋“委托加工物资”科目期末余额＋“材料成本差异”科目期末余额＋

“发生商品”科目期末余额－“存货跌价准备”科目期末余额。

32.【答案】B

【解析】营业利润＝450 000－216 000－9 000－10 000－5 000－8 000＝202 000(元)。

33.【答案】B

【解析】补充登记法的更正方法如下：按少记金额用蓝字编制一张与原记账凭证方向、科目相同的记账凭证，以补充少记金额，并据以入账。

34.【答案】A

【解析】多栏式账簿是在账簿的两个基本栏目借方和贷方按需要分别设若干专栏的账簿。

35.【答案】D

【解析】自然损耗应记入“管理费用”科目的借方。

36.【答案】D

【解析】24 000÷(80 000＋40 000)×40 000＝8 000(元)。

37.【答案】B

【解析】尚未入账的错误记账凭证，应当重新填制。

38.【答案】B

【解析】材料采购成本包括运杂费、运输途中的合理损耗、入库前的挑选整理费用等。

39.【答案】D

【解析】产品销售收入应记入“主营业务收入”科目。

40.【答案】A

【解析】出纳人员在办理收款或付款后，应在原始凭证上加盖“收讫”或“付讫”的戳记，以避免重收重付。

41.【答案】D

【解析】借方登记资产、费用、成本的增加，权益、收入的减少。

42.【答案】A

【解析】100＋15－8＝107(万元)。

43.【答案】C

【解析】财务成果是指企业在一定时期内通过从事生产经营活动而在财务上取得的结果。

44.【答案】B

【解析】资产负债表中的资产项目应按其流动性大小顺序排列。

45.【答案】A

【解析】广义的权益一般包括债权人权益和所有者权益。

46.【答案】B

【解析】自然灾害应记入“营业外支出”科目的借方。

47.【答案】A

【解析】可靠性要求会计核算应当以实际发生的经济业务为依据。

48.【答案】B

【解析】银行存款减少，应交税费减少。

49.【答案】B

【解析】复合会计分录是指两个或两个以上对应会计科目所组成的会计分录。

50.【答案】D

【解析】单式记账凭证是指每一张记账凭证中只登记一个会计科目及其金额的记账凭证。

51.【答案】C

【解析】会计科目和账户之间的联系是内容相同。

52.【答案】B

【解析】企业管理人员的工资记入“管理费用”科目，在建工程人员的工资记入“在建工程”科目。

53.【答案】B

【解析】期末余额＝期初余额＋本期增加发生额－本期减少发生额。

54.【答案】B

【解析】筹建期间不符合资本化条件的借款利息记入“管理费用”科目。

55.【答案】D

【解析】登记总分类账的依据有记账凭证、汇总记账凭证、科目汇总表。

56.【答案】D

【解析】复式记账法对每笔经济业务都以相等的金额，在两个或两个以上相互联系账户中进行登记。

57.【答案】C

【解析】会计科目是记账凭证的基本内容。

58.【答案】B

【解析】达到预定可使用状态后发生的费用计入固定资产成本。

59.【答案】D

【解析】选项A、B、C是负债类科目。

60.【答案】D

【解析】对原材料、库存商品盘点后应先编制盘存单。

61.【答案】B

【解析】记账凭证科目及方向无误，只是金额多记，应采用红字更正法，冲销多记金额。

62.【答案】D

【解析】领料单既是一次凭证，又是专用凭证。

63.【答案】B

【解析】负债类账户的余额表示的是负债的结存情况。

64.【答案】B

【解析】按实际发生时间确认。

65.【答案】C

【解析】对可能发生减值的资产计提减值准备，充分体现了谨慎性原则。

66.【答案】D

【解析】科目汇总表属于记账凭证。

67.【答案】B

【解析】一次凭证是指一次填制完成、只记录一笔经济业务的原始凭证。

68.【答案】C

【解析】“累计折旧”无须设置明细账。

69.【答案】A

【解析】收入类明细账一般采用贷方多栏式。

70.【答案】C

【解析】7＋12＋4＋2－6＝19(万元)。

71.【答案】A

【解析】短期借款利息记入“财务费用”科目的借方。

72.【答案】C

【解析】“管理费用”“投资收益”科目都属于损益类科目。

73.【答案】B

【解析】所有者权益就是资产扣除负债后的剩余权益。

74.【答案】A

【解析】会计凭证按用途和填制程序分类，分为原始凭证和记账凭证。

75.【答案】C

【解析】付款凭证的贷方科目只能是库存现金或银行存款。

76.【答案】B

【解析】在我国，单位一般只对固定资产明细账采用卡片账形式。

77.【答案】B

【解析】资产负债表的编制依据：资产＝负债＋所有者权益。

78.【答案】B

【解析】任意盈余公积记入“盈余公积——任意盈余公积”科目。

79.【答案】B

【解析】明细分类账户是企业会计部门根据本单位经济业务的具体内容、管理上的要求及方便会计核算等而设置的。

80.【答案】C

【解析】合理性审查的内容包括是否符合生产经营活动的需要，是否符合有关的计划和预算。

81.【答案】B

【解析】科目汇总表账务处理程序可以简化总账的工作量，还起到试算平衡的作用，但不能反映账户对应关系。

82.【答案】C

【解析】汇总凭证是对一定时期内反映经济业务内容相同的若干张原始凭证，按照一定标准综合填制的原始凭证。

83.【答案】D

【解析】略。

84.【答案】B

【解析】收款、付款、转账凭证是复式记账凭证。

85.【答案】B

【解析】选项B是科目汇总表账务处理程序或汇总记账凭证账务处理程序应设置的。

86.【答案】C

【解析】车间管理人员工资记入“制造费用”科目，计入产品成本。

87.【答案】B

【解析】经济业务都要依次经过的核算环节是填制和审核会计凭证、登记账簿、编制会计报表。

88.【答案】D

【解析】结账时，要根据权责发生制的要求，调整有关账项，合理确定本期应计的收入和应计的费用。

89.【答案】A

【解析】利润表最后一步是计算净利润。

90.【答案】B

【解析】涉及库存现金和银行存款之间相互划转的收、付款业务，为避免重复，只填付款凭证，不填收款凭证。

二、多项选择题

1.【答案】AD

【解析】登记总账的依据有记账凭证、汇总记账凭证、科目汇总表。

2.【答案】CD

【解析】财产物资的盘存制度包括永续盘存制和实地盘存制，而选项 A、B 指的是会计核算的基础。

3.【答案】AD

【解析】选项 B、C 影响"应收账款"项目计算。

4.【答案】ABD

【解析】对于业务收支以外币为主的单位可以选择某种外币作为记账本位币。

5.【答案】ABCD

【解析】略。

6.【答案】ABC

【解析】增值税专用发票是外来原始凭证。

7.【答案】AB

【解析】除结账和更正错误的记账凭证可以不附原始凭证外，其他记账凭证必须附有原始凭证。

8.【答案】ABC

【解析】"制造费用"科目不能结转记入"本年利润"科目。

9.【答案】ABD

【解析】业务量少的单位不能用银行对账单代替日记账。

10.【答案】ABCD

【解析】选项中的科目都可能涉及固定资产处置业务。

三、判断题

1.【答案】√

【解析】略。

2.【答案】√

【解析】略。

3.【答案】√

【解析】略。

4.【答案】×

【解析】从银行提取的备用金应记入"库存现金"科目的借方。

5.【答案】×

【解析】会计核算和监督的内容就是特定主体能以货币表现的经济活动。

6.【答案】×

【解析】存货盘亏、毁损的净损失可能记入"管理费用"科目，也可能记入"营业外支出"科目等。

7.【答案】×

【解析】科目汇总表核算形式的适用范围是经济业务比较多的单位，汇总记账凭证核算形式的适用范围是规模较大、经济业务较多的单位。

8.【答案】×

【解析】银行已付而企业未付，会使银行存款账面余额大于银行对账单的存款余额。

9.【答案】√

【解析】略。

10.【答案】×

【解析】科目汇总表账务处理程序不能反映账户的对应关系，不便于账目核对。

11.【答案】×

【解析】只有"盈余公积"科目是反映企业留存收益的科目。

12.【答案】√

【解析】略。

13.【答案】×

【解析】明细分类账的登记依据有记账凭证、原始凭证、汇总原始凭证。

14.【答案】√

【解析】略。

15.【答案】×

【解析】对仓库中的所有存货进行盘点属于局部清查。

16.【答案】×

【解析】企业财产清查中盘盈的固定资产采用重置成本计量。

17.【答案】√

【解析】略。

18.【答案】×

【解析】对于企业收到的投资方投入的实物资产，如果确认的资产价值超过其在注册资本中所占的份额，差额应作为资本溢价，计入资本公积。

19.【答案】×

【解析】企业的原始凭证如果其他单位有特殊原因确实需要使用时，经本单位负责人批准，可以提供查阅或复制，并办理登记手续。

20.【答案】×

【解析】财务报表要及时报送，但不可以提前结账。

四、计算分析题

1.【答案】

(1) 480 000;(2) 170 000;(3) 200 000;(4) 220 000;(5) 165 000。

2.【答案】

(1) 借:在途物资 5 000
应交税费——应交增值税(进项税额) 650
贷:银行存款 5 650

(2) 借:原材料 80 000
应交税费——应交增值税(进项税额) 10 400
贷:应付账款 90 400

(3) 借:原材料 40 000
贷:在途物资 40 000

(4) 借:应收账款 226 000
贷:主营业务收入 200 000
应交税费——应交增值税(销项税额) 26 000

(5) 借:银行存款 234 000
贷:应收账款 234 000

3.【答案】

(1) 10 000;(2) 425;(3) 99 650;(4) 24 000;(5) 99 650。

4.【答案】

(1) 借:预付账款 1 200
贷:银行存款 1 200

(2) 借:固定资产 100 000
贷:银行存款 100 000

(3) 借:管理费用 8 000
制造费用 12 000
贷:累计折旧 20 000

(4) 借:无形资产 240 000
贷:银行存款 240 000

(5) 借:在途物资 20 000
贷:银行存款 20 000

综合模拟试卷五

一、单项选择题

1.【答案】B

【解析】在登记账簿时,红色墨水笔可以用于结账、更正错账、表示负数、表示减少数等。

2.【答案】B

【解析】费用明细账采用多栏式。

3.【答案】C

【解析】银行存款日记账属于序时账簿,所以属于序时账簿与总分类账簿的核对。

4.【答案】C

【解析】补充登记法适用范围是记账凭证中科目正确,只是所记金额小于应记金额。

5.【答案】B

【解析】受损财产的清查应属于不定期清查、局部清查。

6.【答案】D

【解析】会计凭证、会计账簿、会计报表相结合的方式称为账务处理程序,又称会计核算程序或会计核算形式。

7.【答案】B

【解析】科目汇总表账务处理程序不能反映账户间的对应关系。

8.【答案】A

【解析】发生自然灾害或意外损失时的财产清查属于不定期清查。

9.【答案】A

【解析】对库存现金进行清查采用的方法是实地盘点法。

10.【答案】A

【解析】备抵账户是指用来抵减被调整账户余额,以确定被调整账户实有数额而设置的独立账户。

11.【答案】C

【解析】从外单位取得的原始凭证遗失时,应取得原签发单位盖有公章的证明,并注明原凭证号码、金额、内容等,由经办单位会计机构负责人、会计主管人员和单位负责人批准后,代作原始凭证。

12.【答案】A

【解析】资产总额＝90＋2＋20＝112(万元)。

13.【答案】B

【解析】“未分配利润”是“利润分配”的明细账户。

14.【答案】C

【解析】此题是会计凭证上的会计科目出错,所以采用红字更正法。

15.【答案】D

【解析】出纳赔偿记入“其他应收款”科目,余额报损记入“管理费用”科目。

16.【答案】B

【解析】采用实地盘存制，平时账簿记录中只反映增加数，不反映减少数。

17.【答案】C

【解析】企业撤销、合并和改变隶属关系属于全面清查的范畴。

18.【答案】D

【解析】盈余公积包括法定盈余公积、任意盈余公积、公益金。

19.【答案】B

【解析】收款凭证左上角的借方科目填写“库存现金”或“银行存款”。

20.【答案】B

【解析】权益类账户贷方登记增加额，借方登记减少额，余额一般在贷方。

21.【答案】B

【解析】如果银行承兑汇票到期无力支付，转作短期借款。

22.【答案】A

【解析】接受原材料投资，其增值税也应记入“实收资本”科目，所以金额＝10＋1.3＝11.3(万元)。

23.【答案】B

【解析】广告费应记入“销售费用”科目。

24.【答案】B

【解析】提取法定盈余公积＝300×10％＝30(万元)，分配现金股利＝(300－30)×80％＝216(万元)，未分配利润＝300－30－216＝54(万元)。

25.【答案】A

【解析】有角有分不能写“整”字。

26.【答案】D

【解析】“应付账款”账户的期末余额＝期初余额＋本期贷方发生额－本期借方发生额。

27.【答案】C

【解析】原始凭证按照格式不同可以分为通用凭证和专用凭证。

28.【答案】C

【解析】备查账簿是对某些在序时账簿和分类账簿等主要账簿中都不予登记或登记不够详细的经济业务事项进行补充登记时使用的账簿。

29.【答案】A

【解析】收付实现制下支付款项才能确认为费用，选项A没有涉及支付。

30.【答案】B

【解析】为了鼓励客户提前偿付货款而给予客户价格上的优惠属于现金折扣。

31.【答案】C

【解析】会计分析不是会计核算方法。

32.【答案】C

【解析】租入固定资产登记簿属于备查账簿。

33.【答案】C

【解析】真实性审核包括凭证日期是否真实、业务内容是否真实、数据是否真实等内容的审查。

34.【答案】A

【解析】选项B、C属于一次凭证，选项D属于累计凭证。

35.【答案】B

【解析】涉及现金和银行存款之间划转的，只编付款凭证，将现金送存银行，现金减少，所以编制现金付款凭证。

36.【答案】A

【解析】选项A的内容为原始凭证审核内容。

37.【答案】D

【解析】结账和更正错误的记账凭证可以不附原始凭证。

38.【答案】D

【解析】押金是需要在包装物归还时退回的，所以记入“其他应付款”科目。

39.【答案】B

【解析】提供总括信息的是总分类账。

40.【答案】D

【解析】盘亏的固定资产经批准后，一般记入“营业外支出”账户。

41.【答案】A

【解析】原材料、库存商品、产成品明细账一般采用数量金额式。

42.【答案】D

【解析】合同违约金属于“营业外支出”科目的核算内容。

43.【答案】B

【解析】会计等式右边是权益或负债和所有者权益，为了使会计等式两边保持平衡，经济业务仅涉及会计算式右边时会引起权益内部有增有减或负债和所有者权益有增有减的变动。

44.【答案】C

【解析】负债类账户增加额记入贷方，减少额记入借方，余额一般在贷方。

45.【答案】B

【解析】选项A根据总账所属明细账填列，选项C根据总账及明细账填列，选项D根据若干总账合计填列。

46.【答案】D

【解析】损益类科目余额为零是因为在结账时全部转入"本年利润"科目了。

47.【答案】B

【解析】选项B影响净利润的计算。

48.【答案】A

【解析】实存账存对比表是能调整账簿记录的原始凭证。

49.【答案】D

【解析】进行财产清查的目的就是保证账实相符。

50.【答案】D

【解析】记入待处理财产损溢的金额＝80 000－20 000＝60 000(元)。

51.【答案】C

【解析】记账凭证账务处理程序是最基本的财务处理程序，其他账务处理程序都是在其基础上发展而来的。

52.【答案】A

【解析】汇总付款凭证是按"库存现金"和"银行存款"账户的贷方设置的。

53.【答案】D

【解析】发现的未达账项应编制银行存款余额调节表来检查调整后的余额是否相符。

54.【答案】C

【解析】年终决算前，需要对全部财产进行全面清查。

55.【答案】D

【解析】日记账和债权债务明细账都应逐日、逐笔登记，此题应选的是明细账。

56.【答案】A

【解析】本题报销差旅费的分录是借记"制造费用"科目，贷记"其他应收款"科目。

57.【答案】D

【解析】既有收、付款业务，又有转账业务的，就应相应编制收款、付款、转账凭证。

58.【答案】D

【解析】会计主体假设要求将企业的经济活动与企业所有者或员工的经济活动区分开来。

59.【答案】D

【解析】选项A和B是明细科目，选项C不是会计科目。

60.【答案】D

【解析】计算所得税时，借记"所得税费用"科目，贷记"应交税费——应交所得税"科目。

61.【答案】C

【解析】一张原始凭证所列的支出需要由两个以上的单位共同负担时，应当提供原始凭证分割单。

62.【答案】C

【解析】选项A记入"财务费用"科目，选项B记入"管理费用"科目，选项D记入"其他业务成本"科目。

63.【答案】D

【解析】费用表现为资产的减少、负债的增加或两者兼而有之。

64.【答案】C

【解析】资产负债表是根据账簿登记的，而不是根据凭证登记的。

65.【答案】C

【解析】选项A应确认为坏账，选项B记入"以前年度损益调整"科目，选项D反映到银行存款余额调节表中。

66.【答案】C

【解析】科目汇总表定期汇总的是每一科目的借方、贷方发生额。

67.【答案】A

【解析】借款单、差旅费报销单都是由企业内部人员在经济业务发生或完成时填制的，属于自制原始凭证。

68.【答案】D

【解析】登记明细账时可以使用原始凭证作为依据。

69.【答案】C

【解析】损失是指由企业非日常活动所发生的、会导致所有者权益减少的、与向所有者分配利润无关的经济利益的流出。

70.【答案】B

【解析】账簿中书写的文字和数字一般应占格距的1/2。

71.【答案】B

【解析】负债类和所有者权益类账户的期末余额一般在贷方。

72.【答案】D

【解析】固定资产转入清理状态时，转出的固定资产价值记入“固定资产清理”科目。

73.【答案】D

【解析】存货盘点后应先填制盘存单。

74.【答案】B

【解析】流动性最强的是货币资金，应排第一，无形资产是非流动资产，应排最后。

75.【答案】A

【解析】除 2 法主要用于查找因数字记反方向而发生的错误。

76.【答案】D

【解析】根据发料单或发料凭证汇总表，应编制转账凭证。

77.【答案】B

【解析】银行存款日记账需要结出本月发生额和余额，所以结计“过次页”的本页合计数应为自本月初起至本页末止的发生额合计数。

78.【答案】D

【解析】选项 A 和 C 属于资产类，选项 B 属于非流动负债。

79.【答案】B

【解析】现金每日清点，债权债务每年至少一至两次，银行存款每月一次。

80.【答案】D

【解析】在登记账簿过程中，每一账页的最后一行及下一页第一行都要办理转页手续，是为了保持记录的连续性。

81.【答案】B

【解析】借贷记账法的余额试算平衡公式：全部科目期初借方余额合计＝全部科目期初贷方余额合计，全部科目期末借方余额合计＝全部科目期末贷方余额合计。

82.【答案】C

【解析】将盈余公积转增资本，引起所有者权益内部此增彼减，等式两边的金额不变。

83.【答案】D

【解析】长期借款在购建的资产达到预定可使用状态后发生的利息支出，不予资本化，计入财务费用。

84.【答案】C

【解析】计提坏账准备时，借方记入“资产减值损失”科目，贷方记入“坏账准备”科目。

85.【答案】D

【解析】汇总记账凭证应在汇总记账凭证账务处理程序下设置。

86.【答案】D

【解析】亏损最终将导致所有者权益减少。

87.【答案】A

【解析】企业年度财务报告(决算)的保管期限为永久。

88.【答案】B

【解析】开出普通支票，通过“银行存款”科目进行核算。

89.【答案】D

【解析】单位撤销、合并所进行的清查，按范围分类，属于全面清查；按时间分类，属于不定期清查。

90.【答案】C

【解析】记账是指对特定对象的经济活动采用一定的记账方法，在会计账簿中进行登记。

二、多项选择题

1.【答案】ABCD

【解析】四个选项是经济业务的四个类型。

2.【答案】ABC

【解析】账簿按用途分为序时账、分类账、备查账。序时账也称日记账。

3.【答案】ABCD

【解析】账户的基本结构包括账户的名称、日期、编号、摘要、增减金额及余额。

4.【答案】CD

【解析】使企业银行存款日记账的余额大于银行对账单余额的未达账项有：企业已收而银行未收、银行已付而企业未付。

5.【答案】BCD

【解析】平行登记的要点：同依据、同方向、同期间、同金额。

6.【答案】ABC

【解析】填制和审核会计凭证的意义有：记录经济业务，提供记账依据；明确经济责任，强化内部控制；监督经济活动，控制经济运行。

7.【答案】ACD

【解析】总账和日记账应采用订本式。

8.【答案】AD

【解析】对于已预先印有编号的原始凭证，在写坏作废时，应加盖“作废”戳记，不得撕毁。外来原始凭证遗失时，应取得原签发单位盖有公章的证明，并注明原始凭证的号码、金额、内容等，由会计机构负责人、会计主管人员和单位负责人批准后，才可代作原始凭证。

9.【答案】ABD

【解析】我国企业的会计核算应以人民币为记账本位币，业务收支以外币为主的单位可以选择某种外币为记账本位币，在境外设立的中国企业向国内报送的财务报告，应当折算为人民币。

10.【答案】BCD

【解析】与“主营业务收入”科目贷方成对应科目的是结算类科目，主要有“银行存款”“应收账款”“应收票据”科目。

三、判断题

1.【答案】√

【解析】略。

2.【答案】×

【解析】会计报表中的许多项目与会计科目是一致的，并根据会计科目的本期发生额或余额填列，但并非是完全一致的。

3.【答案】√

【解析】略。

4.【答案】×

【解析】费用(成本)类账户结构与资产类账户相似，收入(利润)类账户结构与负债类账户相似。

5.【答案】×

【解析】有些错误不会影响试算平衡。

6.【答案】×

【解析】原始凭证也是登记明细分类账户的依据，但不能登记总分类账户。

7.【答案】×

【解析】原始凭证可以从外部取得，也可以是单位内部自制。

8.【答案】√

【解析】略。

9.【答案】√

【解析】略。

10.【答案】√

【解析】略。

11.【答案】×

【解析】发料凭证汇总表是一种汇总原始凭证。

12.【答案】√

【解析】略。

13.【答案】×

【解析】经济业务还会引起资产或权益内部此增彼减。

14.【答案】√

【解析】略。

15.【答案】×

【解析】当年形成的会计档案，在年度终了后，可暂由会计机构保管1年。

16.【答案】√

【解析】略。

17.【答案】√

【解析】略。

18.【答案】×

【解析】会计部门的财产物资明细账期末余额与财产物资使用部门的财产物资明细账期末余额相核对，属于账账核对。

19.【答案】×

【解析】银行存款每月与银行核对一次，各种往来款项每年至少核对一至两次。

20.【答案】√

【解析】略。

四、计算分析题

1.【答案】

(1) 借:主营业务收入　　1 750 000
　　其他业务收入　　31 000
　　营业外收入　　65 000
　　　贷:本年利润　　1 846 000

借:本年利润　　1 253 000
　贷:主营业务成本　　985 000
　　其他业务成本　　22 000
　　税金及附加　　75 000
　　销售费用　　40 000
　　管理费用　　60 000
　　财务费用　　20 000
　　营业外支出　　28 000
　　资产减值损失　　23 000

(2) 营业利润＝1 750 000＋31 000－(985 000＋22 000)－75 000－40 000－60 000－20 000－23 000＝556 000(元)。

(3) 利润总额＝556 000＋65 000－28 000＝593 000(元)。

(4) 净利润＝593 000－593 000×25%＝444 750(元)。

(5) 计提所得税：

借:所得税费用 148 250

贷:应交税费——应交所得税 148 250

结转所得税：

借:本年利润 148 250

贷:所得税费用 148 250

2.【答案】

(1) 100 000;(2) 1 325;(3) 269 720;(4) 49 040;(5) 269 720。

3.【答案】

(1) 借:固定资产 1 000 000

贷:实收资本 1 000 000

(2) 借:原材料 14 000

应交税费——应交增值税(进项税额) 1 820

贷:应付账款 15 820

(3) 借:生产成本 40 000

制造费用 7 200

管理费用 20 000

贷:应付职工薪酬 67 200

(4) 借:生产成本 9 400

管理费用 400

贷:原材料 9 800

(5) 借:制造费用 49 400

管理费用 30 000

贷:累计折旧 79 400

4.【答案】

(1) 891 500;(2) 78 000;(3) 19 700;(4) 540 700;(5) 38 600。

综合模拟试卷六

一、单项选择题

1.【答案】D

【解析】传统会计分化为财务会计和管理会计两大分支,以及将电子计算机应用于会计领域,是会计发展史上具有划时代意义的重大事件,它是现代会计形成的重要标志。

2.【答案】D

【解析】选项 B、C 都属于流动资产,选项 A 属于流动负债。

3.【答案】B

【解析】科目发生额试算平衡方法是根据借贷记账法的记账规则来确定的。

4.【答案】B

【解析】合同书不能证明经济业务已经完成,所以不能作为原始凭证。

5.【答案】D

【解析】账簿按其用途不同,可分为序时账簿、分类账簿和备查账簿三种。

6.【答案】D

【解析】应收账款项目应根据应收账款和预收账款总分类账户所属明细账户期末借方余额合计数减去“坏账准备”账户中有关应收账款计提的坏账准备期末余额后的金额填列。

7.【答案】B

【解析】12 月份利润表中“本期金额”一栏反映了 12 月份利润或亏损的形成情况。

8.【答案】B

【解析】费用是指由企业日常活动所发生的、会导致所有者权益减少的、与向所有者分配利润无关的经济利益的总流出。

9.【答案】B

【解析】选项 A、C 引起资产和负债同减,选项 D 引起负债增加、所有者权益减少。

10.【答案】B

【解析】会计科目按其所提供信息的详细程度及其统驭关系不同,分为总分类科目和明细分类科目,总分类科目又称一级科目。

11.【答案】A

【解析】企业收回以前的销货款存入银行,应做的会计分录为:

借:银行存款

贷:应收账款

12.【答案】C

【解析】原始凭证不得撕毁,应按照相关的规定更正。

13.【答案】D

【解析】实际工作中,对会计科目和账户是可以通用的。

14.【答案】A

【解析】汇总记账凭证账务处理程序的特点是根据记账凭证编制汇总记账凭证,再根据汇总记账凭证登记总账。

15.【答案】D

【解析】在一定时期内连续记录若干项同类经济业务的会计凭证是累计凭证。

16.【答案】C

【解析】记账凭证的填制是由会计人员完成的。

17.【答案】B

【解析】年末结转后,"利润分配"科目的贷方余额表示历年累计未分配利润。

18.【答案】A

【解析】固定资产处置净收益,记入"营业外收入"科目,不属于收入要素。

19.【答案】D

【解析】所得税费用影响净利润的计算,但对企业利润总额没有影响。

20.【答案】B

【解析】资产和权益平衡关系是复式记账法的基础。

21.【答案】B

【解析】币种符号和阿拉伯数字之间不得留有空白,数字后面不再写货币单位。

22.【答案】C

【解析】银行存款日记账应该定期或者不定期与开户银行提供的对账单进行核对,每月至少核对一次。

23.【答案】A

【解析】除选项A外,其余选项都不是会计科目表中的科目。

24.【答案】C

【解析】原材料明细账采用数量金额式。

25.【答案】A

【解析】入账前记账凭证上有文字或数字的错误,应重新填制记账凭证。

26.【答案】C

【解析】选项A是账账核对,选项B是证证核对,选项D是账实核对。

27.【答案】B

【解析】会计主体是指会计工作为其服务的特定单位或组织,它界定了不同会计主体会计核算的空间范围。

28.【答案】D

【解析】"财务费用"科目属于损益类科目。

29.【答案】A

【解析】"生产成本"科目期末转入"库存商品"科目的借方,损益类科目期末转入"本年利润"科目。

30.【答案】A

【解析】记账凭证必须由会计人员填制。

31.【答案】C

【解析】银行存款余额调节表中调节后的余额是企业可以动用的银行存款实有数。

32.【答案】A

【解析】其他单位如果因特殊原因需要使用原始凭证时,经本单位负责人批准,可以查阅或复制。

33.【答案】A

【解析】会计核算方法体系的核心是登记账簿。

34.【答案】D

【解析】"应收账款"科目不能与"应付职工薪酬"科目成为对应科目。

35.【答案】A

【解析】我国《企业会计准则》规定,企业的会计核算应当以权责发生制为基础。

36.【答案】B

【解析】从银行取得短期借款,引起银行存款增加,短期借款增加。

37.【答案】D

【解析】会计期间是指会计核算工作中为核算生产经营活动规定的起讫日期,通常为一年,称为会计年度。会计年度具体划分为月度、季度、半年度和年度。

38.【答案】D

【解析】生产成本包括直接材料、直接人工和制造费用,其中,制造费用一般不能直接计入某项产品成本,而需要采用一定的方法分别计入有关产品的成本。期间费用包括管理费用、财务费用和销售费用。狭义的费用包括营业成本和期间费用。

39.【答案】C

【解析】"本年利润"科目平时有借方或贷方余额,年终余额结转入"利润分配"科目后,无余额。

40.【答案】A

【解析】最基本的核算组织程序是记账凭证核算组织程序。

41.【答案】C

【解析】收款凭证主要记录现金或银行存款的增加。

42.【答案】C

【解析】销售产品发生的消费税应记入"税金及附加"科目的借方。

43.【答案】C

【解析】会计要素是对会计对象的基本分类。

44.【答案】C

【解析】一个企业的资产总额与权益总额必然相等。

45.【答案】B

【解析】将公司现金交存开户银行,应编制的会计分录借记"银行存款"科目,贷记"库存现金"科目。涉及"库存现金"和"银行存款"科目之间相互划转的经济业务,只编制付款凭证。

46.【答案】A

【解析】会计监督职能是指会计人员在进行会计核算的同时,对特定主体经济活动的合法性、合理性进行审查。

47.【答案】A

【解析】在科目汇总表核算形式下,平时在填制记账凭证时,应尽量使账户的对应关系保持"一借一贷"。

48.【答案】B

【解析】已经登记入账的记账凭证,在当年内发现有误,可以用红字填写一张与原内容相同的记账凭证,在摘要栏注明"注销某月某日某号凭证",以冲销原错误的记账凭证。

49.【答案】B

【解析】横线登记式明细账是将每一相关的业务登记在一行,从而可依据每一行各个栏目的登记是否齐全来判断该项业务的进展情况的明细分类账格式。

50.【答案】B

【解析】计提车间管理人员的工资的会计分录是:

借:制造费用

　贷:应付职工薪酬

51.【答案】D

【解析】资产负债表是静态报表,选项B、C是内部报表。

52.【答案】D

【解析】会计主体核算的只是主体本身的生产经营活动,不包括主体之外的其他企业或投资者个人的其他生产经营活动。

53.【答案】A

【解析】出租固定资产获得的收益不属于直接计入当期利润的利得和损失。

54.【答案】B

【解析】应付账款账户丙厂明细科目的期末余额＝该明细账户期初余额＋2 000＝(10 000－4 000－3 500)＋2 000＝4 500(元),记入贷方。

55.【答案】B

【解析】在我国,单位一般只对固定资产的核算采用卡片账形式。

56.【答案】B

【解析】材料盘亏属于自然损耗,应记入"管理费用"科目。

57.【答案】C

【解析】复合会计分录至少涉及三个会计科目。

58.【答案】C

【解析】用于填制待处理财产盘盈、盘亏记账凭证的原始凭证是实存账存对比表。

59.【答案】C

【解析】在洪灾发生后,只对其受损的财产物资进行的清查,属于局部清查和不定期清查。

60.【答案】B

【解析】记账凭证账务处理程序的优点是总分类账可以详细反映经济业务的发生情况。

61.【答案】B

【解析】持续经营是会计核算上所使用的一系列的会计处理方法和原则。

62.【答案】C

【解析】接受投资者投资500 000元,所有者权益增加;从银行借款1 000 000元,不会引起所有者权益的变动。因此,该公司2014年年末所有者权益＝5 000 000－2 000 000＋500 000＝3 500 000(元)。

63.【答案】D

【解析】通用记账凭证是用于反映所有经济业务的记账凭证。

64.【答案】D

【解析】明细账登记依据有原始凭证、原始凭证汇总表、记账凭证。

65.【答案】A

【解析】"生产成本"账户的期末余额表示在产品的成本,所以属于资产。

66.【答案】D

【解析】本年利润明细分类账采用的账页格式是多栏式。

67.【答案】B

【解析】对实物资产进行清查盘点时,实物保管员必须在场。

68.【答案】C

【解析】选项C属于账证核对。

69.【答案】B

【解析】明细账户是指根据明细分类账目设置的，用来对会计要素具体内容进行明细核算的账户。

70.【答案】D

【解析】损益类账户一般无余额。

71.【答案】D

【解析】权责发生制要求凡是当期已经实现的收入、已经发生和应当负担的费用，不论款项是否收付，都应当作为当期的收入、费用；凡是不属于当期的收入、费用，即使款项已经在当期收付了，也不应当作为当期的收入、费用。收付实现制又称现金制或实收实付制，是以现金收到或付出为标准，来记录收入的实现和费用的发生。确认办公用楼租金60万元，用银行存款支付10万元，50万元未付。权责发生制下发生了办公楼租金费用60万元，则权责发生制下应确认费用60万元；收付实现制下，由于只支付了10万元，因此应确认费用10万元。

72.【答案】A

【解析】"预付账款"科目是资产类科目，增加额计入借方，减少额计入贷方，期末余额在借方，所以期末余额＝期初余额＋本期借方发生额－本期贷方发生额。

73.【答案】C

【解析】会计凭证是记录经济业务完成情况、明确经济责任，并据以登记账簿的书面证明，是登记账簿的依据。

74.【答案】D

【解析】在记账凭证上会计科目有误，导致账簿记录有误，不管金额是否有误，都应采用红字更正法更正。

75.【答案】D

【解析】"应交税费——应交增值税"明细账一般采用的是借方贷方多栏式。

76.【答案】D

【解析】账簿中书写的文字和数字一般应占格距的1/2。

77.【答案】C

【解析】收款凭证左上角借方科目应是"库存现金"或"银行存款"。

78.【答案】C

【解析】略。

79.【答案】C

【解析】在账簿的三个基本栏目下分别设数量、单价、金额小栏的账簿称为数量金额式。

80.【答案】A

【解析】收款凭证、付款凭证和转账凭证都属于复式记账凭证。

81.【答案】D

【解析】会计核算的环节包括确认、计量、记录、报告。

82.【答案】A

【解析】复合会计分录包括一借多贷、一贷多借、多借多贷。

83.【答案】C

【解析】接受外单位投资的机器设备一台，应编制的会计分录借记"固定资产"科目，贷记"实收资本"科目。本题不涉及"库存现金"和"银行存款"科目，所以只编制转账凭证。

84.【答案】D

【解析】会计凭证按填制的程序和用途的不同，分为原始凭证和记账凭证。

85.【答案】C

【解析】固定资产应采用实地盘点法。选项A、B应采用发函询证法，选项D应采用对账单法。

86.【答案】A

【解析】选项B属于损益类，选项C属于资产类，选项D属于负债类。

87.【答案】D

【解析】会计报表是会计核算的最终环节。

88.【答案】B

【解析】利润表是反映一定会计期间经营成果的报表。

89.【答案】A

【解析】业务收支以外币为主的单位，也可以选择某种外币作为记账本位币，但编制的财务会计报告应当折算为人民币反映。

90.【答案】C

【解析】资产负债表的右方为负债及所有者权益项目，是按求偿权先后顺序排列的。

二、多项选择题

1.【答案】BD

【解析】选项A的收入应记在发生销售的当月。选项C不符合权责发生制的要求。

2.【答案】ACD

【解析】启用会计账簿时，需要在账簿扉页上附启用表。

3.【答案】ABCD

【解析】这四个减值准备都不单独列示在资产负债表上，但将用于计算相应的资产负债表项目。

4.【答案】AB

【解析】试算平衡公式为：全部账户本期借方发生额合计＝全部账户本期贷方发生额合计；全部账户期初借方余额合计＝全部账户期初贷方余额合计；全部账户期末借方余额合计＝全部账户期末贷方余额合计。

5.【答案】ABCD

【解析】选项A记入“原材料”科目，选项B记入“其他应收款”科目，选项C、D记入“管理费用”科目。

6.【答案】ABC

【解析】计提坏账时不要减少应收账款的账面价值，要等到确认坏账时才能减少应收账款的账面价值。

7.【答案】ABCD

【解析】(1) 取得借款时应编制的会计分录为：

借：银行存款　　100 000

　贷：短期借款　　100 000

(2) 每月计提利息时应编制的会计分录为：

借：财务费用　　500

　贷：应付利息　　500

(3) 季末支付利息时应编制的会计分录为：

借：应付利息　　1 500

　贷：银行存款　　1 500

8.【答案】BD

【解析】库存商品、原材料、产成品收付明细账以及收入、费用明细账既可以逐笔登记，也可以定期汇总登记。

9.【答案】ABCD

【解析】年终时，损益类账户转入“本年利润”账户，损益类账户无余额。“本年利润”账户余额转入“利润分配”账户，年末也无余额。

10.【答案】ABCD

【解析】选项A、B、D直接用于产品生产，直接计入产品成本。选项C间接用于产品生产，不直接计入产品成本，期末分配结转计入产品成本。

三、判断题

1.【答案】√

【解析】略。

2.【答案】×

【解析】购入交易性金融资产时支付的交易费用应该计入投资收益。

3.【答案】√

【解析】略。

4.【答案】×

【解析】该账户借方登记已销售产品的生产成本。

5.【答案】√

【解析】略。

6.【答案】×

【解析】在计算向投资者分配的现金股利时，会影响未分配利润的金额，从而影响留存收益的金额。

7.【答案】×

【解析】“税金及附加”科目不核算增值税。

8.【答案】×

【解析】虽然商品仍然留在企业，但其所有权已发生转移，所以不能作为本企业的存货。

9.【答案】×

【解析】在不影响会计核算质量和对外提供统一的会计报告的前提下，企业可以根据自身特点增补或合并会计科目。

10.【答案】√

【解析】略。

11.【答案】×

【解析】根据银行存款余额调节表不能调整账簿，只有在收到有关结算凭证时才能调整账簿记录。

12.【答案】√

【解析】略。

13.【答案】×

【解析】我国《企业会计准则》规定，所有企业都要采用复式记账法进行会计核算。

14.【答案】×

【解析】应将预收的货款记入“应收账款”科目的贷方。

15.【答案】×

【解析】如果涉及现金和银行存款之间划转的经济业务，只填制付款凭证。

16.【答案】×

【解析】附注也是对外提供的资料。

17.【答案】√

【解析】略。

18.【答案】×

【解析】永续盘存制期末实地盘点的目的是进行账实核对，以保证账实相符。

19.【答案】×

【解析】会计分期是指将一个会计主体持续经营的生产经营活动划分为一个个连续的、长短相同的期间，以便分期结算账目和编制财务会计报告。

20.【答案】×

【解析】有些经济资源虽然企业没有所有权，但能实际控制，如融资租入的固定资产。

四、计算分析题

1.【答案】

(1) 6 800；(2) 647 695；(3) 24 200；(4) 11 500；(5) 123 200。

2.【答案】

(1) 借：库存现金　30 000
　　贷：银行存款　30 000

(2) 借：应付职工薪酬　30 000
　　贷：库存现金　30 000

(3) 借：原材料　3 000
　　贷：应付账款　3 000

(4) 借：固定资产　60 000
　　贷：银行存款　60 000

(5) 借：银行存款　100 000
　　贷：长期借款　100 000

3.【答案】

(1) 借：银行存款　60 000
　　贷：长期借款　60 000

(2) 借：预付账款　50 000
　　贷：银行存款　50 000

(3) 借：原材料　40 000
　　应交税费——应交增值税（进项税额）　5 200
　　贷：预付账款　45 200

(4) 借：预收账款　565 00
　　贷：主营业务收入——A 产品　20 000
　　　　——B 产品　30 000
　　应交税费——应交增值税（销项税额）　6 500
　　银行存款　500

(5) 借：银行存款　300
　　贷：财务费用　300

4.【答案】

(1)100；(2)182 700；(3)4 800；(4)700；(5)182 700。